WACHS MIT MIR!

Ruhiger, gelassener, zufriedener – Bewährte Achtsamkeitsübungen für Kinder

ULLA KÖNIG

Remote Verlag
www.remote-verlag.de

Bibliografische Information der Deutschen Nationalbibliothek

Die Deutsche Nationalbibliothek verzeichnet diese Publikation in der Deutschen Nationalbibliografie; detaillierte bibliografische Daten sind im Internet über http://dnb.dnb.de abrufbar.

Für Fragen und Anregungen:
info@remote-verlag.de

ISBN Print: 978-3-948642-40-2
ISBN E-Book: 978-3-948642-41-9

Originalausgabe
Erste Auflage 2021

Projektleitung: Nico Hullmann
Manuskriptbearbeitung: Katrin Gönnewig, Nina Blank
Umschlaggestaltung: Wolkenart - Marie-Katharina Becker, www.wolkenart.com
Abbildungen im Innenteil: © Ulla König
Satz und Layout: Melvyn Paulino

Haftungsausschluss:

Die Verwendung der Informationen in diesem Buch und die Umsetzung derselben erfolgt ausdrücklich auf eigenes Risiko. Verlag und Autor können für etwaige Unfälle und Schäden jeder Art, die sich bei der Verwendung der Informationen ergeben (z. B. aufgrund fehlender Sicherheitshinweise), aus keinerlei Rechtsgrund die Haftung übernehmen. Haftungsansprüche gegen Verlag und Autor für Schäden jeglicher Art, die durch die Nutzung oder Nichtnutzung der Informationen bzw. durch die Nutzung fehlerhafter und/oder unvollständiger Informationen verursacht wurden, sind ausgeschlossen. Folglich sind auch Rechts- und Schadenersatzansprüche ausgeschlossen. Der Inhalt dieses Werkes wurde mit größter Sorgfalt erstellt und überprüft. Verlag und Autor übernehmen keine Haftung für die Aktualität, Richtigkeit und Vollständigkeit der Inhalte des Buches, ebenso nicht für Druckfehler. Es kann keine juristische Verantwortung sowie Haftung in irgendeiner Form für fehlerhafte Angaben und daraus entstandenen Folgen vom Verlag bzw. Autor übernommen werden.

Für die Inhalte von den in diesem Buch abgedruckten Internetseiten sind ausschließlich die Betreiber der jeweiligen Internetseiten verantwortlich. Verlag und Autor haben keinen Einfluss auf Gestaltung und Inhalte fremder Internetseiten. Verlag und Autor distanzieren sich daher von allen fremden Inhalten. Zum Zeitpunkt der Verwendung waren keinerlei illegalen Inhalte auf den Webseiten vorhanden.

Inhalt

Was ist Achtsamkeit?

Einführung in die Achtsamkeit

Achtsamkeit ist in den letzten Jahren zu einem viel verwendeten Begriff geworden, dem wir in den unterschiedlichsten Bereichen begegnen. Egal ob im Arbeitsumfeld, in Freizeit, Beziehung, Sport oder im Bereich der Selbsterfahrung, Achtsamkeit wird immer wieder als Mittel angepriesen, um Stress zu lindern, das Leben zu entschleunigen, die Leistung zu verbessern, Kommunikation zu gestalten, und vieles mehr.

Tatsächlich haben klinische Studien nachgewiesen, dass Achtsamkeit einen positiven Einfluss auf unsere Stimmung haben kann, Hilfe bietet im Umgang mit chronischen Schmerzen und sogar Linderung in Fällen von Krebs und Multipler Sklerose. Andere Forscher haben nachgewiesen, dass Achtsamkeit dazu beitragen kann, das Gedächtnis, die Kreativität, die Aufmerksamkeitsspanne und die Reaktionsgeschwindigkeit zu verbessern. Aber nicht nur das: So verbessert Achtsamkeit auch unsere emotionale Intelligenz und lindert unser Stressempfinden. Kurzum, sie wirkt wie ein wahres Wundermittel, das einen positiven Einfluss auf alle Aspekte des Lebens zu haben scheint.

Was aber steckt hinter dieser Achtsamkeit? Was macht sie in so vielen unterschiedlichen Umgebungen und Feldern so wirksam? Oder handelt es sich etwa doch nur um einen weiteren Trend, der früher oder später verhallen wird?

Wie bei jedem Trend besteht die Gefahr, dass unser Interesse am Thema für eine kurze Zeit relativ hoch ist, dann aber ebenso rasch abflaut und wir uns einem neuen Spielfeld zuwenden. Das wäre schade, denn eine solche oberflächliche Begegnung mit dem Thema *Achtsamkeit* lässt uns keine Aussage darüber treffen, was Achtsamkeit ist und kann. Achtsamkeit ist weder ein Hobby noch eine Pflicht. Um zu verstehen, ob Achtsamkeit uns tatsächlich bereichern kann, bedarf es der Bereitschaft und der Beharrlichkeit, uns über längere Zeit mit ihr zu beschäftigen. Das liegt daran, dass Achtsamkeit eine Übung bzw. ein Training ist, das nur durch Wiederholung und Hingabe seine Wirkung und Vorteile für uns entfaltet.

Einmaliges Üben oder die theoretische Beschäftigung mit dem Thema sagen herzlich wenig darüber aus, ob und auf welche Weise Achtsamkeit das Leben bereichern wird. So wie wir Fahrradfahren nicht lernen, indem wir ein Buch über Fahrräder lesen, oder einmal das Fahrrad eines Bekannten in den Händen halten, so lässt sich auch Achtsamkeitspraxis nicht über Lektüre und Reflexion allein verstehen.

Zudem ist Achtsamkeit nichts Neues oder Esoterisches. Sie ist vielmehr eine typische menschliche Fähigkeit, die wir alle bereits besitzen und nutzen. Ein Werkzeug unseres Geistes, das wir tagtäglich im Gebrauch haben. Achtsamkeit ist die Fähigkeit, die es uns erlaubt, etwas in den Vordergrund unserer Aufmerksamkeit zu stellen und dort zu halten. Mit ihrer Hilfe gelingt es uns, Details und Veränderungen zu beobachten, in der Betrachtung zur Ruhe zu kommen und herauszufinden, wie es um unser Verhältnis zum Erlebten steht.

Als solche ureigenste menschliche Fähigkeit, gehört Achtsamkeit weder einer bestimmten psychologischen Linie noch einer Tradition oder Religion an. Wir treffen sie vielmehr überall dort, wo Menschen erkannt haben, wie wichtig es ist, zu lernen, unsere Aufmerksamkeit zu schulen und zu lenken.

Wenn Sie verstehen möchten, wie Achtsamkeit funktioniert, so stellen Sie sich Achtsamkeit als den Lichtkegel einer Taschenlampe vor. Wenn wir einen dunklen Raum betreten, zum Beispiel den Dachboden eines Hauses, dann sehen wir ohne Licht nichts. Wir erkennen die Gegenstände und die Ausmaße des Raumes nicht und die Wahrscheinlichkeit ist groß, dass wir uns stoßen, etwas umwerfen oder übersehen. Schalten wir dagegen die Taschenlampe an, so haben wir die Möglichkeit, einzelne Gegenstände voneinander zu unterscheiden. Wir können den Lichtkegel auf einem Gegenstand ruhen lassen, um die Details zu erkennen. Auf diese Weise können wir uns im Raum sicher und bewusst bewegen.

Wo ansonsten ein Gedanke den anderen jagt, entsteht durch Achtsamkeit ein ruhiger und sanfter Fokus. Das Innehalten verhindert, dass zu viele Reize und Gedanken auf einmal auf uns eindringen. Die Übung des stillen Beobachtens und Betrachtens führt dazu, dass sich nach und nach Beunruhigung und Rastlosigkeit legen. Der Geist kommt zur Ruhe, da er nicht ständig reagieren, kommentieren, bewerten und handeln muss. Ein ruhiger Geist erlaubt auch Herz und Körper, sich zu erholen.

Entspannung ist aber längst nicht der einzige Vorteil einer achtsamen Haltung. Das wäre auch wenig nachhaltig, denn am Ende jeder Achtsamkeitsübung begegnet uns unser Alltag wieder – und mit ihm unsere Gewohnheiten. Die kurzzeitige Entspannung geht schnell verloren, wenn unsere eingeübten Verhaltensmuster uns in die üblichen Stressreaktionen zurückführen. Deshalb schafft Achtsamkeit Raum zwischen den Reizen und unserer Reaktion auf diese – einen Handlungsspielraum.

Dieser Handlungsspielraum formt eine regelrechte Sicherheitszone zwischen einem Sinneseindruck, oder einem Gedanken und unserer Reaktion auf diesen. Dank des Platzes, der sich um unser Erleben schafft, können wir wahrnehmen, was geschieht, und dann bewusst auf das Erlebte reagieren. Wir sind nicht länger Spielball unserer Impulse und Gewohnheiten.

Durch achtsame Beobachtung wird es möglich, eingeübte Muster zu überdenken und zu ändern. Sei es in unserem alltäglichen Handeln, in der Beziehung zu uns selbst oder im Umgang mit anderen. Auf diese Weise führt uns Achtsamkeit in ein eigenverantwortliches Handeln, das sich des Stresses und Drucks annimmt und bereit ist, die zugrundeliegenden Dynamiken und Prozesse zu beleuchten. Achtsamkeit ist ein Erkenntnisprozess, indem wir nach und nach verstehen lernen, welche Handlungen uns unterstützen und welche uns hindern. Achtsamkeit ist auch ein Wachstumsprozess, indem wir das Erkannte schrittweise umsetzen.

Nicht zuletzt erkennen wir dadurch, welche bedeutende Rolle Beziehungen für unser Wohlbefinden spielen. Sowohl die Beziehung zu uns selbst als auch unsere Verbindungen mit anderen haben große Bedeutung für unsere Zufriedenheit, Ruhe und unser Glück. Achtsamkeit beobachtet die Dynamiken, die sich im Miteinander ergeben und sucht nach Wegen, Beziehung zu gestalten, die ein Mehr an Ruhe, Klarheit, Zuwendung und Vertrauen geben. Wir sind eingeladen, uns selbst und andere neu zu entdecken, mitsamt unseren Talenten und Schwachstellen.

Achtsamkeit mit Kindern üben

Achtsamkeit und Meditation wird oft verbunden mit Bildern, die zufrieden lächelnde Menschen in malerischen Umgebungen darstellen, die genügend Zeit und Muße haben stillzusitzen und Ruhe zu genießen. Für all diejenigen, die einen Alltag mit Kindern meistern, haben diese Bilder nur wenig mit dem tatsächlichen Erleben zu tun. Das Leben mit Kindern ist dynamisch und unvorhersehbar – mal laut, mal bunt, mal emotional.

Kinder sind aller Regel nach verspielt und bewegungsfreudig. Es liegt ihnen fern, über längere Zeit in der Stille und im Nichtstun Zuflucht zu suchen. Respektieren wir diese Seite unserer Kinder, so wirft dies unmittelbar die folgenden Fragen auf: Wie kann eine Achtsamkeitspraxis aussehen, die die Natur unserer Kinder respektiert? Wie können wir sie mittels Achtsamkeit in ihrer Entwicklung unterstützen, anstatt sie in einer Idealvorstellung von Ruhe und Entspannung zu unterwerfen?

Wie bereits beschrieben, ist Achtsamkeit eine Fähigkeit, die wir alle besitzen. Wir können sie durch Übung stärken, wodurch sie wächst und uns schließlich stärkt. Wie wir besitzen auch unsere Kinder bereits die Anlage zur Achtsamkeit. Wenn Sie an Ihre Kinder denken, so werden Sie erkennen, dass diese in manchen Momenten hoch konzentriert sind, eine große Liebe zum Detail zeigen und Freude haben an den scheinbar alltäglichsten Ereignissen. Für sie ist vieles, an das wir uns bereits gewöhnt haben, noch neu und aufregend. Ihr Erfahrungshorizont hat noch nicht für jedes Erlebnis ein Konzept und eine Erklärung parat. Dadurch eröffnet sich Raum zum Staunen und Erkunden.

Gleichzeitig erleben wir unsere Kinder auch oft als impulsiv, ungeduldig und unkonzentriert. Manchmal sind sie von ihren Erlebnissen überfordert, manchmal überflutet von allerlei Reizen und Informationen. Es fällt ihnen oft genug schwer ihre Emotionen zu regulieren, und zur Ruhe zurückzufinden. Doch wenn wir einen ehrlichen Vergleich ziehen zwischen den Reaktionen unserer Kinder und unseren eigenen Verhaltensweisen, dann werden wir feststellen, dass wir uns erstaunlich ähnlich sind. Wut, Angst, Sorge, Enttäuschung, Rastlosigkeit, Trägheit, Freude, Mitgefühl, Freundlichkeit – all das sind menschliche Weisen, mit Erlebnissen umzugehen, ganz unabhängig vom Alter.

Diese Erkenntnis kann uns zur Achtsamkeitspraxis ermutigen. Wir müssen für unsere Kinder nicht das Rad der Achtsamkeit neu erfinden, wohl aber verstehen wie wir ihnen die Achtsamkeitspraxis so nahebringen können, dass sie darin Freude und Nutzen finden. Anstatt ihnen ein Idealbild überzustülpen, sollten wir unsere Kinder dort abholen, wo sie gerade stehen – in ihrem Bedürfnis nach Erkundung, Wachstum, Bewegung, Kreativität und Aktivität. Entgegen aller stereotypen Bilder schließen sich Achtsamkeit und Spiel nicht aus. Achtsamkeit findet statt, wann immer wir präsent sind für unser Erleben – ob wir dabei stillsitzen oder uns bewegen, ob wir auf unseren Atem achten oder mit den Fingern die Umgebung erkunden, tut nichts zur Sache.

Wollen wir als Eltern und Bezugspersonen mit unseren Kindern Achtsamkeit praktizieren, sind wir immer auch selbst angesprochen. Kinder lernen viel mehr durch das gelebte Beispiel als durch graue Theorie. Wie Sie selbst Achtsamkeit leben, praktizieren und erkunden, wird unter Umständen mehr Eindruck auf Ihr Kind machen als jede Übung, die Sie ihm vorschlagen. Eine kurze, aber gemeinsam ausgeführte Praxis ist in der Regel nachhaltiger, als jede Anleitung oder Aufforderung. Am glaubwürdigsten wirken die Übungen, wenn Sie selbst mitmachen und aus Ihrer eigenen Achtsamkeitserfahrung sprechen.

Eine geteilte Praxis ist auch eine wunderbare Gelegenheit, gemeinsam etwas zu unternehmen und die Beziehung zwischen ihnen zu stärken. Aus diesem Grund sind viele Übungen in diesem Buch so angelegt, dass sie sie gemeinsam erkunden und ausprobieren können.

Für unsere Kinder, wie für uns selbst, kann Achtsamkeit Wege eröffnen zu einem ausgewogenen, gelassenen und freudvollen Umgang mit dem eigenen Erleben. Was Achtsamkeit dagegen nicht ist, ist eine Methode, Kinder ruhig zu stellen, ihnen Hochleistungen abzugewinnen oder bestimmte Verhaltensweisen anzugewöhnen. Niemals sollte Achtsamkeit als Strafe verwendet werden. Das würde den Kindern den Zugang zu Achtsamkeit und Meditation dauerhaft erschweren und ihnen damit eine mögliche hilfreiche Stütze für ihr Leben rauben.

Achtsamkeit ist eine Reise mit offenem Ende. Sie lädt Sie ein, sich, Ihr Kind und Ihre Beziehung zueinander neu zu entdecken. Als Menschen sind wir ständig im Begriff, uns zu verändern und weiterzuentwickeln. Achtsamkeit respektiert unsere dynamische Natur und ermuntert uns, miteinander und übereinander zu staunen. Nutzen Sie Achtsamkeit als ein mögliches Werkzeug, um Ihr Erleben gelassener, freudvoller und inniger zu gestalten.

Ziele und Erwartungen

Probieren wir etwas Neues aus oder nehmen ein Vorhaben in Angriff, so kommen wir nicht umhin, dies mit einer bestimmten Erwartung oder Zielsetzung zu tun. Wenn Sie dieses Buch in den Händen halten, so stellt sich die Frage, was Sie zum Lesen und Ausprobieren motiviert. Warum sind Sie bereit Zeit und Energie in das Lesen und vielleicht sogar das Üben der Achtsamkeit zu investieren? Was motiviert Sie dazu?

Das ist keine geringe Frage, denn unsere Motivation hat einen großen Einfluss darauf, ob wir unsere Ziele umsetzen oder nicht. Und nicht nur darauf, ob wir etwas tun, sondern auch „wie“ wir es tun. Mit Kindern Achtsamkeit zu üben, gelingt dann am besten, wenn uns der Wunsch führt, gemeinsam mit unseren Kindern einen Weg zu mehr innerer Ruhe und Zufriedenheit zu finden. Die Betonung liegt in der Gemeinsamkeit. Nicht umsonst lautet der Titel dieses Buches „Wachs mit mir“ Dieser Imperativ sagt es ganz deutlich: Es handelt sich um einen gemeinsamen Weg, auf dem Sie und Ihr Kind miteinander und voneinander lernen.

Als Eltern und Bezugspersonen wünschen wir unseren Kindern natürlich das Beste. Dies kommt in dem Wunsch zum Ausdruck, sie glücklich, gesund und in Sicherheit sehen zu wollen. Wir wünschen Ihnen, dass Sie in der Lage sind, mit den verschiedenen Herausforderungen des Lebens einen Umgang zu finden, ohne dabei Klarheit und innere Ruhe zu verlieren. Wir möchten Sie darin unterstützen Entscheidungen zu treffen, die Ihrem Glück zuträglich sind und Ihnen zeigen, wie wir als Menschen Bindungen eingehen, die uns Freundschaft und Verbundenheit schenken.

Als Erwachsene blicken wir auf viele Momente unseres Lebens zurück, in denen sich die Welt nicht nach unseren Wünschen und Erwartungen entwickelt hat. Wir haben erlebt, dass nicht alles in unserem Leben unter unserer Kontrolle ist und dass es oftmals Geduld, Gelassenheit und eine gehörige Portion Mitgefühl braucht, um mit unerwünschten Entwicklungen und Enttäuschungen zurechtzukommen.

Manchmal erleben wir auch, dass unsere persönlichen Wünsche für unsere Kinder in Reibung geraten mit den Vorstellungen und Zielen, die unsere Kinder aus Gesellschaft und Kultur vermittelt bekommen. Wo es in der Zweisamkeit um Zufriedenheit, Herzensruhe und Freundschaft geht, da geht es auf gesellschaftlicher Ebene oft um Erfolg, emotionale Unverwundbarkeit, hohe Leistungsfähigkeit und maximalen Genuss. Ein tägliches Spannungsfeld, das oft genug Verwirrung stiftet und auch seinen Einfluss auf die Praxis der Achtsamkeit nimmt. So leicht kommen wir auch hier in Leistungsdruck oder praktizieren Achtsamkeit, um uns unverwundbar oder „besser" zu machen. Das ist der Grund, warum die Frage: ‚*Warum übe ich mich in Achtsamkeit?*' von so großer Bedeutung ist.

Achtsamkeit wird allzu leicht Opfer unserer Vorstellungen davon, wie wir sein sollten. Wir könnten alle immer noch ein wenig aufmerksamer, konzentrierter und fokussierter sein. Oft ertappen wir uns dabei, dass wir für lange Zeit geistesabwesend handeln oder unseren Gedanken nachhängen und nur wenig Bewusstsein für den gegenwärtigen Moment aufbringen. Wie leicht ist es da, mit sich zu hadern und eine Haltung des inneren Kritikers einzunehmen, der unser Verhalten kommentiert und entwertet?

Um Achtsamkeit nicht zu einem weiteren Feld für Selbstkritik und Selbstoptimierung zu machen, ist es wichtig, die eigenen Erwartungen und Zielsetzungen zu überprüfen. Wie viel Druck übt unsere Achtsamkeitspraxis auf uns aus? Wie viel Akzeptanz können wir für uns selbst, für unser Kind und unsere momentane Lebenslage aufbringen? Sind wir in der Lage, uns selbst und unser Kind so anzunehmen, wie wir gerade sind?

Wenn wir uns in einer solchen Haltung üben, dann ist es möglich, dass die Achtsamkeitspraxis sich mit unserem natürlichen Mitgefühl verbindet. Mitgefühl und Freundlichkeit sind der Schlüssel zur Achtsamkeitspraxis. Sie erlauben uns, uns selbst und andere anzunehmen und sind gleichzeitig daran interessiert, dass wir und andere wachsen und zu mehr Wohlbefinden finden.

Wir sind eingeladen, immer einmal wieder einen Blick auf unsere Ansprüche und Erwartungen zu werfen und diese zu hinterfragen. Geht es noch immer darum, mehr Glück, Ruhe, Gelassenheit oder Freude zu fördern, und unsere Kinder dazu zu befähigen, mit Schwierigkeiten und Herausforderungen einen angemessenen Umgang zu finden? Oder haben Ideale und Ziele die Oberhand gewonnen, die zu einem Gefühl von Druck oder Ablehnung führen?

Achtsamkeit ist eine große Stütze, wenn sie sich mit Fürsorge und Wohlwollen verbindet. Dann entsteht die Gelegenheit Achtsamkeit zu einer gemeinsamen Entdeckungsreise werden zu lassen, die durch beständiges Ausprobieren neue Spielräume schafft. Achtsamkeit reagiert immer auf die spezifische Situation, wie sie sich hier und jetzt zeigt. Und nicht darauf, wie etwas sein sollte oder wir es geplant hatten. Achtsamkeit erkennt, dass Perfektion stets eine Idee ist, die uns ausbremst und daran hindert zu wachsen. Wir können diese Idee getrost fallen lassen, und sind eingeladen Achtsamkeit auf eine unperfekte Weise in einer unperfekten Welt zu üben. Mit allen Höhen und Tiefen.

Eure Kinder (Khalil Gibran)

Eure Kinder sind nicht eure Kinder.
Sie sind die Söhne und Töchter der Sehnsucht des Lebens, das sich nach sich selbst sehnt.
Sie kommen durch euch, aber nicht von euch. Und obwohl sie bei euch sind, gehören sie euch nicht.
Ihr könnt ihnen eure Liebe geben, aber nicht eure Gedanken.
Denn sie haben ihre eigenen Gedanken.
Ihr könnt ihre Körper beherbergen, aber nicht ihre Seelen.
Denn ihre Seelen wohnen im Haus von morgen, das ihr nicht zu besuchen vermögt,
noch nicht einmal in euren Träumen.
Ihr könnt versuchen zu sein wie sie, aber versucht nicht, sie zu euch zu machen.
Denn das Leben läuft nicht rückwärts oder verweilt im Gestern.
Ihr seid die Bogen, von denen eure Kinder als lebendige Pfeile ausgesandt werden.
Der Schütze visiert ein Ziel auf dem Pfad der Unendlichkeit an,
und biegt euch mit seiner Macht, damit seine Pfeile schnell und weit fliegen.
Lasst euch von der Hand des Schützen biegen, um der Freude willen.
Denn er liebt den davonfliegenden Pfeil so sehr wie den stabilen Bogen.

Drei grundlegende Haltungen: einfach, freudvoll und gelassen

Achtsamkeit ist an sich keine komplizierte Praxis. Sie kann immer und überall und von jedem angewendet werden. Wir brauchen keine Materialien und kein Expertenwissen, um dies zu tun. Was wir allerdings benötigen, ist ein wenig Beharrlichkeit und Geduld. Der Schlüssel zur Achtsamkeit liegt in ihrer Anwendung. Über die Zeit und durch die Übung allein entfaltet sie ihre unterstützende Kraft.

Zusätzlich sind wir eingeladen immer mal wieder einen Blick auf die Haltung zu werfen, mit der wir praktizieren. Auch hier verfallen wir gern in alte Muster und Einstellungen, die uns gefühlt zu einer „zweiten Haut" geworden sind. Dank der Achtsamkeit können wir diese aufspüren und behutsam abstreifen. Um Ihnen dies zu erleichtern sind im Folgenden drei ganz grundlegende Eigenschaften einer gesunden und hilfreichen Achtsamkeitspraxis genannt: Sie ist denkbar einfach, sie bereitet Freude und sie ist gebettet in Gelassenheit.

Erste Haltung: Achtsamkeit ist ganz einfach

Achtsamkeit zu üben ist denkbar einfach. Wir treten aus unserer Geschäftigkeit und Zerstreutheit heraus und wenden unsere Aufmerksamkeit einer Sache zu. Sei es der Atem, der Körper, die Bewegung, unsere Haltung oder seien es Sinneseindrücke – etwas rückt in den Vordergrund unserer Wahrnehmung. Das ist einfach, aber nicht immer leicht.

Manchmal wirkt die Praxis derart einfach, dass wir bezweifeln, dass eine so simple Tätigkeit tatsächlich Auswirkungen auf uns haben kann. Oft ist es aber gerade diese Einfachheit, die uns Ruhe und Klarheit schenkt. Sie bietet uns einen Ausweg aus Reizüberflutung und kontinuierlichem Nachdenken, Analysieren und Anzweifeln.

Doch gerade in Momenten, in denen wir uns unruhig, gestresst oder frustriert fühlen, kann uns die einfache Art der Achtsamkeit als nicht ausreichend erscheinen. Mitunter hilft es dann, etwas mehr Vertrauen in die Praxis einzuladen. Forschungsergebnisse, positive persönliche Berichte zahlreicher Menschen überall auf der Welt, und Jahrtausende alte Traditionen bestätigen, dass Achtsamkeit hilfreich sein kann. Nun gilt es für Sie und Ihr Kind einen Zugang zu dieser Praxis zu finden. Das mag etwas Zeit dauern, ist aber kein hoffnungsloses Unterfangen.

Geduld ist ein starker Verbündeter, auch in der Achtsamkeitspraxis. Erwarten Sie nicht, dass eine Übung sofort Wirkung zeigt oder sich ein gewünschter Effekt einstellt. Aktive Kinder werden nicht urplötzlich ruhig und alte Muster lassen sich nicht mit einigen Momenten der Achtsamkeit ablegen. Lenken Sie Ihren Blick weg von Resultaten und Erwartungen und praktizieren Sie stattdessen auf eine Weise, die Ihnen im Moment der Übung Freude bereitet.

Wenn wir mit dem Grundsatz der Einfachheit praktizieren, darf Achtsamkeit zu etwas werden, was den Alltag begleitet und bereichert, anstatt eine weitere zeit- und kraftraubende Aktivität zu sein. Erinnern Sie sich beim Üben daran, dass weniger mehr ist, was die Dauer und die Anzahl unterschiedlicher Übungen angeht, die sie ausprobieren. Überfordern Sie weder sich selbst noch Ihr Kind mit den Übungen. Zu Beginn sind zwei oder drei Minuten völlig ausreichend, um sich mit einer Übung vertraut zu machen. Bauen Sie die Übungszeit dann nach und nach aus. Kommen Sie regelmäßig auf die Übung zurück und wiederholen Sie insbesondere die Übungen, die Ihren Kindern viel Freude bereitet haben.

Probieren Sie bewusst und nicht zu viel auf einmal aus. Wählen Sie sich pro Woche eine oder zwei Übungen und testen Sie, inwiefern sich diese in Ihren Alltag einbinden lassen. Wenn Sie eine neue Übung einführen, dann beginnen Sie mit der einfachsten Variante. Setzen Sie zuerst nur die notwendigsten Anleitungen um und üben Sie diese für einige Minuten. Fügen Sie dann über die Zeit hinweg mehr Details hinzu. Viele Übungen in diesem Buch besitzen verschiedenen Varianten. Passen Sie sich in der Auswahl dem Interesse und der Stimmung Ihrer Kinder an.

Zweite Haltung: Achtsamkeit darf Spaß machen

Achtsamkeit darf und soll Freude bereiten. Auf diese Weise verbündet sie sich mit unserem Entdeckergeist, der es uns erlaubt, Erlebnisse wahrzunehmen, als würden wir ihnen das erste Mal begegnen. Achtsamkeit lädt uns ein, die bereits vorhandenen Feinheiten und Wunder des Lebens bewusst wahrzunehmen und uns an ihnen zu erfreuen.

Komplexität und Schönheit sind nie fern von uns. Sie machen sich im Kleinen, im Großen und im ganz Alltäglichen bemerkbar. Der ganz gewöhnliche Alltag bietet genug Material für spannende Entdeckungsreisen. Unsere Praxis lockt uns aus unserem Dornröschenschlaf und stoppt den Autopiloten, durch den wir so viele Geschehnisse als selbstverständlich und gewöhnlich hinnehmen. Wir werden daran erinnert, dass etwas so Einfaches wie die Wärme einer Tasse Tee, das Gezwitscher der Vögel oder das Lächeln eines Familienmitglieds, bereits Schätze sind, an denen wir uns erfreuen können. Achtsamkeit schenkt uns den notwendigen Fokus und die Ruhe, die es braucht, um dem gegenwärtigen Moment die volle Aufmerksamkeit zukommen zu lassen.

Wir sind eingeladen, Achtsamkeit auf eine Weise zu praktizieren, die uns beschenkt und erfreut. Härte, Druck, Erwartungshaltung oder Zielsetzungen nehmen uns in aller Regel diese Freude an der Praxis. Halten Sie daher das spielerische und neugierige Element in Ihrer Praxis lebendig.

Kinder erfreuen sich dann an der Praxis, wenn sie sie mitgestalten und sich ausprobieren dürfen. Das fordert uns Eltern und Bezugspersonen so manches Mal eine Portion Flexibilität und Umdenken ab. Es hilft, wenn wir die Übungen als etwas Dynamisches und Lebendiges verstehen. Ganz allgemein gilt, dass die Übungen dazu da sind, uns zu unterstützen, und sich daher unseren Bedürfnissen, unserer Stimmung und Energie anpassen – nicht andersherum. Probieren Sie verschiedene Varianten einer Übung mit Ihrem Kind aus und schaffen Sie so ihre ganz persönliche Praxis.

Wie bereits erwähnt, sind Bewegung, Toben, Kreativität und Musik keine Hindernisse für eine achtsame Haltung. Im Gegenteil! Oft sind dies gerade die Zugänge, über die Sie Ihre Kinder zur Praxis einladen können. Verknüpfen

Sie die Achtsamkeitspraxis mit dem Spiel Ihrer Kinder und flechten Sie die Übungen in einen Zeitvertreib ein, der Ihren Kindern Freude bereitet. Achten Sie darauf, in der Achtsamkeitspraxis genug Raum zu lassen, für den Wunsch nach körperlichem und kreativem Ausdruck und insbesondere darauf, dass ausreichend Bewegung im Spiel ist. Nur wer seine überschüssige Energie abgeben darf, kann zur Ruhe kommen.

Ein weiterer Quell für Freude ist die Gemeinschaftlichkeit der Praxis. Achtsamkeit eignet sich ganz wunderbar dafür, zusammen geübt zu werden. Durch das gemeinsame Erleben und Erkunden stärkt sie unsere Verbindung zueinander. Hinzu kommt, dass Kinder vieles durch Nachahmung und Beobachtung lernen. Sie imitieren das, was sie bei uns Erwachsenen wahrnehmen. Wenn wir selbst Freude und ehrliches Interesse an der Achtsamkeitspraxis haben, anstatt sie nur als einen weiteren Meilenstein auf dem Weg zu mehr Selbstoptimierung wahrzunehmen, dann wirkt die Praxis auch für unsere Kinder authentisch und lebendig.

Um mit Freude zu praktizieren, benötigt es genug Fingerspitzengefühl, um zu wissen, wann der Zeitpunkt gekommen ist, miteinander eine neue Übung auszuprobieren oder zu vertiefen. Spüren Sie vor Beginn einer Übung nach, ob Ihnen und Ihrem Kind gerade genug Energie, Zeit und Kraft zur Verfügung steht, um etwas Neues zu lernen. Binden Sie die Übungen in ihren Erlebensalltag ein und wählen Sie die Übungen aus, die zu ihrer Tagesstruktur passen. Erlauben Sie sich stets die Freiheit, die Übungen den gegenwärtigen Bedürfnissen Ihrer Kinder anzupassen. Es geht nicht darum, die Übung „richtig“ zu machen, sondern sie beide zu bereichern.

Einige der Übungen in diesem Buch werden bei Ihren Kindern auf Begeisterung stoßen, andere vermutlich auf Desinteresse. Jedes Kind hat seine eigenen Interessen und Schwerpunkte und wir alle tendieren je nach Tagesform dazu, unterschiedliche Aktivitäten zu bevorzugen. Erzwingen Sie das Üben nicht, wenn Ihr Kind kein Interesse daran hat, und üben Sie nur so lange, wie dies ohne Druck und Ermahnung möglich ist.

Abhängig vom Alter Ihrer Kinder und deren Interessen kann es sein, dass Ihre Kinder zu Beginn nur wenig oder kein Interesse an Achtsamkeitsübungen haben. Akzeptieren Sie dies und zwingen Sie sie nicht zur Praxis. Nutzen Sie stattdessen die Zeit, um Ihre eigene Achtsamkeitspraxis zu vertiefen und die Dynamiken und Gewohnheiten in Ihrer Beziehung zu Ihrem Kind zu beobachten. Lernen Sie besser zu sehen und zu verstehen, wie sie als Familie „ticken" und in welchen Situationen ein Mehr an Ruhe, Gelassenheit, Klarheit oder Freundlichkeit sie unterstützen würde. Lesen Sie die Übungen in diesem Buch und überlegen Sie, auf welche Weise sich diese in den Alltag einbinden lassen, ohne dass sie explizit eine „Übung" oder „Aufgabe" miteinander machen.

Dritte Haltung: Probier's mal mit Gelassenheit

Wie alle unsere Fähigkeiten entsteht auch Achtsamkeit nicht, indem wir theoretisches Wissen über sie ansammeln, sondern sie mit viel Geduld und einer gewissen Beharrlichkeit in unser Tun und Handeln einbinden.

Wollen wir mit unseren Kindern Achtsamkeit praktizieren, braucht es ein gesundes Maß an Gelassenheit. Kinder können sprunghaft sein und sind leicht abgelenkt. Sie machen ihrem Unmut über eine Übung, mit der sie sich nicht verbinden können, schnell Luft, indem sie mit wachsender körperlicher Unruhe oder Albernheiten reagieren. Als Eltern und Bezugspersonen üben wir uns daher miteinander nicht nur in Achtsamkeit, wir stärken zugleich auch andere Qualitäten wie Geduld, Nachsicht und einen respektvollen Umgang miteinander.

Erwarten Sie nicht, dass Ihre Kinder über längere Zeit stillsitzen oder Übungen stets konzentriert ausführen. Solche Erwartungen bauen Druck auf, der uns über kurz oder lang die Freude an der Praxis nimmt. Gelassenheit lädt uns dazu ein, Achtsamkeit immer wieder und auf unterschiedliche Weise in den Alltag einzubauen und es hinzunehmen, dass die Praxis an manchen Tagen wunderbare Früchte trägt und an anderen einfach nicht fruchten will.

Es lohnt sich, hin und wieder einen Blick darauf zu werfen, wie sehr wir unter dem Druck stehen, die Situation unter Kontrolle zu haben. Wie deutlich macht sich eine Erwartung darüber, wie die Übung „sein sollte", bemerkbar? In solchen Fällen kann es viel wert sein, sich bewusst zu entspannen und sich daran zu erinnern, dass die Praxis Ihnen und Ihrem Kind dient und nicht andersherum. Es gibt keine Ziele zu erfüllen, sondern eine Beziehung und ein Erleben mit Neugier und Freude auszufüllen.

Sie sind eingeladen, immer wieder die Rolle des Beobachters oder der Beobachterin einzunehmen, die herausfindet, wann welche Übung hilfreich ist, nachzuspüren wie Ihr Kind gerade tickt und wie Sie es am besten unterstützen können. Sie sind es, die Ihr Kind am besten kennen. Aus diesem Grund stellt dieses Buch eine ganze Bandbreite an Übungen vor, die Ihnen genau das ermöglichen sollen: den situativen Einsatz von Achtsamkeit.

Viele der Übungen schließen mit einem gemeinsamen Austausch über die Empfindungen und Erkenntnisse, die sich während einer Übung zeigen können. Ein solcher Austausch fördert nicht nur Nähe und Verständnis, er lässt uns auch verstehen, wie unterschiedlich Menschen auf ein und dieselbe Situation reagieren. Lassen Sie diese Reflexionen völlig ergebnisoffen. Es gibt nichts, was erfahren oder verstanden werden „muss". Bestärken Sie stattdessen Ihre Kinder darin, ihre eigenen Erfahrungen und Empfindungen zum Ausdruck zu bringen. Dies stärkt ihr Vertrauen in die eigene Wahrnehmung und die Fähigkeit, ihre Emotionen und Befindlichkeiten in Worte zu fassen. Stellen Sie Fragen, um Ihre Kinder besser zu verstehen, aber halten Sie sich zurück mit Kommentaren und Bewertungen darüber, was Sie hören.

Es kann hilfreich sein, sich daran zu erinnern, dass die gemeinsame Praxis der Achtsamkeit ein Geschenk ist, das Sie Ihrem Kind machen. Aus Ihrer eigenen Überzeugung heraus, dass Achtsamkeit nährend und stärkend ist, entwickelt sich der Wunsch, diese Stütze auch Ihrem Kind zur Verfügung zu stellen. Manche Geschenke werden freudig angenommen. Andere brauchen ihre Zeit, bis sie in ihrem Wert erkannt werden. Wieder andere werden zurückgewiesen – was den Wert des Geschenkes an sich aber nicht mindert.

Nehmen Sie sich selbst die Last von den Schultern, indem Sie sich daran erinnern, dass nichts schiefgehen kann, wenn Sie sich an diesen Grundsätzen der Einfachheit, Freude und Gelassenheit orientieren. Im schlimmsten Fall haben Sie aus dem Wunsch heraus, sich und Ihr Kind zu bereichern, Ihrem Kind eine gemeinsame Aktivität angeboten und dadurch zum Ausdruck gebracht, wie wichtig Ihnen das Zusammensein und das Wohlergehen Ihres Kindes ist. Im besten Fall finden Sie beide in der Übung ein wertvolles Werkzeug für die Zukunft und das gemeinsame Erleben bestärkt ihre Bindung.

Grundlagen der Achtsamkeit

Die klassischen Haltungen

Achtsamkeit ist auch deshalb so wirksam, weil wir sie immer und überall anwenden können. Wir brauchen keine Ausrüstung oder besondere Umstände, um achtsam zu sein. Achtsamkeit beginnt im Hier und Jetzt und beschäftigt sich mit dem, was ohnehin schon vorhanden ist, wie zum Beispiel unserem Körper.

Ein ganz einfacher Zugang zur Achtsamkeit ist, damit zu beginnen, der Art und Weise, wie wir uns „halten“, unserer Körperhaltung, Aufmerksamkeit zukommen zu lassen. Spüren Sie einmal hin: Welche unterschiedlichen Empfindungen zeigen sich jetzt gerade in Ihrem Körper? Woher wissen Sie, ob Sie sitzen, gehen, stehen oder liegen? Wie verändert sich Ihr Fühlen und Spüren, wenn Sie sich bewusst aufrichten und dem Körper mehr Platz und Raum anbieten?

Wenn wir uns mit solcher Neugier verschiedenen Haltungen und Bewegungsabläufen widmen, ankern wir uns gleichzeitig im gegenwärtigen Moment und werden empfänglicher für die Befindlichkeiten unseres Körpers. Anstatt uns in Gedanken, Plänen und Sorgen zu verlieren, haben wir ganz unmittelbar Kontakt mit dem Körper. Und der Körper ist immer hier und jetzt. Mit ein wenig Übung entsteht so eine wichtige Quelle für Ruhe und Sammlung mitten im Alltag. Die Übungen in diesem Abschnitt laden Sie und Ihr Kind dazu ein, sich den Körper als Spielwiese der Achtsamkeit zunutze zu machen und ihn in seinen verschiedenen Haltungen kennenzulernen.

Die erste Haltung, die sie erkunden können, ist das Stehen. Wir stehen oft und viel im Alltag und sind uns dabei dennoch selten unserer Haltung bewusst.

Das kann aber ein sehr lohnenswertes Unterfangen sein. Ob wir gerade und stabil, gebeugt oder steif stehen, beeinflusst unser Wohlbefinden so sehr wie unsere Stimmung. Die folgende Übung lädt Sie dazu ein, sich immer wieder bewusst zu machen, wie Sie dastehen und zu erkunden, ob es möglich ist, Ihren Körpern etwas mehr Offenheit, Entspannung und Aufrichtung anzubieten.

Übung – Stehen wie ein Baum

Finden Sie für diese Übungen einen Platz mit relativ ebenem Boden, damit sie sich zu Beginn der Übung keine Gedanken um das Gleichgewicht machen müssen. Später können Sie unterschiedliche Untergründe aussuchen, um zu erkunden, wie sich Gleichgewichtssinn und Haltung zusammen mit dem Boden, auf dem Sie stehen, verändern.

Stellen Sie sich vor zu stehen wie ein Baum. Ein solcher Baum hat Wurzeln, die ihn selbst bei Sturm fest im Boden verankern, und einen stabilen Stamm, der sanft mitschwingt, aber nicht bricht.

Fühlen Sie sich zu Beginn in ihre Füße ein. Stellen Sie diese flach auf den Boden und in etwa hüftbreit voneinander entfernt. Versuchen Sie nun ihre Fußballen und Fersen wahrzunehmen. Können Sie spüren, auf welchen Stellen des Fußes das meiste Gewicht ruht?

Heben Sie nun alle Zehen vom Boden, spreizen Sie diese weit und lassen Sie sie sanft wieder zu Boden sinken. Stellen Sie sich vor, dass sich die Fußsohlen über alle Druckpunkte mit dem Boden verbinden, als würden sie tatsächlich Wurzeln schlagen. Erlauben Sie dem Körper, sein ganzes Gewicht über die Füße abzugeben und schwer zu werden. Es kann sein, dass Sie dabei ins Schwanken kommen oder aus dem Gleichgewicht geraten. Mit zunehmender Ruhe wird sich auch ein Gefühl von Balance und Festigkeit einstellen. Geben Sie sich Zeit und entscheiden sie selbst, ob sie die

Augen schließen oder auf einen Punkt auf dem Boden, etwa einen Meter vor sich, schauen möchten.

Ermuntern Sie Ihr Kind, die Knie leicht zu beugen und ein wenig zu wippen, damit sich ein paar der Spannungen im Körper lösen. Dann darf der Rücken in die Höhe wachsen, stark und aufrecht wie ein Baumstamm. Ermutigen Sie Ihr Kind, zu erspüren, dass es nach allen Seiten hin Platz hat. Laden Sie es ein, mit den Armen einen langsamen Kreis um sich zu ziehen, indem es die Arme von den Seiten aus aufwärts hebt, bis sie sich über dem Kopf treffen, um sie dann wieder sinken zu lassen. Bleiben Sie für einige weitere Atemzüge so stehen und beginnen Sie dann, sich behutsam wieder zu bewegen, zu dehnen und zu schütteln.

Die Übung lässt sich auch wunderbar mit einem Spaziergang verbinden. Schauen Sie sich gemeinsam verschiedene Bäume an. Halten Sie inne und versuchen Sie zu stehen wie dieser besondere Baum. Der eine mag verschlungen und knorrig dastehen, der andere majestätisch in die Höhe wachsen. Beobachten Sie, wie Bäume im Wind sanft schwanken und wie die Wurzeln sie kräftig im Boden verankern.

Nachdem Sie die Übung einige Male gemeinsam gemacht haben, können Sie überlegen welche Gelegenheiten sich im Alltag anbieten, um diese Übung ganz heimlich anzuwenden. Zum Beispiel wenn Sie im Supermarkt an der Kasse stehen oder an der Bushaltestelle warten. Wenn Sie Lust haben, so überlegen Sie sich ein Codewort wie „Baum“, dass Sie beide an das gemeinsame Üben bei diesen Gelegenheiten erinnert.

Gehen ist für viele von uns eine alltägliche Erfahrung. So alltäglich, dass wir ihr in der Regel kaum Aufmerksamkeit schenken. Vergessen sind die Anstrengung und die Geduld, die wir einmal aufbringen mussten, um unsere ersten Schritte zu tun. Als Eltern erinnern wir uns vielleicht an diese Gehversuche unserer Kinder und wie es nahezu unmöglich schien, dass diese Kinder einmal rennen, springen und auf einem Bein balancieren würden. Und dennoch ist all das für viele von uns inzwischen keine große Herausforderung mehr.

Wenn wir jedoch dem Laufen und Gehen unsere Achtsamkeit schenken, so werden wir wieder an diese ersten Gehversuche erinnert. Das langsame und bewusste Gehen fordert unseren Sinn für Balance heraus und macht uns bewusst, wie komplex das Laufen ist. Gehen wir achtsam, so ist es fast, als würden wir noch einmal gehen lernen. Diese sehr bewusste und fokussierte Weise, uns zu bewegen, schenkt uns Ruhe und Klarheit sowie einen ganz direkten Dialog mit unserem Körper. Die folgende Übung lädt Sie und Ihr Kind dazu ein, das Gehen wieder für sich zu entdecken und zu einer Quelle der Achtsamkeit zu machen.

Übung – Schritt für Schritt

Suchen Sie für diese Übung eine kurze Strecke von etwa drei bis fünf Metern, auf der Sie und Ihr Kind ungehindert gehen können. Stellen Sie sich an den Anfang dieser Strecke und lassen Sie sich ein paar Momente Zeit, um sich im Kontakt Ihrer Füße zum Boden zu erden. Können Sie die Berührungspunkte mit dem Boden wahrnehmen? Wo lastet das meiste Gewicht?

Dann machen Sie die ersten Schritte. Dabei können Sie eine Menge erkunden: Welche Körperteile bewegen sich beim Gehen? Welches Körperteil oder welcher Bereich im Körper führt die Bewegung an? Wie verändert sich der Druck auf der Fußsohle? Wie verteilt sich Ihr Gewicht auf den Füßen? Was passiert mit Ihrem Sinn für Balance?

Laden Sie ihr Kind ein, die ausgewählte Strecke langsam und mit Bedacht zu gehen. Es kann dabei seine Füße nutzen, um die Welt zu entdecken. Durch sie kann Ihr Kind spüren, wie sich das Gewicht und der Druck verlagern, wie sie sich vom Boden lösen, durch die Luft schwingen und ihn wieder berühren.

Laufen Sie auf diese Weise die Strecke bis zu ihrem Ende und halten dann kurz inne. Nach einer kleinen Pause drehen Sie sich um und laufen zurück. Wie oft Sie auf und ab laufen, wie schnell oder langsam Sie das tun, ist nicht ausschlaggebend. Wichtiger ist, dass Sie und Ihr Kind Neugier und Entdeckergeist einladen, Sie beim Laufen zu begleiten. Das Tempo des Gehens variiert je nach Energie und Stimmung. Sie können in normalem Gehtempo beginnen, um dann langsamer zu werden, sobald mehr Ruhe in Körper, Herz und Geist einkehrt.

Eine Möglichkeit, die Übung abzuwandeln, ist, eine Frage zu formulieren, die Sie beim Laufen begleitet. Zusätzlich zu den oben genannten sind weitere mögliche Fragen:

- Kannst du den Moment wahrnehmen, in dem dein Fuß den Boden berührt?
- Welcher Teil des Fußes ist es genau, der zuerst den Boden berührt?
- Kannst du den Moment wahrnehmen, in dem der Fuß sich vom Boden löst?
- Welcher Teil deines Fußes hat bis zuletzt Kontakt mit dem Boden?
- Kannst du den Moment wahrnehmen, in dem dein Fuß keinen Kontakt mehr mit dem Boden hat?
- Kannst du spüren, wie sich das Gewicht über den Fuß verteilt, wenn du ihn abrollst?
- Welche Teile des Fußes werden nach und nach belastet?
- Kannst du beim Gehen spüren, wie sich das Gleichgewicht zwischen den beiden Seiten verlagert?

Die Übung lässt sich auch mit einem Spaziergang verbinden. Vereinbaren Sie auf diesem immer wieder kürzere Abschnitte, auf denen Sie gemeinsam das achtsame Gehen üben. Nun können Sie auch erkunden, wie es sich anfühlt auf unterschiedlichen

Untergründen zu gehen und was dies für Konsequenzen für Ihren Gleichgewichtssinn hat. Machen Sie zu Beginn und am Ende des achtsamen Gehens eine Pause im Stehen, um sich zu sammeln und im Körper zur Ruhe zu kommen.

Achtsamkeit und Meditation werden häufig mit der Haltung des Sitzens in Verbindung gebracht. Komplizierte Haltungen, wie der halbe oder ganze Lotus, bei dem der Fuß auf dem Oberschenkel des gegenüberliegenden Beins zur Ruhe kommt, prägen häufig Bilder und Statuen. Diese Haltungen bieten tatsächlich ein hohes Maß an Erdung und Stabilität, sind aber keine Voraussetzung, um im Sitzen zu Ruhe und Klarheit zu finden. Zudem bedürfen sie einer behutsamen und schrittweisen Dehnung der Bänder und Stärkung der Muskulatur, um keinen Schaden an Knien und anderen Gelenken zu hinterlassen.

Kommen Sie daher auf gleichwertige Sitzhaltungen zurück, die für sie schmerzfrei sind, wie zum Beispiel dem einfachen Schneidersitz oder dem Fersensitz. Nutzen Sie so viele Meditationskissen unter Ihrem Gesäß und den Knien, bis sich eine aufrechte, aber entspannte Haltung einnehmen lässt. Sollten Sie während des Sitzens Anstrengung im unteren Rücken spüren, so testen Sie, ob ein weiteres Kissen Abhilfe schaffen kann. Sie können selbstverständlich auch eine Meditationsbank verwenden oder einen Stuhl nutzen, wenn dies Ihnen eher erlaubt, zur Ruhe zu kommen und präsent zu sein.

Viele von uns sitzen bereits viel im Alltag. Wenn Sie mit Ihren Kindern üben, so spüren Sie hin, ob das, was Sie beide nun brauchen, tatsächlich mehr sitzen ist oder ob ein Wunsch nach Bewegung und Spiel besteht, der Ihre gemeinsame Achtsamkeitspraxis leiten darf.

Achtsam zu sitzen hat den Vorteil, dass es uns durch die gefühlte Stabilität und den Kontakt mit dem Boden gut erdet und zur Ruhe kommen lässt. Gleichzeitig fordert diese Haltung uns fortwährend auf, die notwendige Präsenz aufzubringen, um aufrecht sitzen zu bleiben und nicht in uns zusammenzufallen. Dadurch verbindet die Haltung Entspannung mit Präsenz – zwei Qualitäten, die in unserer Achtsamkeitspraxis immer von Bedeutung sind. Die folgende

Übung gibt Ihnen einen Anhaltspunkt wie Sie das Sitzen und damit auch die zwei genannten Qualitäten gemeinsam üben können.

Übung – Sich im Sitzen erden

Beginnen Sie damit, eine Sitzhaltung zu finden, die sich entspannt anfühlt, dem Körper aber ein Gefühl von Raum und Aufrichtung gibt. Nutzen sie unterschiedliche Hilfsmittel, wie Decken, Kissen, Meditationskissen, Hocker oder Stühle. Sollte einer von Ihnen bereits zu Beginn der Übung das Gefühl haben, Sie müssten sich in eine Haltung „zwängen" oder viel Kraft aufwenden, um diese zu halten, so finden Sie eine andere Haltung. Sitzen Sie bereits zu Beginn mit Mühe, so ist die Wahrscheinlichkeit groß, dass sich über den Lauf der Minuten hinweg Schmerzen einstellen.

Haben Sie eine Haltung gefunden, so verbinden Sie sich erst einmal mit dem Boden und der Erde. Laden Sie Ihr Kind ein, die Aufmerksamkeit zu den Stellen zu führen, wo sein Gesäß das Kissen, den Stuhl oder den Boden berührt. Welche Stellen sind das? Welche anderen Bereiche im Körper fühlen sich schwer und geerdet an?

Wenn der erste Kontakt zu Erde und Boden aufgenommen wurde, laden Sie Ihr Kind ein, gefühlt in diesen hinein schwerer zu werden. Ihr Kind kann sich vorstellen, ein Stück des Gewichts, der Anspannung und Unruhe an den Boden abzugeben, fast, als würden diese Empfindungen am Körper hinab in die Erde hineinfließen. Der Körper wird dabei in der Regel etwas zusammensinken und rund werden. Erlauben sie ihm für den Moment weich und schwer zu werden.

Wenn sich dann ein erster Teil der Anspannung gelöst hat, laden Sie ihr Kind ein, nach und nach seinen Rücken aufzurichten und den Raum um sich herum zu öffnen. Es kann sich dabei vorstellen, sich ganz langsam wie eine Blume oder ein knospendes Blatt zu entfalten. Ihr Kind darf dazu Atemzug für Atemzug mit seiner

Aufmerksamkeit den eigenen Rücken hinaufwandern und spüren, wie es zu allen Seiten hin Platz hat.

Zuletzt sitzt es da wie ein Berg – tief verwurzelt mit dem Boden, schwer und majestätisch. Der Kopf Ihres Kindes ist die Spitze dieses Berges, der weit über dem Boden ruht, viel Raum und eine klare Sicht auf die Dinge hat. Auf diese Weise können Sie für einige Atemzüge gemeinsam sitzen. Beginnen Sie mit einigen Atemzügen und dehnen Sie danach die Zeit des gemeinsamen Sitzens behutsam aus. Beobachten Sie dabei, wie verschiedene Empfindungen im Körper erscheinen, eine Weile bleiben, um sich dann zu verändern und wieder zu verabschieden. Als würden verschiedene Besucher den Berg besteigen, die den Berg selbst aber nicht aus der Ruhe bringen können.

Einige Male gemeinsam geübt, kann Ihr Kind diese Übung in allerlei Situationen anwenden. Die beiden Qualitäten, Präsenz und Entspannung, können je nach Bedarf betont werden. Wenn Ihr Kind sich nach Ruhe und Sicherheit sehnt, kann der Schwerpunkt der Übung auf dem Schwerwerden und dem Kontakt mit dem Boden liegen. Wünscht es sich präsenter, wacher und gelassener zu sein, so liegt der Fokus auf der Wahrnehmung des Raums um es herum und der Aufrichtung des Körpers.

Manchmal ist es zu viel verlangt aus einem hektischen und ereignisreichen Alltag heraus ohne Umschweife in die Stille zu kommen. Körper, Herz und Geist sind oft noch so energiegeladen, dass die plötzliche Ruhe in der Haltung die innere Unruhe eher betont und verstärkt. Als hätte auf einmal jemand das Radio lauter gestellt, bemerken wir plötzlich, wie viele Gedanken, Ideen und Bilder in uns aktiv sind. Ein abruptes Stillwerden wird daher oft als unangenehm empfunden. Versuchen wir es dennoch, spüren wir schnell, wie sich Widerstände und Anspannung gegen das Üben zeigen.

Daher sind Übungen, die uns über beruhigende Bewegungsmuster in die Stille führen nach einem geschäftigen Tag oft besser geeignet als strenge Formen und Disziplin. Bauen Sie daher nach Belieben sanfte Bewegungen aus Yoga,

Qi Gong, Tanz oder einfachen Dehnungsübungen in Ihre Achtsamkeitspraxis ein. Die folgende Übung zeigt Ihnen eine Möglichkeit, über sanfte Bewegung in eine sitzende Haltung zu kommen. Weitere Übungen in Bewegung finden Sie im Abschnitt „Der Körper".

Übung – Sich einpendeln

Auch diese Übung führt Sie ins Sitzen. Anstatt jedoch auf Kommando still zu sitzen, finden Sie sich nach und nach in diese Haltung ein. Sie können sich dabei vorstellen, dass Sie das Pendel einer großen, alten Standuhr sind. So wie dieses Pendel beständig hin- und herschwingt, dürfen Sie auch selbst mit dem Oberkörper langsam von rechts nach links schwingen und an den äußersten Punkten jeweils kurz innehalten. Es gibt dabei kein richtiges Tempo, kein zu schnell oder zu langsam. Jede und jeder hat, je nach Stimmung und Energie, seine ganz eigene Weise, zu schwingen.

Während Sie gemeinsam auf diese Weise hin- und herpendeln, können Sie ihre Achtsamkeit auf die unterschiedlichen Empfindungen in Hüfte, Sitzbeinhöcker und Po lenken. Spüren Sie, wie sich mit jeder Bewegung das Gewicht neu verteilt. Laden Sie Ihr Kind ein, darauf achtzugeben, dass die Bewegung ganz weich und flüssig ist. Die Uhr ist sozusagen „gut geölt".

Nun stellen Sie sich vor, der Uhr geht langsam, aber sicher die Kraft aus. Daraufhin werden die Bewegungen unweigerlich kleiner. Spüren Sie, wie Sie immer weniger schwingen und schließlich ganz zur Ruhe kommen. Laden Sie Ihr Kind ein, nachzuspüren, wie es sich nach all der Bewegung anfühlt für einige Momente ganz still zu sitzen.

Sitzen Sie auf diese Weise kurz ganz in Ruhe da und beginnen Sie dann, den Körper behutsam in die Bewegung zurückzuholen, indem sie Arme und Beine strecken und recken.

Auch im Liegen lässt sich Achtsamkeit praktizieren. Diese Haltung eignet sich besonders gut dazu Anspannung zu lösen, da wir im Liegen die Muskulatur für einige Minuten völlig entspannen können. Der Kontakt mit dem Boden vermittelt ein Gefühl des Getragen- und Gehaltenwerdens. Können wir dieses wahrnehmen, gelingt es uns nach und nach die Anspannung, mit der wir uns gegen die großen und kleinen Unannehmlichkeiten des Alltags wappnen, abzugeben.

So manch einer schläft bei dieser Übung im Liegen regelmäßig ein. Das kann bedingt sein durch einen generellen Mangel an Schlaf und ausreichender Erholung in unserem Alltag. Gönnen Sie sich und Ihren Kindern die Pause! Mit der Zeit bauen sich durch die Übungen neue Reserven auf, sodass es Ihnen irgendwann gelingt über den gesamten Zeitraum der Übung wach zu bleiben. Vermögen wir im Liegen auf eine entspannte Weise präsent zu sein, so kann sich großes Wohlbefinden und Ruhe einstellen.

Die folgende Übung zeigt Ihnen eine Möglichkeit, wie Sie Ihr Kind durch eine Entspannungsübung im Liegen führen können. Die Übung eignet sich auch dazu, vor dem Schlafen zu mehr Ruhe zu finden, oder nach einem anstrengenden Tag neue Energie und Zuversicht zu schöpfen.

Übung – Sich dem Boden anvertrauen

Laden Sie Ihr Kind ein, sich zu dieser Übung bequem hinzulegen. Finden Sie dafür einen geschützten Raum und machen sie es sich dort mit Decken und Kissen gemütlich.

Beginnen Sie die Übung damit sich zu strecken und zu recken, bis der Körper auch im Liegen in eine angenehme Haltung findet. Zu Beginn können Sie Ihr Kind einladen im Körper anzukommen, indem es nachspürt, an welchen Stellen dieser den Boden oder die Unterlage berührt. Verweilen Sie so für einige Augenblicke, um sich im Körper zu orientieren.

Laden Sie dann Ihr Kind ein, seine Aufmerksamkeit in die Füße fließen zu lassen. Warten Sie für einen Augenblick und lassen Sie ihm oder ihr Zeit, sich mit dieser Stelle vertraut zu machen. Dann darf es sich vorstellen, dass alle Anspannung oder Aufregung über den Kontakt der Ferse mit dem Boden in die Erde hineinfließt. Laden Sie es ein, sich vorzustellen, dass die Füße noch schwerer und wärmer werden. Verweilen Sie auf diese Weise für einige Atemzüge bei den Füßen.

Von hier aus beginnen Sie nun eine gemeinsame Reise durch den ganzen Körper. Besuchen Sie nach und nach alle Bereiche, die Kontakt mit dem Boden haben. An jeder neuen Stelle laden Sie Ihr Kind ein, in diesen Kontakt mit dem Untergrund hineinzuspüren. Dann darf es auch hier gefühlt etwas von der Unruhe und Anspannung abgeben. Eine mögliche Reihenfolge wäre: Füße, Unterschenkel, Oberschenkel, Gesäß und Hüften, Rücken, Schultern und Arme sowie Hinterkopf. Machen Sie abhängig davon, wie viel Zeit und Geduld Ihnen und Ihrem Kind zur Verfügung stehen, kleinere oder größere Schritte durch den Körper.

Sie können die Übung auch aufnehmen und Ihrem Kind als Tonaufnahme zur Verfügung stellen, sodass es diese in Ruhe anhören kann. Vielleicht möchte es auch nach einigem Üben mit Ihnen seine eigene Aufnahme anfertigen.

Der Körper

Unser Körper ist ein wahres Wunder. Durch ihn erfahren wir dank unserer Sinne die Welt. Er spürt und empfindet, durch ihn erleben wir Genuss und Schmerz, Freude und Traurigkeit. Gleichzeitig ist er unser Mittel, um in der Welt aktiv zu werden. Er ermöglicht uns Bewegung und Handeln, durch ihn drücken wir uns aus und kommen mit anderen in Kontakt. Kreativität, Sprache, Fürsorge und vieles mehr kommen in die Welt, indem wir körperlich aktiv sind.

Aber selbst in der Stille, im Nichts-Tun und auch im Schlaf ist unser Körper ein wahres Wunderwerk! Zum Beispiel umgeben uns ganze zwei Quadratmeter Haut, die durchwoben ist mit feinen Rezeptoren, die uns Hitze und Kühle, Druck, Berührung und Vibration signalisieren. Atem und Herzschlag sind aktiv tagein und tagaus, ohne dass wir irgendetwas dafür tun müssten. Wäre es notwendig, wären wir bei etwa 20.000 Atemzügen und 100.000 Herzschlägen am Tag vermutlich heillos überfordert.

Achtsamkeit fördert einen interessierten und wertschätzenden Blick auf den eigenen Körper. Mit ihrer Hilfe wenden wir uns den unerforschten Bereichen unseres Körpers zu und bringen uns diese ins Bewusstsein. Dadurch kann Dankbarkeit dafür entstehen weitestgehend gesund zu sein und ein Staunen über das Wunder, das unser Körper in jedem Augenblick ist. Diese Dankbarkeit und das Staunen haben die Kraft, uns durch Episoden der Schwermut, der Langweile und der Unzufriedenheit hindurchzutragen und eröffnen uns neue Perspektiven auf das Erleben. Die nächste Übung lädt Sie und Ihr Kind ein, sich wieder über den Körper, all seine Fähigkeiten und Prozesse zu wundern.

Übung – Über den Körper staunen

Lernen Sie gemeinsam mit Ihrem Kind den Körper besser kennen und schätzen. Suchen Sie sich dazu ein bestimmtes Organ, einen Sinn oder ein System innerhalb des Körpers aus, dem sie sich für eine Weile widmen wollen. Sie können sich selbst ein Thema überlegen oder eines aus der folgenden Liste an Themen und Fragen auswählen:

- Das Immunsystem – oder: Warum ist mein Körper nicht ständig krank?
- Der Blutkreislauf – oder: Wozu ist das Blut gut?
- Der Atemzyklus – oder: Weshalb atmen wir eigentlich?
- Der Stoffwechsel – oder: Woher bekommt der Körper seine Kraft?
- Das Nervensystem – oder: Warum kann ich mich bewegen und fühlen?
- Die Haut – oder: Welche Aufgaben hat die Haut?
- Die Stimme – oder: Was muss alles passieren, damit wir singen und sprechen können?

Sicherlich fallen Ihnen noch weitere Themen ein – wählen Sie etwas, dass Ihnen oder Ihrem Kind noch unbekannt ist und ihre Neugier weckt.

Nehmen Sie sich gemeinsam die Zeit, Erforscher ihres eigenen Körpers zu werden. In der Bücherei oder im Internet gibt es zahlreiche Informationen zu den Funktionen unseres Körpers. Sammeln Sie diese und tragen Sie sie zusammen. Können Sie herausfinden, was ein bestimmtes Organ oder ein System in unserem Körper alles leistet? Wissen Sie auch, wo im Körper sich diese befinden? Was trägt dazu bei, dass dieses System oder Organ gut funktioniert? Was braucht es alles dazu?

Nachdem Sie auf diese Weise recherchiert haben, können Sie sich gemeinsam Zeit nehmen und auf achtsame Weise in Ihren Körper hineinspüren. Können Sie das Organ bzw. das System in Ihrem Körper wahrnehmen? Auf welche Weise macht es sich bemerkbar? Oder arbeitet es ganz ohne, dass Sie es wahrnehmen können?

Laden Sie Ihr Kind ein, über den kommenden Tag hinweg immer wieder einmal eine Pause zu machen und daran zu denken, dass auch in diesem Moment, dieses Organ, dieser Sinn oder dieses System unaufhörlich seinen Dienst tut.

Vielleicht haben Sie auch Lust gemeinsam kreativ zu werden und ein Poster oder ein Plakat zu gestalten, eine Geschichte zu schreiben oder ein Bild zu Ihren Erkundungen zu malen.

Obwohl unser Körper ein Grund zum Wundern und Staunen ist, haben die meisten von uns im besten Fall ein funktionales und im schlechtesten Fall ein negatives Bild von ihrem Körper. Das beginnt bereits im Kindesalter und durch die Medien werden zunehmend Körperbilder an uns herangetragen, die, wenn überhaupt, nur mit Druck und Schaden für den Körper zu realisieren sind.

Unseren Kindern zu vermitteln, wie wir ein vertrauensvolles und freundliches Verhältnis mit diesem Körper aufbauen, ist ein wichtiger Schritt, um ihnen viel Leid und Druck zu ersparen. Achtsamkeit ist ein Weg, den Körper als Ort der Zuflucht und Entspannung kennenzulernen. Ein Teil von uns, der es wert ist, mit Respekt behandelt zu werden, und für den wir mittels guter Ernährung, ausreichend Bewegung und der notwendigen Pflege sorgen können.

Gehen wir mit dem Körper auf sanfte und wohlwollende Weise um, so kann er uns zur Quelle für eine Vielzahl von Informationen werden. Da er so sensibel und unmittelbar auf Reize aus dem Innen und Außen reagiert, erhalten wir durch ihn Hinweise, wie unsere Gefühle und Stimmungen zustande kommen. Was löst Spannungen in uns aus? Was macht uns Angst, was macht uns wütend, was zieht uns magisch an? Was hilft uns dabei, uns sicher und geborgen zu fühlen? Der Körper ist ein beständiger Ratgeber, auf der Suche nach einem Umgang mit uns selbst und anderen, der uns zu mehr Ruhe, Klarheit und Zufriedenheit führt.

Achtsamkeit für den Körper erfüllt einen weiteren Zweck: Lenken wir unsere Aufmerksamkeit auf die Empfindungen unseres Körpers, so verlassen wir dadurch das Reich der Gedanken und Pläne, der Tagträume, Angstvorstellungen und sich wiederholenden Konflikte. Der Körper spürt und nimmt unmittelbar wahr. Achtsamkeit für den Körper ist unser Tor zu dieser Unmittelbarkeit, mit der Ruhe und Klarheit für uns zugänglich werden.

Die folgende Übung macht sich dafür die Empfindsamkeit des Körpers zunutze. Berührung kann ein Zeichen der Zuwendung, Vertrautheit und Geborgenheit sein. Wenn wir mit Menschen, die wir lieben und mit denen wir uns sicher fühlen, in Kontakt sind, dann hat eine liebevolle Berührung die Kraft, Beziehungen zu stärken und zu nähren. Sie kann ein Zeichen von Unterstützung und Mitgefühl sein. Die folgende Übung leitet Sie an, die Sensibilität Ihrer Hände als Anker der Achtsamkeit zu verwenden.

Übung – Die Handmassage

Beginnen Sie damit, dass Sie sich eine kleine Entspannungs-Oase schaffen und zelebrieren Sie die Übung gemeinsam. Entscheiden Sie, ob es angebracht und auch von Ihrem Kind gewünscht ist, sich gegenseitig die Hände zu massieren. Sie können stattdessen die Übung auch an der jeweils eigenen Hand ausführen und sich so selbst etwas Gutes tun. Wenn Sie möchten, verwenden Sie ein Massageöl oder ein neutrales Haushaltsöl, wie zum Beispiel Sonnenblumenkernöl.

Nehmen Sie eine kleine Portion des Öls auf die Hand und verreiben Sie es zwischen den Handflächen. Dann beginnen Sie die Massage am kleinen Finger und massieren behutsam alle drei Fingerglieder, sowie den Fingerballen unterhalb des Fingers. Achten Sie darauf, auf die Knochen nicht zu viel Druck auszuüben. Die Massage sollte zu keiner Zeit schmerzen. Fragen Sie Ihr Kind, ob es angenehm ist oder ob Sie irgendwo zu viel Druck ausüben.

Arbeiten Sie sich auf diese Weise von Finger zu Finger bis hin zum Daumen. Hier bekommt der muskulöse Daumenballen etwas zusätzliche Aufmerksamkeit. Seien sie vorsichtig mit dem Zwischenraum zwischen Daumen und Zeigerfinger. Dieser Bereich kann druckempfindlich sein und will oft sanft und geduldig massiert werden. Wenden Sie sich danach der Handfläche und dem Handrücken zu. Massieren, streichen oder halten Sie diese Bereiche in Ihren Händen.

Andere Körperteile, die ebenfalls gut auf eine Massage ansprechen sind Füße und Schulterbereiche. Gerade Letztere sind oftmals stark verspannt und brauchen Geduld und ein besonders liebevolles Herangehen. Arbeiten sie generell behutsam und liebevoll und achten Sie darauf, den notwendigen Respekt Ihrem Kind gegenüber zu wahren.

Eine weitere Möglichkeit, dem Körper auf spielerische Weise ungeteilte Aufmerksamkeit zukommen zu lassen, sind alle Arten von Bewegung, die mit Balance zu tun haben. Beim Balancieren ist es notwendig, gut auf den Körper zu hören, ansonsten verlieren wir unser Gleichgewicht. Probieren Sie es aus und balancieren Sie auf einer Bordsteinkante – sobald Ihnen ein fordernder Gedanke in den Kopf kommt, ist es sehr wahrscheinlich, dass Sie Ihre Balance verlieren. Achtsamkeitsübungen mit einer Herausforderung für das Gleichgewicht zu verbinden eignet sich daher wunderbar zum Üben. Ihr Kind stärkt nicht nur seine Präsenz, es gewinnt auch gleichzeitig an Ruhe und Körpergefühl.

Übung – In Balance

Stellen Sie sich zu Beginn auf einen ebenen Fußboden und spüren Sie in den Kontakt der Füße mit dem Boden hinein. Wie in der Übung „Stehen wie ein Baum" beschrieben, können Sie sich einige Atemzüge Zeit nehmen, um im Stehen anzukommen.

Laden Sie dann Ihr Kind ein, seinen Körper ganz leicht von links nach rechts zu schwingen, wie das Pendel einer Uhr. Können Sie wahrnehmen, wie sich das Gewicht von einem auf das andere Bein verlagert? Wippen Sie anschließend vor und zurück und bringen Sie das Gewicht von den Fußballen zur Ferse und zurück. Wippen Sie dabei bis an die Punkte heran, an denen Sie drohen die Balance zu verlieren und spüren Sie, wie Ihr Körper ganz automatisch dagegen steuert.

Wenn Sie auf diese Weise einen Kontakt mit Ihren Füßen hergestellt haben, so verlagern Sie als Nächstes Ihr Gewicht nach vorn auf die Zehenballen. Spielen Sie mit unterschiedlichen Höhen und probieren Sie aus, wie sich dabei Ihr Sinn für das Gleichgewicht verändert. Ab welchem Punkt wird es schwierig, in Balance zu bleiben?

Nun verlagern Sie das Gewicht so weit zurück auf die Fersen, dass sich die Zehen vom Boden lösen. Wie weit können Sie die Zehen anheben, ohne umzufallen? Welche Muskeln spannen sich an, um das Gleichgewicht halten zu können?

Kommen Sie nun zurück auf die ganze Fußsohle. Verlagern Sie Ihr Gewicht auf ein Bein. Laden Sie Ihr Kind ein, den anderen Fuß zuerst nur leicht zu heben. Hat sich ein gewisses Gleichgewicht eingestellt, können Sie auch hier mit der Balance spielen. Wie hoch können Sie den Fuß heben, ohne umzufallen? Können Sie mit den Zehen Kreise in die Luft malen? Vielleicht auch mit dem Knie? Sie können den Fuß auch auf dem anderen Bein auf der Höhe des Knöchels, der Wade oder des Oberschenkels sanft ablegen, wie in der bekannten Yoga-Pose „der Baum“. Verändert das Ihr Empfinden von Balance? Und wenn Sie noch mehr Abwechslung möchten, können Sie auch noch die Arme ins Spiel bringen. Führen Sie diese in großen Bögen von Ihrer Seite über den Kopf oder nutzen Sie sie, um während der Übung Ihr Gleichgewicht zu stabilisieren.

Wechseln Sie in der Übung immer wieder das Bein. In der Regel sind die Seiten unterschiedlich gut ausbalanciert. Auf welcher Seite fällt Ihnen die Übung leichter?

Ein weiterer Körperbereich, dem wir uns mit Achtsamkeit widmen können, ist das Gesicht. Es ist mit seinen unzähligen kleinen Muskeln Spiegel unserer Empfindungen. Durch unser Gesicht drücken wir Emotionen aus und gehen mit anderen Menschen in Beziehung. Andere schätzen anhand unserer Mimik, wie es uns geht, in welcher Stimmung wir sind und wie wir auf eine

Situation reagieren. Die Mimik ist damit unerlässlicher Teil unserer Kommunikation mit anderen.

Gerade im Gesicht schlägt sich aber auch Stress und Anspannung nieder. Die Muskulatur hält gewisse Emotionen regelrecht fest, sind wir nicht in der Lage diese zu lösen. Das Gesicht zu entspannen ist daher nicht nur wohltuend, es erlaubt auch so mancher festgehaltenen Emotion wieder ins Fließen zu kommen und letztendlich zu verhallen. Die folgende Übung widmet sich daher dem Gesicht und zeigt Ihnen und Ihrem Kind eine Möglichkeit dieses liebevoll zu entspannen und zu erfrischen.

Übung – Das Gesicht baden

Kommen Sie für diese Übung, wenn möglich, ins Liegen. Machen Sie es sich bequem, strecken und dehnen Sie sich ein wenig zu allen Seiten, um die erste Schicht von Anspannung im Körper loszulassen. Nehmen Sie sich dann einige Atemzüge Zeit, um das Gewicht Ihres Kopfes auf der Unterlage zu spüren und erlauben Sie ihm, ganz schwer zu werden und sich vom Boden tragen zu lassen.

Bringen Sie nun die Aufmerksamkeit zu Ihrem Gesicht. Laden Sie Ihr Kind ein, hinzuspüren, was im Bereich des Gesichts besonders deutlich wahrnehmbar ist. Wo zeigen sich Anspannungen? Welche Bereiche sind hart, fühlen sich verkrampft oder unangenehm an? Welche Stellen sind dagegen weich, warm und entspannt?

Nachdem Sie ausreichend Kontakt mit den Empfindungen im Gesichtsbereich aufgenommen haben, können Sie Ihre Hände kräftig aneinanderreiben, bis sich die Handflächen wohlig warm anfühlen. Nun legen Sie Ihre Hände ganz langsam und behutsam auf ihr Gesicht, als wären diese eine warme Decke. Stellen Sie sich vor, dass die Wärme der Hände in das Gesicht hineinfließt und die vielen kleinen Anspannungen nach und nach zum Schmelzen bringt. Das Gesicht darf sich in die Hände hineinöffnen und dabei ganz weich werden.

> Nehmen Sie sich ein paar Atemzüge Zeit, ins Gesicht hinzuspüren und zu genießen. Lösen Sie dann die Hände sanft wieder, indem Sie die Finger spreizen und wahrnehmen, wie wieder Licht auf Ihre Augen trifft. Streichen Sie dann mit den Fingerkuppen über die Haut, von der Stirn bis zum Hals hinab. Halten Sie noch für einen Moment inne und spüren Sie nach, wie sich die Empfindungen im Gesicht mit dieser Übung verändert haben.

Im Körper sammelt sich die Anspannung und Aufregung des ganzen Tages. Sie spüren sie in Form von kribbligen Beinen, Anspannungen in Schultern und Nacken, einem Überschuss an Energie und Ähnlichem. Oft sind diese Empfindungen alles andere als angenehm und es kann einen regelrechten Widerstand in uns hervorrufen, wenn wir ohne Vorbereitung versuchen uns achtsam in einen solchen angespannten und unruhigen Körper einzuspüren. Ohne das Wissen und die richtigen Mittel, diesen unangenehmen körperlichen Erfahrungen zu begegnen, haben wir oft Schwierigkeiten zur Ruhe zu kommen und unsere Achtsamkeitspraxis kann uns schwerfallen.

Eine Möglichkeit, Anspannung und Unruhe abzugeben, ist Bewegung. Manche Kinder brauchen Bewegung und Spiel, bevor sie zu ruhigeren Übungen in der Lage sind. Tanzen, rennen, Ball spielen, ein Waldspaziergang – holen Sie die Kinder mit der Art von Bewegung ab, die ihrer Energie und ihrer Unruhe angemessen ist. Die Anstrengung vor der Entspannung kann dazu beitragen, die Muskulatur zu erwärmen, sodass sie sich im Nachhinein besser zu lösen und zu öffnen vermag.

Entgegen aller Ansichten über Achtsamkeit, gehen Bewegung und Präsenz für körperliche Empfindung wunderbar Hand in Hand. Wir können den Körper in Ruhe wie in Bewegung beobachten. Durch achtsame Bewegung lernen wir, welche Art uns zu strecken und zu dehnen, zu rennen, zu gehen und zu tanzen guttut.

Die folgende Übung spielt mit einem Wechsel aus Bewegung und Stille, aus der nach und nach ein Verständnis für die Empfindungen des eigenen Körpers entsteht.

Übung – Der Achtsamkeitstanz

Suchen Sie für diese Übung Musik aus, die Ihr Kind mag und zu der man sich gut bewegen kann. Wählen Sie ein oder zwei Lieder, die dazu einladen, sich aktiv zu bewegen, zu tanzen und zu toben sowie ein oder zwei Lieder sanfter und ruhiger Natur.

Spielen Sie die Lieder nacheinander ab und laden Sie Ihr Kind dazu ein, sich gemeinsam mit Ihnen zum Rhythmus der Lieder zu bewegen. Zu Beginn jedes Liedes können Sie kurz innehalten und lauschen, welche Bewegungen zu dem neuen Rhythmus und der neuen Melodie passen. Welche Haltung, welche Geschwindigkeit passt zum Takt? Experimentieren Sie, wie es ist, mit geschlossenen Augen zu tanzen, im Liegen zu tanzen oder im Dunkeln zu tanzen.

Manche Kinder motivieren sich zur Bewegung, indem sie verschiedene Tiere, Superhelden oder andere Figuren imitieren. Können Sie tanzen wie eine Katze, ein Elefant und ein Oktopus? Manche Kinder nutzen für die Bewegung auch gern Schals und Tücher. Lassen Sie dem kreativen Ausdruck und der Bewegungsfreiheit freien Raum, soweit Ihre Wohnung das erlaubt.

Lassen Sie dann nach und nach die Musik leiser und ruhiger werden. Damit sollten auch die Bewegungen langsamer und ruhiger werden. Am Schluss stehen Sie an Ort und Stelle und spüren für einige Atemzüge nach, wie sich Ihre Körper nun anfühlen.

Wer möchte kann das Spiel weiter ausbauen. Beginnen Sie wie zuvor, tanzen und bewegen Sie sich. Dieses Mal können Sie aber zusätzlich in unregelmäßigen Abständen die Musik stoppen. Sobald Ihr Kind merkt, dass die Musik aufgehört hat, ist es eingeladen, genau in der Haltung zu verharren. Verweilen Sie so ein oder zwei Atemzüge und schalten Sie dann die Musik wieder ein. Je ruhiger die Musik wird, desto länger können Sie die Pausen gestalten. Sie können an den Moment des „Innehaltens“ auch einen Moment des „Entspannens“ anfügen, indem Sie nach einem Augenblick des

Verharrens eine bequeme und erholsame Haltung für den Körper finden. Erst dann beginnen Sie wieder mit der Bewegung.

Neben schneller und kraftvoller Bewegung sind auch das Dehnen und Strecken des Körpers wunderbar geeignet, um Anspannung und Stress abzubauen. Achtsamkeit lädt uns dazu ein, dies nicht nach genauen Vorgaben oder festen Übungsabfolgen zu tun, sondern im Zwiegespräch mit unserem Körper zu erfahren, was diesem gerade guttun würde. Können Sie spüren, welche Bereiche geöffnet, gedreht, gedehnt und gestreckt werden wollen? Welche Stellen bitten darum, dass wir dabei sehr behutsam und vorsichtig vorgehen? Welche Bereiche verlangen nach einer kraftvollen und intensiveren Öffnung?

Wenn wir Tiere beobachten, so sehen wir, dass sich auch diese genüsslich recken und strecken. Sinnbildlich dafür sind Katzen, die sich ganz regelmäßig dehnen und räkeln. Tiere brauchen dazu keine Anleitungen oder besonderen Übungen. Sie sind so verbunden mit ihrem Gespür für ihren Körper, dass sie ganz intuitiv wissen, welche Bewegung ihnen guttut. Mit der folgenden Übung können Sie es den Katzen gleichtun und sich achtsam strecken und dehnen.

Übung – Sich Strecken wie die Katze

Laden Sie Ihr Kind ein, sich vorzustellen, es wäre eine Katze, die gerade aus ihrem Mittagsschlaf erwacht ist. Kommen Sie dazu auf einer Matte oder einem Teppich auf alle viere in den Vierfüßlerstand. Alternativ können Sie sich auch zusammenrollen, um eine schlafende Katze nachzuahmen.

Nun erwacht diese und möchte sich auf den Weg in den Garten machen. Vorher aber verspürt sie das Verlangen, sich zu strecken und zu dehnen. Erkunden Sie zusammen mit Ihrem Kind, welche Bereiche des Körpers Lust haben, sich zu bewegen. Was will gerade gestreckt und gereckt werden?

Probieren Sie ganz unterschiedliche Bewegungen aus. Sie können die Finger und Zehen weit spreizen und dann wieder loslassen.

Sie können mit dem Rücken einen Buckel machen und ganz rund werden. Arme und Beine können zur Seite oder nach oben gestreckt werden. Vielleicht wollen Sie sich auch etwas schütteln, um die Müdigkeit loszuwerden? Lassen Sie Ihren Bewegungen freien Lauf und werden Sie kreativ. Halten sie immer wieder kurz inne und spüren sie nach, welcher Bereich des Körpers jetzt bewegt werden will. Was mag sich noch strecken und öffnen?

Lassen Sie nach einigen Minuten die Übung zu einem Ende kommen. Atmen Sie noch für ein paar Atemzüge bewusst in Bauch und Brust.

Die folgende Übung bietet einen weiteren Übergang von der Bewegung in die Stille. Sie spricht die ganze Muskulatur im Körper an und durch den Wechsel von Anspannung und Entspannung in der Übung können Unruhe, Kribbeln und Rastlosigkeit im Körper besonders gut angesprochen werden.

Übung – Sternenstrahlen

Da diese Übung im Liegen geübt wird, kann es hilfreich sein, eine der vorigen Übungen als Einleitung voranzustellen. Ihr Kind darf sich bequem auf den Boden legen und sich dabei vorstellen, es sei ein Stern mit sechs Strahlen. Jeder Arm und jedes Bein sind ein Strahl, ebenso der Kopf und das Steißbein. Alle diese Strahlen zeigen in verschiedene Richtungen.

Nun laden Sie Ihr Kind ein, mit dem nächsten Ausatmen das rechte Bein und den linken Arm voneinander fort zu strecken. Dabei sollte eine angenehme Dehnung über die ganze Körpermitte entstehen. Ihr Kind kann diese Spannung für zwei, drei Atemzügen halten und dann wieder lösen. Ermuntern Sie Ihr Kind, für einen Augenblick alle Anstrengungen in Armen und Beinen an den Boden abzugeben und beide ganz schwer werden zu lassen. Danach kann es diese Streckung über diese Diagonale noch einmal wiederholen.

Nun ist die andere Seite an der Reihe und Ihr Kind ist eingeladen, das linke Bein und den rechten Arm voneinander fort zu strecken. Auch hier hält es die Spannung für einige Atemzüge und löst diese dann wieder. Bevor es die Streckung wiederholt, kann es die Bereiche entspannen und schwer werden lassen.

Zuletzt darf Ihr Kind noch auf die gleiche Weise Kopf und Steißbein in die entgegengesetzte Richtung strecken und dabei den Rücken ganz lang werden lassen.

Wichtig bei dieser Übung ist, die Anspannung immer für einige Momente zu halten und sie dann ganz loszulassen. Sie können jede Dehnung so oft wiederholen, wie sich das für Ihr Kind angenehm anfühlt. Dabei darf jedes Loslassen ein bisschen tiefer gehen. Lassen Sie sich nach dem Strecken einige Momente Zeit, um Nachzuspüren und den Körper wieder zu Ruhe kommen zu lassen.

Die folgende Übung funktioniert auf ähnliche Weise wie „Sternenstrahlen", beschränkt sich allerdings auf Hände, Arme und den Brustraum. Emotion und Unruhe schlagen sich oft im Brustbereich in Form von dauerhafter Anspannung nieder. Diese schränkt uns in Atem und Körperhaltung ein und sorgt für ein allgemeines Unwohlsein. Um die Spannungen zu lockern und im besten Falle zu lösen, kann es hilfreich sein, diesen Bereich zuerst anzuspannen, um ihn dann bewusst zu entspannen. Durch den eingeschränkten Bewegungskreis ist diese Übung in einer Vielzahl von alltäglichen Situationen und auch auf engem Raum anwendbar.

Übung – Fäuste ballen

Sie können diese Übung im Sitzen oder Stehen praktizieren. Laden Sie Ihr Kind ein, zu Beginn einen tiefen Atemzug zu nehmen und dabei die Hände zu kräftigen Fäusten zu ballen. Zusätzlich kann es die Muskeln in den Unterarmen, Oberarmen und sogar im Brustbereich so intensiv wie möglich anspannen. Kann es diese Spannung für zwei oder drei Atemzüge halten? Danach darf es mit einem Ausatmen ganz bewusst alle Anspannung gehen lassen.

Ermuntern Sie Ihr Kind nun, alle Muskeln, die es eben angespannt hat, ganz weich und schwer werden zu lassen. Vielleicht stellt sich ein Gefühl ein, als würde die Anspannung regelrecht am oder durch den Körper herabfließen.

Wiederholen Sie diesen Wechsel zwischen Anspannung und Entspannung noch zwei- oder dreimal. Mit jeder Wiederholung darf die Entspannung etwas tiefer reichen.

Zum Ende spüren Sie nach: Wie offen und weit fühlen sich der Brustkorb und die Arme nun an? Hat sich etwas im Bereich der Schultern entspannt?

Sie können die Übung auch im Bereich des Gesichts anwenden und dieses auf ähnliche Weise an- und entspannen. Machen Sie dafür gemeinsam mit Ihrem Kind die fürchterlichsten Grimassen und versuchen Sie alle Muskeln im Gesicht, um Augen, Kiefer, Nase, in Stirn und im Mundbereich anzuspannen. Nach einigen Sekunden lassen Sie wieder los und erlauben dem Gesicht weich und offen zu werden. Spüren Sie nach. Wie verändert sich das Gefühl von Anspannung im Gesicht durch diese Übung?

Der Atem

Der Atem ist ein zentraler Punkt unseres körperlichen Erlebens. Nicht nur versorgt er den Körper mit dem lebensnotwendigen Sauerstoff, er verbindet auch unser körperliches Empfinden mit unseren Emotionen und Gedanken. Über den Atem können wir Informationen darüber erhalten, was gerade im Körper vor sich geht, wie viel Anspannung oder Ruhe ihm zur Verfügung steht. So atmet zum Beispiel ein entspannter Körper unbeschwerter als ein angespannter. Achten wir auf den Atem, so lernen wir, dass körperliche Anstrengung und Krankheit den Atem schwer und mühsam werden lassen, während er in Zeiten der Ruhe, Gelassenheit und im Schlaf flacher oder leichter fließen wird.

Aber der Atem liefert nicht nur Informationen über unsere Körperlichkeit. Er sagt auch viel über unsere Gefühle und Gedanken aus. Schreck lässt den Atem stocken, Wut macht ihn kurz und kräftig und ein einzelner Gedanke reicht manchmal aus, um Rhythmus und Qualität des Atems völlig zu verändern.

Trotz all der Hinweise auf unser Wohlbefinden, die wir aus dem Atem gewinnen, ist er mehr als nur eine Informationsquelle. Wir haben auch die Möglichkeit, den Atem bewusst dazu einzusetzen, Körper, Herz und Geist auszubalancieren und zur Ruhe zu bringen. Der Atem kann uns ein wichtiger Verbündeter sein, wenn wir unsere Emotionen regulieren und Stabilität im täglichen Erleben finden möchten. Der Atem kann uns mit seiner Beständigkeit und Erreichbarkeit als Ankerpunkt dienen, als Zufluchtsort, wenn wir uns zerstreut fühlen und keinen klaren Gedanken zu fassen vermögen.

Um Kinder an die Achtsamkeit für den Atem heranzuführen, braucht es etwas Fingerspitzengefühl. Selbst für Erwachsene ist diese Form der Meditation oft mit der Idee von Disziplin verbunden, die die Praxis schnell mit Druck erfüllt. Dieser Druck und ein zu enger Fokus verhindern, dass wir den Atem als Quelle für Stabilität und Freude für uns entdecken dürfen. Stattdessen entwickeln wir mechanische Atemmuster, die nicht im Kontakt sind mit den Bedürfnissen des Körpers. Der Atem wird dann schnell als eng oder unangenehm empfunden. Hält dies über längere Zeit an, wenden wir uns oft von der Atembetrachtung oder auch der Meditation als Ganzem ab.

Achtsamkeit für den Atem kann voll Freude und Neugier sein, wenn wir Druck oder Zwang im Üben beiseitelassen. Aus diesem Grund sind die folgenden Übungen so konzipiert, dass sie unsere Kinder auf spielerische Weise an den Atem heranführen. Sie verbinden die Elemente von Bewegung, Kreativität und Forscherdrang mit der Achtsamkeit für den Atem und bieten so einen Zugang zum Atem, der frei ist vom Zwang „sich konzentrieren zu müssen".

Übung – Den Atem suchen

Laden Sie Ihr Kind ein, gemeinsam eine Pause zu machen und sich auf eine Entdeckungsreise zu begeben. Kommen Sie im Sitzen, Stehen oder Liegen miteinander zur Ruhe.

Atmen Sie ein paar Mal etwas tiefer als gewöhnlich ein und aus. Erforschen Sie dabei, wo genau Sie den Einatem und Ausatem am deutlichsten spüren. In welchem Körperteil zeigt sich Bewegung? Wo hebt oder senkt sich etwas? An der Nase? Im Bauch? In den Rippen? Im Rücken? Atmen Sie noch für zwei oder drei Atemzüge bewusst in diese Stelle hinein und machen Sie sich mit dem Gefühl des Atmens an dieser Stelle vertraut.

Nun strecken und recken, schütteln und dehnen Sie sich ein wenig. Spüren Sie nach, welche Art von Bewegung Ihnen nun guttun würde. Danach wiederholen Sie die Übung. Wohin fließt Ihr Atem nun? Ist es immer noch derselbe Ort wie zuvor?

Sie können auf diese Weise die Übung einige Male wiederholen. Jede Erforschung des Atems sollte zu Beginn nicht mehr als wenige Minuten andauern. Lassen Sie sich aber genug Zeit, um in den Körper „hineinzulauschen", um den Atem im Körper zu suchen. Für die Bewegungsphase dazwischen können Sie leichte Übungen aus dem Yoga oder einer anderen sanften Bewegungsform einbauen.

Sie können die Übung auch in ihren Alltag einladen, in dem Sie sich im Laufe des Tages immer wieder daran erinnern, Ihren Atem zu suchen. Zwei oder drei Atemzüge sind dabei häufig ausreichend und bieten eine willkommene Pause.

Um uns mit dem Atem vertraut zu machen, können wir auch die Kreativität und Fantasie unserer Kinder nutzen. Sich den Atem bildlich vorzustellen, ihn mit Symbolen und Farben zu verknüpfen kann helfen, das Interesse und die Neugier zu wecken und aufrechtzuerhalten. Die folgende Übung macht Ihnen einen Vorschlag, wie Sie dies mit Ihrem Kind umsetzen können.

Übung – Atembilder

Beginnen sie die Übung mit dem Bild des Flusses. Machen Sie es sich im Sitzen oder Liegen gemütlich und laden Sie dann Ihr Kind ein, sich den Atem als Fluss vorzustellen. Er fließt von der Nase aus durch Kehle und Brustraum in den Bauch hinab, um sich dort zu sammeln. Mit dem Ausatmen fließt er auf die gleiche Weise zurück und verlässt den Körper sanft durch die Nasenlöcher wieder.

Nun beginnen Sie zusammen mit Ihrem Kind zu erkunden, welche Qualitäten dieser Fluss besitzt. Er kann breit und langsam sein, oder er ist ein kleiner gluckernder Wildbach. Er mag ganz aus Licht oder Wärme bestehen und kann jede erdenkliche Farbe annehmen. Wie sieht Ihr Fluss jetzt zu Beginn der Übung aus?

Laden Sie Ihr Kind ein, sich einen Atem-Fluss vorzustellen, der dem Körper guttun würde. Dieser Fluss hat die Fähigkeit, die engen Stellen sanft zu umfließen und die dichten, angespannten Stellen zu wärmen, sodass diese wie Eis schmelzen und zerfließen dürfen. Versuchen sie für einige Atemzüge auf diese Weise zu atmen.

Ein anderes mögliches Bild ist das der Feder. Dabei darf sich Ihr Kind vorstellen, wie der Atem sanft wie eine Feder durch den Körper wandert. Beim Einatmen streicht er zart an der Vorderseite des Körpers herab und berührt Nase, Kehle, Brustkorb und Bauch. Dort angekommen verweilt er kurz und macht dann kehrt, indem er ebenso behutsam die Körperrückseite hochstreicht. Wo immer der Körper sich eng oder angespannt fühlt, berührt er besonders geduldig und liebevoll. Spüren sie nach, ob sie so sanft atmen können, als würden sie ein geliebtes Haustier oder eine zerbrechliche Blume berühren.

Der Atem eignet sich auch deshalb so gut als Anker oder Stütze in unserer Achtsamkeitspraxis, weil er seinen eigenen Rhythmus hat, der sich beständig wiederholt. In dem rhythmischen Heben und Senken des Atemkörpers liegt etwas Wiegendes und Pulsierendes, das wir mit unserer Achtsamkeit wahrnehmen können und uns dadurch ein Stück Geborgenheit und Wohlgefühl schenkt.

Die folgende Übung verbindet die Bewegung mit diesem Rhythmus, sodass Atem und Körper zusammen einen Takt finden, in den Sie und Ihr Kind sich hineinentspannen können.

Übung – Die Ballatmung

Diese Übung wird am besten im Stehen praktiziert. Stellen Sie sicher, dass Sie beide genug Platz um sich haben, sodass Sie Ihre Arme und Hände zu beiden Seiten ausstrecken können. Stellen Sie sich mit hüftbreit geöffneten Beinen auf, bleiben Sie locker in den Knien und lassen Sie den Rücken sanft in die Höhe wachsen, während das Steißbein schwer Richtung Boden zieht. Ermuntern Sie Ihr Kind, für einen Augenblick Kontakt zum Atem aufzunehmen. Wo ist er spürbar? Wie fühlt er sich an?

Dann heben Sie die Arme und Hände auf Brusthöhe an. Runden Sie dabei die Arme, als würden Sie darin einen großen Ballon oder Wasserball halten. Die Handflächen zeigen dabei auf Brusthöhe Richtung Bauch.

Nehmen Sie nun zwei oder drei bewusste und etwas tiefere Atemzüge. Laden Sie mit dem Einatmen Bauch, Brust und sogar den Rücken ein, sich in den gedachten Ball vor Ihnen zu öffnen und zu weiten. Ganz sanft driften dabei auch Ihre Hände auseinander und der Ballon wächst ein wenig.

Mit dem Ausatmen werden Ball und Atemkörper wieder kleiner. Spüren Sie nach, wie der Atem aus dem Körper herausströmt und geben Sie ihm etwas von der noch im Körper verweilenden Anspannung und Aufregung mit.

Wiederholen Sie diesen Wechsel noch drei-, viermal. Dann lassen Sie die Arme sinken und kommen für einen Moment ins Nachspüren. Wie fühlen sich Ihre Körper nun an? Hat sich der Atem verändert? Danach sind Sie eingeladen sich auszuschütteln, zu strecken und zu dehnen und so die Übung zu beenden.

Sie werden es während Achtsamkeitsübungen immer wieder erleben, dass die Aufmerksamkeit abschweift und sich anderen Dingen zuwendet. An manchen Tagen mag dies weniger der Fall sein, an anderen jedoch scheint die Aufmerksamkeit für keine Sekunde beim Atem oder dem Körper verweilen zu wollen. Beobachten wir dies, so erkennen wir, dass unsere Stimmung, die Energie, die uns zur Verfügung steht und die Erlebnisse der vergangenen Tage formen, wie wir uns fühlen, halten und sogar denken. Das kann eine große Erleichterung sein, denn so verstehen wir, dass wir unsere Unruhe nicht willentlich erschaffen. Leider ist es genauso wenig möglich, sie auf Knopfdruck „loszuwerden". Es braucht einen geduldigen, liebevollen, aber beharrlichen Umgang mit unserer Aufmerksamkeit, um in Zeiten der Unruhe wieder zu mehr Stille zu finden.

Viele Praktizierende empfinden dieses fortwährende Abschweifen als frustrierend. Sie fragen sich, ob Achtsamkeit für sie nicht geeignet ist oder ob sie etwas falsch machen. Seien Sie beruhigt! Dieser Wechsel aus Sammlung und Abschweifen ist ein natürlicher Teil der Achtsamkeitspraxis. Tatsächlich trainieren wir den Muskel der Achtsamkeit bereits, indem wir unsere Aufmerksamkeit immer wieder und mit aller Geduld zurückführen. Die folgende Übung stärkt diese liebevolle, aber beharrliche Haltung der eigenen Aufmerksamkeit gegenüber.

Übung – Liebevoll zurück zum Atem

Bevor Sie das nächste Mal mit dem Atem üben, können Sie Ihrem Kind das folgende Bild an die Hand geben. Laden Sie es ein, sich die Aufmerksamkeit wie einen jungen Hund vorzustellen. Weil er noch so klein ist, weiß er nicht genau, wie man miteinander spazieren geht. Erwachsene Hunde haben gelernt zu kommen, wenn man sie ruft, und bei Fuß zu laufen, wenn das notwendig ist. Ein kleiner Hund aber springt von rechts nach links über den Weg, immer dorthin, wo er gerade etwas Spannendes wahrnimmt. Das kann ganz schön anstrengend und gefährlich sein. Vielleicht verheddert sich die Leine zwischen unseren Füßen, oder es kommt auf einmal ein Fahrrad, in das er in seiner Achtlosigkeit vielleicht hineinrennt. Es ist also wichtig für uns und den kleinen Hund, dass wir ihm sehr liebevoll beibringen, zu uns zurückzukommen und bei uns zu bleiben, wenn wir das möchten.

Genauso wie wir das mit dem Hund üben müssen, üben wir auch mit unserer Achtsamkeit. Wir bringen uns selbst genauso viel Geduld und Wohlwollen entgegen, wie wir dies einem geliebten Haustier oder Freund gegenüber tun würden. Mit dem Hund würden wir vermutlich nicht schimpfen oder zornig werden, da wir verstehen, wie jung er ist und es nicht besser wissen kann. Geduldig würden wir ihm immer wieder zeigen, dass er bei uns bleiben soll. Ebenso geduldig können wir mit dem Atem üben.

Beginnen Sie die Übung damit, dass Sie eine entspannte, aufrechte Haltung im Sitzen oder Stehen für sich finden. Legen Sie dann beide eine Hand auf den Bauch oder Brustraum und spüren Sie nach, ob Sie eine Bewegung in diesen Bereichen wahrnehmen können. Hebt und senkt sich hier etwas?

Nehmen Sie sich vor, für die nächsten drei Minuten ganz bei dieser Bewegung zu bleiben. Ganz sicher wird in dieser Zeit ihre Aufmerksamkeit immer wieder abschweifen und sich etwas anderem zuwenden. Sobald Sie oder Ihr Kind das bemerken, können Sie in Stille und mit Freundlichkeit Ihre Aufmerksamkeit zurückrufen. Vielleicht hilft ein gedachtes: „Komm zurück, komm zurück!" Führen Sie Ihre Aufmerksamkeit dann ohne große Eile oder Ärger wieder zurück zur Berührung Ihrer Hände auf dem Körper. Verweilen Sie dort und nehmen Sie den Atem wahr.

Über die Zeit hinweg können Sie die Zeiträume auch behutsam ausdehnen. Denken Sie aber daran, dass es bereits eine große Leistung ist, sich für drei Minuten ungestört dem Atem widmen zu können.

Der Atem kann nicht nur Anker und Fokus sein, er kann auch Trost spenden und uns Kraft schenken. Wenn wir wissen, wie wir fürsorglich in den Körper hineinatmen können, wird der Atem ein Verbündeter, der uns auch durch Herausforderungen trägt. Die folgende Übung zeigt, wie Sie diesen Aspekt des Atmens gemeinsam mit Ihrem Kind erkunden können.

Übung – Hand aufs Herz

Diese Übung kann im Liegen, Sitzen oder Stehen geübt werden. Laden Sie Ihr Kind dazu ein eine oder beide Hände auf den Herzbereich in der Mitte der Brust zu legen. Wenn Sie möchten, reiben Sie zuvor beide Hände aneinander, bis eine wohlige Wärme in ihnen entsteht.

Nun laden Sie den Atem ein, in diese Hände hineinzufließen. Mit dem Einatmen darf der Brustkorb sich in die Hände heben, mit dem Ausatmen begleiten die Hände den Brustkorb in seiner senkenden Bewegung. Laden Sie Ihr Kind ein, sich vorzustellen, dass die Wärme der Hände in Herz und Brustkorb hineinfließt und dort alles das annimmt und wärmt, was vielleicht hart ist oder schmerzt. Jeder Einatem bringt gefühlt mehr Wärme, jeder Ausatem darf eine Schicht des Unwohlseins forttragen. Verweilen Sie so für einige Atemzüge.

Sie können die Hände auch auf andere Körperbereiche legen, denen eine solche Zuwendung guttun würde. Legen Sie Ihre Hände zum Beispiel auf den Unterbauch unterhalb des Nabels. Dort liegen die Hände als Einladung an den Einatem, ein wenig tiefer in den Körper fließen zu dürfen. Mit dem Ausatem darf der ganze Bauchraum weich werden.

Manchmal kann es sehr wohltuend sein, wenn Hände und Fingerspitzen zärtlich das eigene Gesicht, die Wangen oder Augen berühren und bedecken. Alternativ können Sie sich ganz unbemerkt von anderen liebevoll eine Hand auf den Oberschenkel legen, um sich zu beruhigen und zu bestärken.

Vielleicht bemerken Sie bald, dass jeder Bereich, den Sie berühren, seine ganz eigene Art zu atmen hat. Manche Stellen im Körper wünschen sich einen kraftvollen Atem, andere eher einen feinen und zarten. Ermuntern Sie Ihr Kind nachzuspüren, welcher Atem den jeweiligen Bereich seines Körpers am besten unterstützt.

Sollte dies von Ihnen beiden gewünscht sein, so kann diese Übung auch als Partnerübung ausgeführt werden. Dafür sitzen Sie Rücken an Rücken zueinander. Setzen Sie sich so, dass ihre Becken in etwa auf gleicher Höhe sind. Eventuell muss Ihr Kind hierfür etwas höher sitzen als Sie. Dann atmen Sie beide bewusst in Ihren Rücken hinein. Können Sie Ihren eigenen Atem und den Atem des anderen wahrnehmen? Was passiert über die Zeit hinweg, passen sich die Rhythmen einander an? Können Sie so behutsam atmen, dass Sie wahrnehmen, wann der andere ein- und ausatmet? Spüren Sie die Wärme des Körpers hinter Ihnen? Vielleicht darf diese Wärme auch in Ihren eigenen Rücken hineinströmen und dort etwas an Anspannung und Enge forttragen. Üben Sie auf diese Weise für einige Minuten und lösen Sie sich dann behutsam voneinander.

Unsere Sinne

Unsere Sinne sind unsere Türen zur Welt. Durch sie erhalten wir Informationen darüber, was um uns herum vorgeht, erkennen mögliche Gefahren und sind in der Lage Situationen einzuschätzen. Mithilfe unserer Augen, Ohren und Nase, unserem Tast- und Geschmacksinn können wir Schönheit wahrnehmen, Beziehung zu anderen Menschen aufbauen und uns orientieren.

Die Praxis der Achtsamkeit lädt uns dazu ein, uns intensiv mit unseren Sinnen zu verbinden. Widmen wir uns dem, was durch unsere Sinnestüren hereintritt, kann uns dies aus Grübeleien und Tagträumen, übermäßigem Planen und Gedanken über die Vergangenheit herausholen. Sinnlichkeit hilft uns auch, Wellen der Angst, der Wut und der Unzufriedenheit zu besänftigen.

Viele von uns praktizieren dies im Umgang mit unseren Kindern bereits unbewusst. Wenn unsere Kinder sich in einer Woge von Frustration oder Traurigkeit verlieren, tendieren wir dazu, sie abzulenken, indem wir sie auf unsere Umgebung aufmerksam machen. Wir behelfen uns, indem wir dem Kind einen Vogel zeigen oder ein interessantes Auto, das glücklicherweise gerade vorbeifährt. Das Kind blickt auf, beobachtet, lauscht und vergisst im besten Fall für einen Moment seine Frustration oder seine Sorge.

Nutzen wir die Sinnlichkeit auf diese Weise, durchbrechen wir Enttäuschung und Traurigkeit für einen Moment und können im wahrsten Sinne „auf andere Gedanken kommen“. Das bedeutet natürlich nicht, dass die Frustration oder Angst nicht einen berechtigten Grund hat, den wir uns genauer ansehen sollten. Oftmals aber sind wir besser beraten dies erst dann zu tun, wenn sich die Gemüter beruhigt haben und sich die notwendige Klarheit eingestellt hat.

Die folgenden Übungen machen sich die Sinne auf vielfältige Weise zunutze. Sie bieten uns einen Anker im Außen, wenn es in uns drunter und drüber geht. Sie helfen uns aber auch, Schönheit und Dankbarkeit zu empfinden, für all das, was sich vor unseren Augen, Ohren und den anderen Sinnen abspielt. Zuletzt vermögen sie es auch, Raum zu schaffen, wann immer wir zu dicht um unsere eigenen Themen, Wünsche und Unsicherheiten kreisen.

Übung – Ich sehe was, was du nicht siehst

Dieses weitbekannte Kinderspiel ist eine wunderbare Übung der Achtsamkeit, denn es verbindet uns auf einfache Weise mit unseren Sinnen. Dieses Spiel können Sie zu zweit oder mehreren spielen.

Beginnen Sie damit, dass sich Ihr Kind einen Gegenstand in der Nähe aussucht und sich diesen merkt. Nun spricht es die Worte: „Ich sehe was, was du nicht siehst und das ist …" und beendet den Satz mit der Farbe des Gegenstands, den es sich ausgesucht hat. Sie sind nun aufgefordert diesen Gegenstand zu finden. Spielen Sie zu mehreren, raten Sie der Reihe nach, bis einer den richtigen Gegenstand gefunden hat. Dann ist der- oder diejenige an der Reihe, sich einen neuen Gegenstand auszusuchen.

Außer Farben können sie natürlich auch andere Merkmale verwenden. Experimentieren Sie auch mit Formen, Mustern und Größen. Sie können die Übung auch mit auf einen Spaziergang nehmen. Halten Sie immer wieder inne und beziehen Sie sich einen Gegenstand in Ihrer unmittelbaren Umgebung.

Bewegung, Natur und Achtsamkeit gehen Hand in Hand. Wir können uns achtsam unseren Sinnen zuwenden, um unseren Kindern die Schönheit und Vielfalt der Natur auf spielerische Weise nahezubringen. Über die Zeit hinweg wird Ihr Kind in der Lage sein, mehr und mehr Details und Feinheiten auszumachen und sich für diese zu begeistern. Verbringen Sie gemeinsam viel Zeit draußen, unabhängig von Wetter und Temperatur. Erkunden Sie Ihre nähere Umgebung und machen Sie sich gemeinsam auf die Suche nach ungewöhnlichen Eindrücken für Augen, Ohren und die anderen Sinne. Bewegung an der frischen Luft stärkt den Körper, öffnet die Sinnestüren weit und gleicht ihre Energie und Stimmung aus. Die folgende Übung zeigt Ihnen eine Möglichkeit, diese drei Aspekte von Bewegung, Natur und Achtsamkeit miteinander zu verbinden.

Übung – Die Regenbogen-Wanderung

Diese Übung können Sie auf einen gemeinsamen Spaziergang oder eine Wanderung mitnehmen. Zur Vorbereitung brauchen Sie lediglich Stifte und für jeden ein Blatt Papier, auf das Sie die Farben des Regenbogens notieren: Rot, Orange, Gelb, Grün, (Hell-) Blau, Indigo (auch Dunkelblau) und Violett.

Beginnen Sie nun nach Gegenständen Ausschau zu halten, die eine der auf dem Blatt genannten Farben tragen. Sammeln Sie für jede Farbe mindestens zehn unterschiedliche Dinge. Sie können entweder gegeneinander spielen und sehen, wer in der Lage ist, die Listen als Erstes zu füllen, oder aber die Gegenstände gemeinsam suchen.

Sie werden schnell feststellen, dass manche Farben einfacher zu finden sind als andere. Es wird einen Unterschied machen, ob Sie in einem Wohngebiet, in einem Wald oder auf dem freien Feld laufen. Unterschiedliche Jahreszeiten färben die Welt in unterschiedlichen Tönen. Wiederholen Sie dieses Spiel zu verschiedenen Zeiten an verschiedenen Orten und Sie werden feststellen, wie die Farbe von Ort zu Ort und Zeit zu Zeit variiert.

Sie können das Spiel auch abändern, indem Sie mehr oder weniger Dinge suchen, nur eine bestimmte Art von Gegenständen zulassen, zum Beispiel Gegenstände aus der Natur, Kleidung, runde oder eckige Sachen, etc.

Eine weitere wichtige Qualität, die wir mithilfe von Achtsamkeit und unseren Sinnen üben können, ist die Liebe zum Detail. Oft bleiben uns die feinen, aber kleinen Eindrücke, die Schönheit und Wunder in sich bergen, verborgen, weil wir nicht gewohnt sind, richtig hinzusehen. Die Liebe zum Detail verbindet uns intensiv mit unserem Erleben. Andere Themen, die uns bis dahin beschäftigt haben, wie negative Gedanken und Grübeleien, rücken für einen Moment in den Hintergrund. In dieser Liebe zum Detail steckt somit nicht nur die Chance, sich am Leben zu erfreuen, sondern auch eine erholsame Pause vom fortwährenden Denken.

Was wir dazu benötigen, ist ein gewisser Entdeckergeist. Oft begegnen wir vertrauten Umgebungen mit der Einstellung, dass es dort nichts mehr Neues zu entdecken gibt. Wir schenken solchen Orten keine besondere Aufmerksamkeit mehr. Achtsamkeit lädt uns ein, noch einmal genauer hinzusehen und uns mit den alltäglichsten Gegenständen neu zu verbinden. Die folgende Übung ist ein Vorschlag, wie Sie dies zusammen mit Ihrem Kind üben können.

Übung – Adleraugen

Machen Sie diese Übung in einem Raum, der Ihnen beiden sehr vertraut ist. Kommen Sie dort im Stehen oder Sitzen zur Ruhe und schauen Sie sich erst einmal um. Spüren Sie, wie vertraut und bekannt sich dieser Raum anfühlt.

Nun laden Sie Ihr Kind ein, die Umgebung mit den Augen eines Adlers zu betrachten. Adleraugen sind so scharf, dass sie selbst aus großer Höhe noch die Maus oder den Hasen auf dem Boden wahrnehmen. Ihr Kind kann sich vorstellen, dass es sich nun mit derselben Schärfe im Raum umsehen kann.

Laden Sie Ihr Kind ein, sich im Zimmer umzusehen. Welche Gegenstände hat es sich noch nie genau angeschaut? Was gibt es dort zu entdecken? Welche Oberfläche hat der Gegenstand? Gibt es auf ihm Licht oder Schatten? Hat er kleine Macken und Risse? Welche Form hat er? Welche Farben kann Ihr Kind entdecken? Welche Kleinigkeiten treten hervor, wenn es die Augen dort für eine Weile ruhen lässt?

Verweilen Sie auf diese Weise für etwa eine Minute mit einem Gegenstand. Dann entspannen Sie sich. Recken und strecken Sie sich ein wenig. Wenn Ihr Kind Freude an der Übung hat, kann es sich einen weiteren Gegenstand aussuchen. Auch hier gilt es, die kleinen, aber feinen Details wahrzunehmen, die ihm bisher verborgen geblieben sind.

Sie können diese Übung auch draußen machen. Halten Sie auf einem Spaziergang oder einer Wanderung öfter einmal inne und schauen Sie sich um. Welche Kleinigkeiten wecken Ihre Neugier? Welche Details gibt es zu entdecken, wenn Sie Ihren Blick auf der unmittelbaren Umgebung ruhen lassen?

Das Sehen ist wohl unser dominantester Sinn. Durch ihn orientieren wir uns im Raum, identifizieren Gegenstände und erkennen unsere Mitmenschen wieder. Hören wir ein lautes Geräusch oder riechen etwas unangenehmes, so ist oft unser erster Impuls „nachzuschauen“, um ein klareres Bild davon zu bekommen, was vor sich geht. Sehen ist aber auch eng verbunden mit dem Impuls zu handeln und zu reagieren. Es hält uns auf gewisse Weise in einer Haltung des Tuns, was auf Dauer für Körper, Herz und Geist ermüdend sein kann. Es kann deshalb hilfreich sein, sich gelegentlich bewusst anderen Sinnen zuzuwenden, die es uns erlauben, empfänglicher zu werden. Das Empfangen und Hinspüren sind Haltungen, die uns „sein lassen“ und in denen wir die ersehnte Erholung finden können.

Ein Sinn, der uns darin unterstützt, ist das Hören. Geräusche kommen und gehen und umgeben uns in nahezu jeder Situation. Es bedarf keiner besonderen Anstrengung, sie wahrzunehmen und wir können uns ganz wunderbar in das Entstehen und Verklingen der einzelnen Töne und Geräusche, ihrer Lautstärke und Veränderlichkeit fallen lassen. Dadurch, dass Hören mühelos ist, schult es unsere Fähigkeit Erlebnisse zu empfangen, anstatt sie zu schaffen. So kommen wir durch das achtsame Hören von einer Haltung des Tuns in eine Haltung des Seins. Eine Haltung, die sowohl uns Erwachsenen als auch unseren Kindern guttut. Die nächste Übung zeigt Ihnen, wie Sie zusammen mit Ihrem Kind diese Haltung kultivieren können.

Übung – Geräusche sammeln

Für diese Übung benötigen Sie eine Stoppuhr oder den Timer auf Ihrem Handy. Setzen Sie sich mit Ihrem Kind ans offene Fenster oder an einen Platz im Garten oder Park. Stoppen Sie zunächst für etwa 30 Sekunden die Zeit. Schließen Sie die Augen und laden Sie Ihr Kind ein, die Geräusche wahrzunehmen, die aus der nahen und fernen Umgebung ganz von selbst ans Ohr kommen.

Was kann Ihr Kind für unterschiedliche Geräusche hören? Welche Unterschiede gibt es in den Geräuschen – manche sind vermutlich laut und deutlich wahrzunehmen, andere eher fein, kurz oder schwer zu hören. Welche Geräusche sind angenehm, welche unangenehm? Gibt es Geräusche, die ein Gefühl oder eine Stimmung in Ihnen hervorrufen?

Probieren Sie die Übung in verschiedenen Umgebungen aus: zu Hause, im Bus, auf einem Spaziergang, oder kurz vor dem Einschlafen. Testen Sie gemeinsam unterschiedliche „Geräuschkulissen" und überlegen Sie welche Unterschiede und Gemeinsamkeiten es gibt. An welchen Orten macht Ihnen das Lauschen am meisten Freude, und warum?

Wenn Ihnen die Übung Spaß macht, so können Sie nach einer Weile die Zeit verlängern und sehen, ob Sie auch für eine oder zwei Minuten auf diese lauschende Weise verweilen können.

Neben dem Hören und dem Sehen haben wir auch die Möglichkeit uns selbst und unsere Umgebung durch Schmecken, Riechen und Tasten wahrzunehmen. Wenn wir uns darin schulen, die Welt mit allen Sinnen zu erkunden, wird unser Erleben sinnlicher und reicher. Achtsamkeit lädt uns ein, bewusst alle fünf Sinne in unsere Praxis einzubeziehen. Eine Möglichkeit das zu kultivieren, ist, uns jeden Tag einen Sinn auszuwählen und diesem besondere Aufmerksamkeit zukommen zu lassen. Schaffen Sie Tage des Sehens und des Hörens, Tage des Fühlens, Schmeckens und Riechens. Eine weitere Möglichkeit, die Sinne zu beleben, bietet Ihnen die folgende Übung.

Übung – Sinnes-Spaziergang

Diese Übung macht den gemeinsamen Spaziergang zu einer wahren Entdeckungsreise. Bereiten Sie sich auf diesen vor, indem Sie einige Gegenstände aus Ihrem Haushalt auswählen, die einen intensiven Geruch besitzen sowie eine Kleinigkeit zu essen. Am einfachsten zur Hand und völlig ausreichend für diese Übung sind eine Handvoll Trockenfrüchte, Nüsse oder Apfelschnitze.

Beginnen sie Ihren gemeinsamen Spaziergang damit, im Gehen zur Ruhe zu kommen. Spüren Sie für die ersten Meter in Ihre Füße hinein. Können Sie wahrnehmen, wie Sie abwechselnd den Boden berühren? Wenn Sie möchten, können Sie die Übung intensivieren, indem Sie eine kurze Strecke barfuß gehen. Nehmen Sie die unterschiedlichen Untergründe unter Ihren Fußsohlen wahr: Kies, Gras, Asphalt, Waldboden.

Einmal im Gehen angekommen, können Sie sich nun dem ersten Sinn, dem Sehen, zuwenden. Bleiben Sie dafür stehen und schauen Sie sich um. Welche Dinge und Gegenstände fallen Ihnen auf? Welche Farben und Formen, welcher Wechsel von Licht und Schatten fängt Ihren Blick ein? Nennen Sie sich gegenseitig mindestens fünf Dinge, die Ihnen aufgefallen sind und die Sie besonders schön oder bemerkenswert finden.

Dann können Sie ein Stück weitergehen. Bleiben Sie dann an einem Ort stehen, an dem Sie getrost für einige Minuten die Augen schließen können. Nun dürfen Sie sich ganz dem Hören zuwenden. Beginnen Sie in Ihre Umgebung hineinzulauschen. Was für unterschiedliche Geräusche können Sie wahrnehmen? Welche langen und kurzen, lauten und leisen Töne gibt es? Lauschen Sie zusammen mit Ihrem Kind eine Weile in Stille und tauschen Sie sich dann über das Gehörte aus. Können Sie beide mindestens fünf Dinge benennen, die Sie gehört haben?

Nun gehen Sie ein weiteres Stück und wenden sich dabei dem Spüren zu. Können Sie die Kleidung auf Ihrer Haut wahrnehmen? Spüren Sie den Wind oder die Sonne? Haben Sie ein Gefühl für die Bewegung Ihrer Körper und dem Kontakt der Füße mit dem Boden? Laden Sie Ihr Kind ein, den ganzen Körper als Sinnesorgan zu nutzen, um sich mit der Umwelt, der Bewegung und dem Spüren nach innen zu verbinden.

Als Nächstes sind Sie eingeladen, zu erkunden, ob es etwas gibt, was Sie riechen können. Oftmals hat jede Umgebung ihren ganz eigenen Geruch, genauso wie jede Jahreszeit oder Wetterlage. Nasser Asphalt nach einem Sommerregen, der Geruch herabgefallener Blätter im Herbst, Blumen, Blüten und die klare Luft an einem Wintermorgen haben alle ihren ganz eigenen Geruch. Wenn es wenig wahrzunehmen gibt, können Sie auf das zurückkommen, was Sie sich eingepackt haben, wie vielleicht ein Duftöl oder ein Stück Obst. Riechen Sie daran und erkunden Sie, wie lange ein bestimmter Geruch anhält. Können Sie wahrnehmen, wann Ihre Nase sich daran gewöhnt hat und der Geruch scheinbar verfliegt?

Zuletzt dürfen Sie eine größere Pause einlegen. Wählen Sie dafür einen Ort, der sich gut für ein kleines Picknick eignet. Packen Sie Ihre mitgebrachten Kleinigkeiten aus und beginnen Sie damit, diese langsam und bewusst zu essen. Welcher Geschmack kommt unmittelbar auf, wenn das Essen Ihre Zunge berührt? Wie verändert sich der Geschmack, wenn Sie den Bissen eine Weile im Mund behalten und kauen?

Sie können die Übungen beliebig oft wiederholen oder auch nur einzelne für Ihren Spaziergang herausgreifen. Machen Sie sich verschiedene Umgebungen zunutze, laufen Sie auf dem Land sowie in der Stadt und erkunden Sie, welche Unterschiede das in Ihrer sinnlichen Wahrnehmung macht.

Auch unsere Hände sind Sinnesorgane. Jeder Finger besitzt etwa 3.000 Nervenenden, die nicht nur Temperatur und Druck, sondern auch Vibration, Textur und Schmerz wahrnehmen. Sie sind die feinfühligsten Instrumente, die wir besitzen. Unsere Hände als Ganzes sind mechanische Wunderwerke mit 29 Knochen, 29 Gelenken, über 120 Bändern und 30 Muskeln. Wir können uns diese auch zunutze machen, um mit ihnen achtsam unsere Umgebung zu erkunden. Eine Möglichkeit, dies zu tun, beschreibt die folgende Übung.

Übung – Die Fühl-Kiste

Mit dieser Übung nutzen wir unserer Hände, um Gegenstände zu untersuchen und zu erraten. Sie benötigen für diese Übung eine alte Schachtel oder einen Karton sowie ein Tuch.

Suchen sie sich aus ihrer Umgebung Gegenstände von verschiedener Textur, Gewicht und Größe aus dem Haushalt und aus der Natur, zum Beispiel Tannenzapfen, einen Schwamm, Murmeln, ein Taschentuch, ein Streichholz, Plastikfolie etc. Achten Sie darauf, nichts zu verwenden, was Ihr Kind ekeln oder es erschrecken könnte. Es braucht ein wenig Mut, Dinge zu ertasten, ohne zu wissen, was es ist.

Legen Sie einige dieser Gegenstände in die Kiste und decken Sie diese mit einem Tuch zu. Nun darf Ihr Kind hineingreifen und einen ersten Gegenstand ertasten, ohne ihn herauszuholen oder anzufassen. Kann es beschreiben, wie sich der Gegenstand anfühlt? Wie sind Oberfläche und Temperatur? Ist er weich oder hart, schwer oder leicht? Macht er Geräusche beim Anfassen?

Sammeln Sie alle Informationen über den Gegenstand und laden Sie Ihr Kind dann ein, zu erraten, worum es sich handelt. Geben Sie ein paar Tipps, sollte es allzu schwierig sein.

Danach kann es den nächsten Gegenstand aussuchen und erfühlen oder Sie wechseln die Rollen. Auch Ihr Kind kann Gegenstände suchen und für Sie in der Kiste verstecken, die sie daraufhin erfühlen und erraten dürfen.

Essen ist eines der sinnlichsten Erlebnisse schlechthin. Oft genug essen wir, weil es uns schmeckt, nicht, weil wir hungrig sind. Manchmal machen wir aber auch die Erfahrung, dass wir auf eine Weise „leer“ bleiben, obwohl wir gerade unser Lieblingsessen gegessen haben. Es verlangt uns nach mehr. Achtsam zu essen bedeutet wieder genießen zu lernen und die Freude am Essen zu steigern. Genuss braucht vor allem eins: Zeit. Wenn wir langsam essen, bewusst kauen und dem Geschmack im Mund nachspüren, werden wir feststellen, dass wir trotz kleinerer Mengen eine größere Zufriedenheit beim Essen entwickeln.

Die folgende Übung zeigt Ihnen eine Möglichkeit, wie Sie gemeinsame Mahlzeiten in ein sinnliches Fest der Achtsamkeit verwandeln können.

Übung – Genussvoll essen

Lassen Sie mit dieser Übung eine Mahlzeit zu einem sinnlichen Abenteuer werden, indem Sie miteinander ganz unterschiedliche Geschmäcker und Texturen ausprobieren. Bereiten Sie die gemeinsame Mahlzeit vor, indem Sie kleine Mengen unterschiedlicher Speisen so herrichten, dass jeder davon probieren kann.

Manche Kinder sind beim Essen und Ausprobieren neuer Speisen eher misstrauisch oder wählerisch. Es kann helfen, vorab eine Abmachung zu treffen, dass von allem ein Teelöffel probiert wird. Wenn es nicht schmeckt, so können Sie zumindest herausfinden, was genau es ist, dass Sie nicht mögen: die Textur, der Geschmack, das Gefühl im Mund oder auf der Zunge? Üben Sie keinen Druck auf Ihr Kind aus. Bieten Sie stattdessen an, im Gegenzug selbst etwas zu essen, das Sie nicht besonders mögen.

Beginnen Sie die Übung damit, dass jeder eine Speise auswählt. Nehmen Sie einen Bissen auf Löffel oder Gabel und betrachten Sie diesen für einen Moment. Welche Farben und Formen, welche Details kann Ihr Kind wahrnehmen? Dann führen Sie den Bissen zur Nase und riechen daran. Wonach riecht es? Erinnert Sie dieser Geruch an etwas? Nun legen Sie den Bissen auf die Zunge. Was ist der erste Geschmack, der sich auf der Zunge zeigt? Wie reagiert der restliche Mundraum darauf? Beginnen Sie dann langsam zu kauen. Achten Sie darauf, wie sich der Geschmack und die Textur im Mund nach und nach verändern. Wann ist nichts mehr zu schmecken?

Nun probieren Sie die nächste Speise aus und binden auch hier wieder alle Sinne mit ein. Wiederholen Sie diese Übung, solange sich Ihr Kind gut auf das Essen konzentrieren kann. Es geht nicht darum, diese Übung möglichst lange oder mit möglichst vielen Speisen durchzuführen, sondern daran Freude zu haben! Ist die Grenze der Aufmerksamkeit erreicht, so essen Sie auf ihre übliche Weise weiter und genießen das Zusammensein.

Alternativ können Sie diese Übung auch in eine ganz normale Mahlzeit einbinden. Laden Sie Ihr Kind ein, die ersten zwei oder drei Bissen auf die beschriebene achtsame Weise zu essen und fahren Sie dann fort wie gewohnt.

Wie das Essen so ist auch das Trinken eine Gelegenheit, um zusammenzukommen und zu genießen. Mit einer warmen Tasse Tee oder einer heißen Schokolade verbinden viele von uns zudem Geborgenheit und Fürsorge. Die folgende Übung beschreibt, wie Sie diese Gelegenheiten miteinander zelebrieren können.

Übung – Wärme Trinken

Nehmen Sie sich füreinander ein wenig Zeit und bereiten Sie sich ein warmes Getränk zu, zum Beispiel eine Tasse heißer Schokolade oder einen Tee. Achten Sie darauf, dass das Getränk nicht mehr zu heiß ist, bevor Sie mit der Übung beginnen, sodass sich niemand die Zunge verbrennt. Machen Sie es sich so gemütlich wie möglich, vielleicht möchten Sie sich Musik auswählen oder zusammen unter eine Decke kuscheln.

Stellen Sie die Tassen vor sich ab und beginnen Sie damit, behutsam die Wärme der Tasse an Ihren Händen zu spüren. Erkunden Sie, welche Teile der Hand als Erstes warm werden. Kann diese Wärme ein Stück die Arme hinauffließen und sich im Körper verteilen?

Nun heben Sie die Tasse zur Nase und riechen Sie daran. Welchen Geruch können Sie wahrnehmen? Erinnert Sie der Duft an irgendwas?

Als Nächstes sind die Augen an der Reihe. Erkunden Sie zusammen mit Ihrem Kind, was es alles an Tasse und Inhalt wahrzunehmen gibt. Gibt es Schaum oder Reflexionen? Bewegt sich die Flüssigkeit? Was ist auf der Tasse abgebildet? Können Sie Dampf aufsteigen sehen?

Nun sind Sie eingeladen endlich den ersten Schluck zu nehmen. Spüren Sie, wie sich die Wärme zuerst im Mund ausbreitet und die Zunge berührt. Welcher erste Geschmack ergibt sich? Wie verändert sich der Geschmack nach einer Weile? Können Sie spüren wie sich die Wärme im Körper ausbreitet?

Trinken Sie auf diese Weise zwei oder drei Schlucke in Achtsamkeit. Danach können Sie fortfahren wie gewohnt und sich vielleicht miteinander über ihre verschiedenen Eindrücke und Entdeckungen austauschen.

Gefühlswelten

Gefühle und Bedürfnisse verstehen

Spüren, Fühlen und Empfinden ist Teil unserer Lebendigkeit. Ob Liebe und Ärger, Freude und Trauer, Geborgenheit und Einsamkeit – Herz und Geist drücken sich in einer beeindruckenden Vielfalt von Emotionen aus. Als Menschen sind wir in der Regel sehr sensibel für das, was in und um uns vorgeht. Erlebnisse und Eindrücke erzeugen Gefühle in uns. Diese Reaktionen, manche flüchtig, andere anhaltender Natur, sind in ständiger Bewegung. Über den Tag hinweg erleben wir eine Vielzahl von Stimmungen und Gefühlen, reiben uns an unseren Vorlieben und Abneigungen, verhandeln unsere Bedürfnisse mit anderen und spüren den emotionalen Nachhall dessen, was wir erlebt haben.

Achtsamkeit gibt uns ein Gespür für die Vielschichtigkeit unserer Empfindungen. Diese Emotionen spiegeln sich auch in unseren körperlichen Empfindungen wider. Bei Wut fühlen wir Hitze in uns aufsteigen, bei Angst nehmen wir eine Enge in der Brust wahr. Sprachlosigkeit oder Trauer schaffen einen Kloß im Hals und Einsamkeit lässt uns gefühlt klein werden. Liebe, Freude, Dankbarkeit und Zufriedenheit hingegen füllen unsere Körper mit Wohlbefinden. Der Körper wirkt als feiner Sensor für unsere Stimmungen und ist ein wichtiges Instrument, um mit unserem Erleben Verbindung aufzunehmen.

Aber das körperliche Erleben allein, macht noch kein Gefühl. Etwas zu fühlen bedeutet auch, den Wunsch zu spüren zu handeln oder zu verändern. Ärger möchte sich Luft machen, Freude tanzen, Angst sich zurückziehen und Unruhe tigert rastlos umher. Viele unserer Handlungen entspringen unseren Gefühlen, und je stärker diese sind, desto impulsiver ist oft unsere Reaktion.

Begleitet werden die körperlichen Empfindungen und Handlungsimpulse vom Denken. Je nach Stimmung und Gefühl, zeigen sich ganz unterschiedliche Gedanken, Ansichten und Selbstbilder. Unser Denken beurteilt unsere Beziehungen, uns selbst und die Welt um uns, basierend darauf, wie wir uns fühlen. Emotionen färben regelrecht unsere Wahrnehmung.

In Anbetracht dieser Vielschichtigkeit verstehen wir, warum eine Emotion das Potenzial hat, uns zu überwältigen oder zu Handlungen zu verleiten, über die wir später den Kopf schütteln mögen. Dennoch sind Emotionen an sich weder „schlecht" noch „gut". Was in Körper, Herz und Geist vorgeht „ist" erst einmal. Weder schaffen wir bewusst ein Gefühl noch können wir es willentlich fortschicken.

Dennoch entbindet dies uns nicht von der Aufgabe, einen weisen Umgang mit unseren Emotionen zu finden. Unsere Verantwortung beginnt dort, wo Gefühle in Handlungen übergehen. Achtsamkeit lädt uns dazu ein, Verantwortung für unser Handeln zu übernehmen, indem sie unser Bewusstsein für unsere Intentionen und Motivationen stärkt. Durch die achtsame Beobachtung der Vorgänge in unserem Innern entsteht ein Handlungsspielraum, in dem wir nicht länger Spielball von Impulsen und Gefühlen sind.

Achtsamkeit dient nicht dazu, emotionslos zu werden. Sie stärkt vielmehr einen wohlwollenden und klaren Umgang mit dem inneren Erleben. Sie erlaubt uns, mit unseren eigenen Bedürfnissen in Kontakt zu treten und stärkt unsere Fähigkeit zur Empathie, sodass wir auch die Bedürfnisse und Emotionen anderer wahrnehmen können. Emotionen wandeln sich durch unsere Praxis von Störenfrieden zu wichtigen Wegweisern.

Emotionen sind oftmals Reaktionen auf unsere Bedürfnisse. Als Mensch haben wir ganz unterschiedliche Bedürfnisse. Manche sichern unser Überleben, andere entstehen im Kontakt mit anderen Menschen und wieder andere haben mit unserem Selbstbild zu tun – wie wir uns selbst in dieser Welt wahrnehmen. Diese Bedürfnisse motivieren eine Vielzahl unserer Handlungen und ihre Erfüllung schafft ein Empfinden von Zufriedenheit und Glück.

Als Menschen teilen wir unsere Bedürfnisse, wenn auch in verschieden starken Ausprägungen. Was für den einen besondere Bedeutung hat, ist für den andern zweitrangig. Worin wir uns unterscheiden, sind die Strategien, die wir anwenden, um diese Bedürfnisse zu erreichen. Diese Strategien, also die konkrete Umsetzung eines Bedürfnisses und was wir bereit sind, dafür zu tun, führen uns oft in Konflikt miteinander.

Menschliches Zusammenleben ist ein fortwährender Tanz aus Bedürfnissen und den Versuchen aller Beteiligten, für die eigenen Bedürfnisse zu sorgen. Wenn unsere individuellen Strategien nicht vereinbar erscheinen, so können wir versuchen Kompromisse zu finden, uns Alternative zu überlegen oder zu verhandeln. Emotionen entstehen, wenn Bedürfnisse erfüllt oder nicht erfüllt werden. Wir fühlen uns verbunden, wertgeschätzt, geliebt und geborgen, wenn unsere Bedürfnisse nach Nähe und sozialem Kontakt erfüllt sind, oder aber einsam, unverstanden, eifersüchtig oder frustriert, wenn dies nicht der Fall ist.

Für ein gelungenes Miteinander, für liebevolle und fürsorgliche Beziehungen, ist daher nicht nur ein Verständnis für unsere Emotionen, sondern auch für unsere Bedürfnisse essenziell. Nur wer klar sieht, welche Bedürfnisse gerade die eigenen Handlungen motivieren, kann entscheiden, wie und ob er handeln möchte. Manche Wege, unsere Bedürfnisse zu decken, sind wenig erfolgversprechend oder schaden sogar uns selbst und anderen. Wie wir unsere Bedürfnisse kommunizieren, und welche Wege wir einschlagen, um unsere Bedürfnisse umzusetzen, prägt unsere Beziehungen zutiefst.

Um unsere Bedürfnisse und Gefühle zu kommunizieren, brauchen wir das notwendige Handwerkszeug. Während unserer Kindheit lernen wir eine Vielfalt an Emotionen kennen. Am Beispiel unserer Eltern und Bezugspersonen entwickeln wir ein Vokabular und Wissen über diese Gefühle. Ein Teil unseres Reifeprozesses, der oft weit über die Kindheit hinaus anhält, liegt darin zu lernen, wie wir mit unserem inneren Erleben umgehen. Es braucht viel Erfahrung und Übung, den Mittelweg zu finden, zwischen Verdrängen und einer Überwältigung durch Emotion und Gefühl.

Ein erster achtsamer Schritt in dieser Entwicklung liegt darin, Emotionen als solche zu erkennen. Dadurch treten wir aus dem impulsiven Handeln heraus und kommen in die Rolle des Beobachters. Anstatt die Emotion „zu sein", betrachten wir sie mit Interesse, Neugier und Fürsorge.

Die folgende Übung zeigt einen ersten möglichen Schritt, um auf spielerische Weise einen Ausdruck für unsere Gefühle zu finden und unsere Fähigkeit zur Empathie zu schulen.

Übung – Gefühle raten

Kommen Sie zu zweit zusammen oder laden Sie noch mehr Personen zu diesem Spiel ein. Sie benötigen dafür einen Beutel oder eine Box sowie kleine Zettel.

Auf diese Zettel können Sie alle Arten von Gefühlen schreiben. Überlegen Sie gemeinsam, wie Sie sich heute und in den letzten Tagen gefühlt haben und schreiben Sie diese Gefühle nieder. Achten Sie bei der Auswahl darauf, dass sowohl angenehme als auch unangenehme Gefühle dabei sind.

Hier sind einige Beispiele als Inspiration: glücklich, traurig, wütend, gestresst, gelangweilt, nervös, besorgt, ängstlich, angewidert, enttäuscht, eifersüchtig, ruhig, überrascht, albern, friedlich.

Wenn Sie auch Kinder in das Spiel einbinden möchten, die noch nicht lesen können, können Sie Gesichter malen oder sich entsprechende Bildkarten besorgen, die Emotionen anhand einer Zeichnung darstellen.

Nun beginnen Sie eine Pantomime, bei dem stets eine Person einen Zettel zieht und dann die Aufgabe bekommt, die entsprechende Emotion nur mittels Mimik, Gestik und dem Körper auszudrücken, ohne dabei Worte zu benutzen. Gelingt es Ihnen und Ihrem Kind das Gefühl so darzustellen, dass es der andere erraten kann?

Wechseln sie sich bei der Übung ab. Überlegen Sie im Anschluss gemeinsam, wie es war, sich Gefühle absichtlich „anzuziehen" wie ein Stück Kleidung. Welche Gefühle haben sich merkwürdig und ungewohnt angefühlt, welche fühlten sich vertraut an? Haben die dargestellten Gefühle ein Echo in Ihnen hinterlassen? Haben Sie bestimmte Erinnerung hervorgerufen?

Manchen Kindern fällt es leicht, sich durch Körper und Bewegung auszudrücken. Anderen ist die Welt der Konzepte und Worte vertrauter. Wieder andere drücken sich gern aus, indem sie malen und gestalten. Die folgende Übung bietet daher weitere Möglichkeiten, Emotionen kreativ Ausdruck zu verleihen.

Übung – Gefühlt kreativ

Malen, singen und tanzen sind Formen, die sich ebenso zum Ausdruck unseres inneren Erlebens eignen wie Worte. Sie können die folgende Übung gemeinsam mit Ihrem Kind durchführen oder aber ihm die Anregungen vorlesen und es diese auf eigene Faust erkunden lassen.

Eine Möglichkeit, Gefühle kreativ auszudrücken, besteht darin, sie durch Bewegung und Tanz zum Leben zu erwecken. Stellen Sie hierfür eine Liedersammlung zusammen, die verschiedene Stimmungen zum Ausdruck bringt. Suchen Sie nach unterschiedlichen Instrumenten, Rhythmen und Musikarten.

Schalten Sie die Musik an und laden Sie Ihr Kind ein, für einen Moment stillzustehen und sich in das entsprechende Lied einzufühlen. Spüren Sie nach, welche Empfindungen die Musik in Ihnen auslöst. Dann beginnen Sie ganz langsam sich nach der Musik zu bewegen. Welche Bewegungen passen zu der Musik? Welche Gefühle, Stimmungen oder Reaktionen spiegeln sich hier für Sie wider? Können Sie diese benennen?

Machen Sie zwischen den Liedern eine kurze Pause. Schütteln Sie sich kurz, um alle Emotionen und Stimmungen, die mit dem vorherigen Lied verbunden waren, sanft loszulassen. Kommen Sie für einen Moment zur Ruhe. Beginnen Sie dann ein neues Lied und machen Sie die Übung noch einmal. Über die Zeit hinweg können Sie gemeinsam Lieblingslieder sammeln, bei denen Ihnen die Übung besondere Freude bereitet. Diese Lieder können auch dabei helfen, einem bestimmten Gefühl Raum zu machen, sodass es schließlich zur Ruhe kommen kann.

Eine weitere Möglichkeit besteht darin, Gefühle in Kunst auszudrücken. Sammeln Sie dazu Fotos, Bilder, Zeitungsausschnitte, etc. Halten Sie Schere, Papier und Stifte bereit. Suchen Sie sich gemeinsam mit Ihrem Kind eine Stimmung aus, die Sie darstellen wollen. Sammeln Sie alles, was zu diesem Empfinden passt. Kleben, schneiden und schreiben Sie nach Herzenslust. Erstellen Sie ein Poster oder eine Collage, die zum Ausdruck bringt, was Sie empfinden.

Achten Sie bei dieser Übung darauf, dem kreativen Ausdruck freien Lauf zu lassen. Geben Sie keine Bewertungen darüber ab, was der andere tut. Lassen Sie zu, dass Ihr Kind sich unbekümmert ausdrücken kann. Mitunter werden Sie sowohl beim Tanzen als auch beim Malen erleben, dass sich eine Stimmung regelrecht wie ein Blitz entlädt. Erlauben Sie auch den intensiveren Seiten der Emotion, sich zu zeigen. Das wirkt wie eine Entlastung, auf die dann eine größere Ruhe folgen darf.

Übung – Jagd auf Gefühle

Diese Übung lädt Ihr Kind dazu ein, sich über den Tag hinweg immer wieder seine Gefühle, Stimmungen und Empfindungen zu vergegenwärtigen.

Halten Sie für diese Übung Stift und Papier bereit, sodass diese schnell zur Hand sind. Die Aufgabe besteht darin, über den Lauf des Tages so viele unterschiedliche Gefühle wie möglich zu finden. Sie können zusätzlich notieren, wie oft diese vorkommen. Legen Sie dazu eine kleine Strichliste zu jedem Gefühl an.

Ermutigen Sie Ihr Kind, Gefühle unterschiedlicher Art und Intensität zu suchen. Manchmal neigen wir dazu, den schwierigen und unangenehmen Zuständen mehr Aufmerksamkeit zu schenken. Führen Sie auch eine Reihe an angenehmen oder neutralen Gefühlen auf, die sie über den Tag hinweg erleben könnten. Sie können auch die Liste aus der Übung „Gefühle raten" heranziehen und diese als Strichliste verwenden.

Die Übung lässt sich noch kreativer gestalten, indem Sie sich morgens eine Blume mit mehreren Blütenblättern oder einen Ball mit verschiedenen Feldern auf ein Blatt Papier malen. Jedes dieser Felder, bzw. Blätter bietet Platz für ein Gefühl oder eine Stimmung. Schaffen Sie es bis zum Abend für jedes Feld eine Stimmung zu finden?

Die Übung kann weiter vertieft werden, indem Sie zusätzlich hinspüren, wo im Körper dieses Gefühl zu Hause ist. Woher weiß Ihr Kind, wie es sich fühlt? Ist dieses Gefühl mit einer besonderen Art zu Denken verbunden? Wie stark oder schwach, offen oder verschlossen fühlt es sich anderen gegenüber, wenn sich diese Emotion zeigt?

Führen Sie diese Übung an mehreren Tagen durch und sammeln Sie die unterschiedlichen Ergebnisse. Vergleichen Sie die Tage miteinander. Können Sie erkennen, dass jeder Tag seinen ganz eigenen Weg nimmt? Dass auf unangenehme und schwierige Emotionen auch wieder ruhigere und angenehmere Momente folgen? Was können Sie noch aus ihren Aufschrieben herauslesen?

Ärger und Frustration

Oft erleben wir eine zwiegespaltene Beziehung zu Ärger, Wut und Frustration. Auf der einen Seite sehen wir, wie diese Emotionen zu verbaler wie körperlicher Gewalt führen. Aggression nimmt in Kauf, andere zu verletzen, Beziehungen ins Schwanken zu bringen und unser Empfinden von Sicherheit und Geborgenheit nachhaltig zu stören. Wir wissen um den Schaden, den Ärger und Wut anrichten können und der inneren Unruhe, die diese Empfindungen erzeugen. Daher suchen wir nach Wegen für einen friedlichen, verständnisvollen und empathischen Umgang miteinander, der auf Gewalt aller Art verzichtet.

Auf der anderen Seite erkennen wir aber auch, dass Irritation, Ärger und Wut ihren Platz in unserem Erleben haben. Sie sind ein wichtiger Indikator dafür, dass bestimmte Bedürfnisse nicht erfüllt werden und wir einen Mangel empfinden. Ein Empfinden von Frustration sorgt dafür, dass wir diesen Mangel ernst nehmen, bevor uns Schaden entsteht.

Wie lassen sich diese beiden Ansichten vereinen? Ist Aggression notwendig, um zu bekommen, was wir brauchen? Wie aber steht es dann um unser Bedürfnis nach Kooperation und Harmonie?

Ärger ist zunächst einmal ein Hinweis auf ein nicht erfülltes Bedürfnis. Wie ein Finger zeigt unsere Frustration auf einen Wunsch, dessen Nichterfüllen uns gerade frustriert. Achtsamkeit lädt uns ein genau wahrzunehmen, was wir gerade brauchen. Sie schaut hinter die konkreten Ziele, die wir erreichen wollen, und bringt das allgemeinere Bedürfnis dahinter zum Vorschein. Oft gibt es mehr als einen Weg, ein Bedürfnis zu befriedigen. So sind lesen, ein warmes Bad nehmen, einen langen Spaziergang machen zum Beispiel alles Mittel, um zur Ruhe zu kommen. Eine Umarmung, ein Gespräch oder eine gemeinsame Mahlzeit sind unterschiedliche Möglichkeiten unserem Bedürfnis nach Gemeinschaft zu begegnen.

Mit ein wenig Reflexion erkennen wir, dass unmöglich alle unsere Bedürfnisse und Wünsche erfüllt werden können. Es gehört zum Leben dazu, eine gewisse

Resilienz und Frustrationstoleranz für unerfüllte Bedürfnisse zu entwickeln. Hinzu kommt, dass auch unsere Mitmenschen Bedürfnisse haben, die sich nicht zwangsläufig mit den unseren decken. Im besten Fall sind wir in der Lage, miteinander Kompromisse auszuhandeln und gemeinsame Schnittmengen zu entdecken.

Aggression hingegen bedeutet, dass wir nicht in der Lage sind, die Strategie, die wir uns zur Befriedigung unserer Bedürfnisse überlegt haben, zu überdenken und stattdessen Druck auf andere ausüben, um uns durchzusetzen. Können wir unsere Bedürfnisse nicht reflektieren und in einem Raum der Frustrationstoleranz halten, gelingt es uns auch nicht, Kompromisse oder alternative Wege zu finden, um ein Bedürfnis zu befriedigen.

Wir können unsere Kinder auf dem Weg aus der Aggression heraus, hinein in einen verständnisvollen Umgang mit unseren Bedürfnissen unterstützen. Immer wieder können wir ihnen Wege und Mittel aufzeigen, ihre Wünsche und Bedürfnisse wahrzunehmen, ohne darüber die Bedürfnisse anderer zu vergessen. Es liegt auch an uns, zu zeigen, dass Aggression kein geeignetes Mittel ist, die eigenen Wünsche umzusetzen.

Achtsamkeit unterstützt uns auf diesem Weg gleich in zweierlei Hinsicht. Zum einen hilft uns die Praxis der Achtsamkeit, die überbordende Energie der Wut und Frustration aufzufangen und Körper, Herz und Geist wieder zur Ruhe kommen zu lassen. Zum anderen unterstützt sie uns darin, unsere Bedürfnisse aufzuspüren, diese bewusst und klar zu kommunizieren und unser Empathievermögen zu stärken. Beide Aspekte werden in den folgenden Übungen angesprochen.

Viele dieser Übungen haben einen präventiven Charakter. Sie eignen sich für die Momente, in denen Sie und Ihr Kind relativ entspannt sind. In Momenten des Konflikts haben wir selten die Klarheit und Muße etwas Neues zu lernen. Zu groß ist die Energie, die sich Raum machen will. Daher hat es sich bewährt, diese Techniken in ruhigen Zeiten zu erlernen und zu üben, um sie in Momenten des Konflikts zur Hand zu haben.

Die folgende Übung funktioniert wie ein Frühwarnsystem, das verhindert, dass Ihr Kind von der Energie seiner Wut mitgerissen wird. Ärger kann uns wie eine Flutwelle überrollen. Wenn wir ihn nicht kommen sehen, werden wir von seiner Energie, in Worte und Taten getrieben, die wir später vielleicht bereuen. In dieser Übung unterstützt uns die Achtsamkeit für den Körper darin, Ärger rechtzeitig wahrzunehmen.

Übung – Wo der Ärger wohnt

In dieser Übung machen wir uns mit den körperlichen Empfindungen des Ärgers vertraut. Um auf diese Weise zu üben, müssen wir nicht warten, bis wir starke Frustration oder Wut verspüren. Es reicht bereits aus, unsere Reaktionen auf unangenehme oder schmerzhafte Erlebnisse zu beobachten.

Machen Sie sich gemeinsam mit Ihrem Kind für einen Tag zum Detektiv, der der Frustration auf die Schliche kommen will. Wie Sherlock Holmes können Sie untersuchen, wo der Ärger sich versteckt hält. Was sind die ersten Anzeichen dafür, dass Sie etwas stört oder reizbar macht?

Laden Sie Ihr Kind ein zu beobachten, wie es reagiert, wenn etwas Unangenehmes geschieht. Spannen sich bestimmte Muskeln im Körper an? Wird es in einem bestimmten Teil des Körpers heißer oder kälter? Verändert sich der Geschichtsausdruck? Verändert sich vielleicht sogar der Atem?

Laden Sie Ihr Kind ein, die Beobachtungen in einem Notizbuch aufzuschreiben. Tauschen Sie sich am Ende des Tages darüber aus, was Sie festgestellt haben.

Sie können die Übung auch erweitern und das Fühlen und Denken in Ihre Erkundungen mit einbeziehen. Gibt es zum Beispiel noch weitere Gefühle, die zusammen mit dem Ärger und der Frustration auftauchen? Wie Scham, Angst, Traurigkeit, Enttäuschung etc.? Welche Gedanken zeigen sich besonders häufig, wenn Sie ärgerlich sind?

Sind wir mit den körperlichen Zeichen des Ärgers vertraut, kann uns dies eine wichtige Stütze sein. Wir lernen Frustration und Irritation frühzeitig zu erkennen, bevor sie sich in Form von Handlungen, Worten oder Gedanken Raum verschaffen. Die folgende Übung dient dazu, immer wieder mit unserem Innenleben in Kontakt zu kommen und unsere Kinder dabei zu unterstützen, es sich zur Gewohnheit zu machen, regelmäßig nach innen zu horchen.

Übung – Das Gefühlsbarometer

Diese Übung unterstützt Ihr Kind darin, sein Frustrationslevel zu beobachten, und gibt ihm Handlungsideen, wie es am besten auf aufkommenden Ärger reagieren kann.

Basteln Sie gemeinsam dafür ein Gefühlsthermometer. Dafür malen Sie zuerst die Form eines Thermometers auf ein Blatt Papier oder drucken sich ein entsprechendes Symbol aus. Teilen Sie es in drei Bereiche ein und malen Sie das untere Drittel grün, die Mitte gelb und das obere Drittel rot aus. Wenn Sie möchten können Sie die drei Bereiche auch mit Klettpunkten versehen und einen Zeiger dazu basteln, den Sie mit dem entsprechenden Gegenstück des Klettpunkts bekleben. Dieser zeigt an, wie es gerade um die Stimmung steht.

Nun können Sie mit Ihrem Kind über den Tag hinweg immer wieder innehalten und nachspüren, wie es ihm gerade geht. Grün bedeutet, dass alles im „grünen Bereich" ist, sich also kein Empfinden von Ärger oder Wut zeigt. Gelb bedeutet, dass es feststellt, dass eine Irritation aufkommt. Rot hingegen bedeutet, dass es ganz klar Wut empfindet und diese es „zum Kochen bringt".

Diese bloße Beobachtung hilft oft schon, für einen Moment innezuhalten und nicht unmittelbar auf die Wut zu reagieren. Darüber hinaus können Sie die Übung erweitern, indem Sie sich gemeinsam überlegen, was Sie in den gelben und roten Momenten tun können, um den Ärger zu besänftigen und nicht in aggressives Verhalten zu verfallen.

Dies kann eine der Übungen aus diesem Buch sein, kann aber auch bedeuten für einen Moment eine Pause einzulegen und etwas ganz anderes zu tun, räumliche Distanz zu suchen, einen Spaziergang zu machen oder auch ein Kissen zu boxen, bis die Energie der Wut langsam wieder abflaut.

Notieren Sie sich Ihre Ideen und hängen Sie diese unter das Barometer, damit Sie im Fall des Falles zur Hand sind. Ihr Kind kann nun testen, was ihm in der Praxis tatsächlich hilft, wieder zur Ruhe zu kommen.

Eine weitere Möglichkeit, den Ärger zu besänftigen, liegt darin, uns für einen Moment etwas ganz anderem zuzuwenden, wie zum Beispiel dem Atem. Indem wir die Geschichte, die Frage oder das Problem, das dem Ärger zugrunde liegt für einen Augenblick beiseitelassen, haben Körper, Herz und Geist die Möglichkeit, wieder zur Ruhe zu kommen. Die folgende Übung zeigt einen Weg, wie sich Ihr Kind den Atem dafür zu Nutze machen kann.

Übung – Sich am Atem festhalten

Der Atem ist ein hervorragender Anker, um in ganz unterschiedlichen emotional aufgeladenen Situationen einen Halt zu finden. Wenn er in den Vordergrund rückt, rücken Gedanken, Sorgen und irritierende Erlebnisse in den Hintergrund. Üben Sie diese Übung mit Ihrem Kind zuerst in ruhigen und ausgeglichenen Momenten. So kann es sie später eigenständig anwenden, wenn es Ärger oder die Frustration empfindet.

Erklären Sie Ihrem Kind, dass Ärger oft mit ziemlichem Nachdruck verlangt, gefühlt und gedacht zu werden. Er will sich nicht so einfach beiseitelegen lassen. Vielleicht hilft es ihm aber zur Ruhe zu kommen, wenn wir ihm versprechen, dass wir den Grund für unseren Ärger genau anschauen, sobald wir etwas Überblick und Ruhe gefunden haben. Wann immer der Ärger während der Übung aufkommt, kann Ihr Kind ihm sagen: „Ich höre dich und ich denke später über dich nach. Jetzt mache ich eine Pause mit meinem Atem."

Laden Sie Ihr Kind ein, ganz bewusst „Stopp" zu Gedanken und Geschichten zu sagen und sie wie einen Rucksack neben sich zu legen. Sinnbildlich machen wir mit dieser Übung eine kurze Pause auf unserer Wanderung und erholen uns. Wir widmen die nächsten Minuten ganz dem Atem. Wo genau kann Ihr Kind ihn gerade spüren? Kann es Ihnen die Stellen zeigen? Kann es benennen, wie sich der Atem gerade anfühlt? Beobachten Sie für einige Atemzüge, wie der Atem durch den Körper fließt.

Vielleicht ist auch der Ärger spürbar. Er mag sich als Enge, Hitze oder Unruhe zeigen. Kann der Atem wie ein klarer, kühler Bach in die Bereiche fließen, in denen der Ärger sich zeigt? Welche Art von Atem würde diesen Stellen besonders guttun? Ein langer oder ein kurzer Atem? Feinere oder stärkere Atemzüge? Flache oder tiefe?

Laden Sie Ihr Kind ein, sich vorzustellen, dass der Atem die Energie des Ärgers im ganzen Körper verteilt. Was vorher eng, hart oder heiß war, bekommt nun etwas mehr Raum. Die Enge und der Druck lassen ein bisschen nach. Fühlt sich das besser an?

Vielleicht sitzt der Ärger auch im Bereich von Kopf und Stirn? Dann kann Ihr Kind sich vorstellen, dass der Atem ganz sanft um diese Bereiche des Denkens fließt und hier mehr Raum und Platz anbietet.

Laden Sie Ihr Kind ein, so lange auf den Atem zu achten, bis es wieder etwas mehr Ruhe fühlt. Wie lange Ihr Kind so üben kann, ist ganz unterschiedlich. Zu Beginn mögen es nur einige wenige Atemzüge sein. Erinnern Sie sich daran, dass jedes Innehalten in einer Situation der Frustration bereits eine große Leistung ist und jeder Atemzug, den wir in solch einem Moment nehmen können, ein wenig mehr Raum schafft.

> Üben Sie in Momenten des Konflikts gemeinsam. Laden Sie Ihr Kind dazu ein, in dem Sie vorschlagen: „Gleich sprechen wir, aber lass uns kurz zur Ruhe kommen, indem wir beide drei bewusste Atemzüge nehmen." Schauen Sie dann wie sich das Gespräch durch diese Pause verändert.

Oftmals versteckt sich hinter der Wut ein weiteres Gefühl, wie Enttäuschung, Traurigkeit oder Scham. Die Intensität dieser Gefühle kann so überwältigend werden, dass sie in Wut oder Aggression umschlagen. Wir können die Wut besänftigen, indem wir die Gefühle, die sich hinter ihr verbergen, entdecken und uns ihrer annehmen. So sehen wir die Verletzung und die Enttäuschung, die sich hinter der Wut verbergen, anstatt auf die Aggression mit Aggression zu antworten. Wir bieten Verständnis für Sorgen und Scham oder Wertschätzung für jemanden, der sich schämt und unsicher ist. Oft verraucht die Wut regelrecht, wenn wir uns ihren Quellen zuwenden.

Die folgende Übung zeigt Ihnen eine Möglichkeit, wie Sie auf die Frustration Ihres Kindes mit Mitgefühl reagieren können und Nähe und Verständnis anbieten, wenn es diese benötigt.

Übung – Die Wut umarmen

> Zu Beginn dieser Übung nehmen Sie am besten selbst erst einmal einen tiefen Atemzug. Mit der Frustration und dem Ärger anderer konfrontiert zu sein, erzeugt auch in uns selbst Stress und oft genug Irritation. Geben Sie sich einen Moment, bevor Sie auf Ihr Kind zugehen. Eilen Sie nicht in die Situation hinein.
>
> Nun können Sie Ihrem Kind, das vielleicht von Enttäuschung und Frustration überwältigt ist, anbieten kurz mit Ihnen gemeinsam zu atmen. Bieten Sie Körperkontakt an, wenn Ihr Kind dies wünscht und diesen gerade annehmen kann. Halten Sie sich an den Händen, legen Sie behutsam eine Hand auf die Schulter, vielleicht hilft aber auch schon eine entspannte Haltung und ein Lächeln, um zu zeigen, dass Ihr Kind trotz allem willkommen und angenommen ist.

Wenn gewünscht, so laden Sie Ihr Kind für einige Atemzüge zu einer Umarmung ein. Vielleicht können sie dabei beide spüren wie sie atmen, und wo ihr Körper sich im Atmen berührt. Können sie spüren wie ihr Atem sich nach und nach aneinander anpasst? Laden Sie Ihr Kind ein, auch Sie fest zu umarmen. Das hilft dabei, die Aufmerksamkeit noch mehr ins Spüren des Atmens zu führen, sodass die Quelle des Ärgers für einen Moment in den Hintergrund rückt.

Nehmen Sie so einige bewusste Atemzüge zusammen und lösen Sie die Umarmung dann behutsam wieder auf. Fragen Sie nach, wie es nun um den Ärger steht. Vielleicht ist nun ein Gespräch über die Traurigkeit und die Enttäuschung möglich.

Sobald die Spitze des Ärgers geschmolzen ist und wieder mehr Ruhe einkehrt, können wir uns der Dynamik hinter dem Ärger zuwenden. Es gilt nun zu verstehen, welche Bedürfnisse wahrgenommen werden wollen. Je mehr Ihr Kind in der Lage ist, die eigenen Bedürfnisse aufzuspüren und zu formulieren, desto weniger wird es aus Hilflosigkeit oder Gewohnheit versuchen diese mittels Aggression durchzusetzen. Die folgende Achtsamkeitsübung wendet sich diesem Erspüren und Formulieren der Bedürfnisse zu.

Übung - Bedürfnisse erkennen

Setzen Sie sich für die Übung zusammen und reflektieren Sie gemeinsam. Nehmen Sie sich zu Beginn Zeit für einige beruhigende Atemzüge. Spüren Sie Ihre Füße auf dem Boden und Ihren Atem im Körper.

Nun stellen Sie Ihrem Kind die Frage: „Als du (vorhin) ärgerlich warst, was hast du da gebraucht?" oder „Was ist es, das du gewollt und nicht bekommen hast?"

Oftmals greifen diese Frage erst einmal nur die Strategien ab, mit denen wir versuchen ein bestimmtes Bedürfnis zu erfüllen. So wird Ihr Kind vielleicht einfach antworten, dass es etwas Süßes, am Handy spielen oder seine Ruhe haben wollte. Um von der Strategie zum darunterliegenden Bedürfnis zu gelangen, können wir weiterfragen und gemeinsam erkunden, was diese Handlung motiviert. Fragen Sie zum Beispiel: „Welches Bedürfnis von dir würde sich erfüllen, wenn du das bekommen würdest?“ Wir können zum Beispiel erkennen, dass die Lust auf Süßigkeiten einem Bedürfnis nach Genuss und sinnlichem Erleben entstammt, der Wunsch, am Handy zu spielen, aus einem Wunsch nach Unterhaltung und Leichtigkeit geboren ist und der Wunsch, allein zu sein, unserem Bedürfnis nach Ruhe und Stille geschuldet sein kann.

Im Folgenden finden Sie eine Liste mit Bedürfnissen, an der sie sich orientieren können. Erweitern Sie diese Liste beliebig, basierend auf den Erfahrungen aus dem täglichen Miteinander.

Hunger und / oder Durst	Freude / Leichtigkeit
Schlaf / Erholung	Unterhaltung
Ruhe / Stille	Bewegung
Stabilität / Zuverlässigkeit	Struktur / Ordnung
Vertrauen	Sicherheit
Selbstständigkeit / Autonomie	Wertschätzung
Aufmerksamkeit	Gemeinschaft
Harmonie / Frieden	Mitgefühl / Verständnis
Akzeptanz	Rücksicht / Respekt
Freundlichkeit	Genuss
Zusammenarbeit	Dazu gehören
Kreativität	Ehrlichkeit
Erkunden	Sinn / Bedeutung

Um einen Konflikt zu befrieden, kann es wichtig sein, die unterschiedlichen Bedürfnisse, die im Raum stehen, klar zu sehen. Nachdem Sie Ihrem Kind gut zugehört haben, können Sie selbst mitteilen, welches Bedürfnis Sie in Bezug auf die Situation empfinden. Vielleicht kommen Sie gemeinsam auf Ideen, wie Sie beiden Bedürfnissen gerecht werden können? Welche anderen Möglichkeiten gibt es, ein bestimmtes Bedürfnis zu erfüllen? Welche Kompromisse sind möglich, wenn wir davon ausgehen, dass beide Bedürfnisse ihre Berechtigung haben?

Die nächsten beiden Übungen dienen dazu, die Erkenntnisse und das Verständnis von unseren Bedürfnissen in die achtsame Kommunikation hineinzutragen. Sie helfen dabei, Absprachen zu treffen und den Tag zu strukturieren. Da Aufgaben und Absprachen oft eine Quelle für Frustration und Streit innerhalb einer Gemeinschaft sind, haben diese Übungen auch präventiven Charakter, indem sie Konflikten vorbeugen.

Übung – Bedürfnisse sammeln

Diese Übung eignet sich wunderbar, um gemeinsam zu planen und dabei die unterschiedlichen Aufgaben und Bedürfnisse aller Beteiligten zu berücksichtigen. Sie können damit einen Tag, ein Wochenende oder sogar eine ganze Woche organisieren und gemeinsame Absprachen treffen.

Kommen Sie als Gemeinschaft zusammen und setzen Sie sich an einen Tisch. Legen Sie Stift und Papier bereit. Nun überlegen Sie gemeinsam, was heute alles getan werden muss. Welche Aufgaben muss jeder einzelne von Ihnen heute erledigen? Gibt es Verabredungen und Termine, die Sie einhalten müssen? Wie viel Zeit haben Sie dafür zur Verfügung?

Nach dem geklärt worden ist, was getan werden muss, erstellen Sie eine zweite Liste mit all den Dingen, die jeder von Ihnen heute gern tun würde.

Nun machen Sie sich an die Arbeit und sehen, wie sich der Tag so strukturieren lässt, dass die Aufgaben und die Bedürfnisse berücksichtigt werden. Jeder sollte seine Aufgaben erledigen können und mindestens eines seiner Bedürfnisse wahrnehmen können. Welche Aktivitäten können Sie gemeinsam machen. Was kann jeder für sich selbst tun?

Dann hängen Sie den Plan gut sichtbar im Haus auf. Er hilft ihnen den Tag zu strukturieren, verhindert, dass Bedürfnisse oder Absprachen vernachlässigt werden. Er hilft auch gerade kleineren Kindern darin, Geduld zu entwickeln, bis sie in ihrer Bedürfniserfüllung an der Reihe sind.

Übung - Der Bedürfniskreis

Für diese Übung benötigen Sie ein großes Stück Papier (in etwa DIN A3), Stifte, eine Schere, eine Musterbeutelklammer und eventuell einen Zirkel. Zunächst malen Sie einen großen Kreis auf das Papier. Dann teilen Sie diesen Kreis in gleichmäßige Abschnitte ein. Das ist Ihr Bedürfniskreis.

Jeden dieser Abschnitte können Sie nun einer Gruppe an Bedürfnissen zuordnen. Dabei können Sie sich an der unten genannten Liste orientieren oder Ihre eigenen Kategorien entwickeln. Wählen Sie Worte und Bezeichnungen, die in Ihrer Familie gängig und für alle gut nachvollziehbar sind.

- Ruhe / Stille / Rückzug
- Spielen / Bauen
- Gemeinschaft / Zusammensein
- Sport / Toben / Bewegung
- Basteln / Kreativität
- Natur / Draußen sein
- Kuscheln / Nähe
- Gespräch / Unterhaltung
- Ordnung / Haushalt / etwas Erledigen

Nun sollten Sie noch eine Anzahl an „Uhrzeigern“ zeichnen, ausschneiden, beschriften oder farbig anmalen, und am hinteren Ende lochen. Für jedes Familienmitglied fertigen Sie einen solchen Zeiger an.

Stanzen Sie zuletzt in die Mitte der Uhr ein Loch und verbinden Sie alle Zeiger mit der Klammer. Nun können sie gemeinsam nach Herzenslust diesen Bedürfniskreis gestalten und verschönern, bevor er zum Einsatz kommt.

Der Kreis macht für alle sichtbar, welche Bedürfnisse der Einzelne gerade hat. Sie werden schnell feststellen, dass sich relativ selten alle das Gleiche wünschen. So erkennen ihre Kinder sehr bildhaft, dass Bedürfnisse in einer Familie auch immer ein Stück Verhandlungssache sind. Gemeinsam kann beraten werden, in welcher Reihenfolge den einzelnen Bedürfnissen entsprochen werden kann und welche Lösungen es gibt, um verschiedene Bedürfnisse miteinander zu verbinden.

Angst und Sorge

Angst macht sich in vielen Bereichen unseres Lebens bemerkbar. Von der latenten Sorge, über den plötzlichen Schreck bis hin zu einem anhaltenden Gefühl der Bedrohung; Angst kommt in vielen Formen daher. Was alle diese Formen gemeinsam haben ist ihr Blick in die Zukunft, eine Zukunft, die uns bedrohlich oder zumindest unangenehm erscheint. „Was wäre, wenn …?“, fragt die Angst. Mit diesem Blick in die Zukunft geht das Gefühl einher, dass wir nur schwer in der Lage wären, mit den veränderten Umständen auszukommen oder Lösungen zu finden.

Die Gedanken und Bilder einer herausfordernden Zukunft versetzen Körper, Herz und Geist im Hier und Jetzt in einen Stresszustand. Unser Nervensystem macht keinen Unterschied zwischen einer tatsächlichen Bedrohung und einer Bedrohung, die wir uns ausmalen. Die Stressreaktion ist dieselbe.

Achtsamkeit hilft uns, einen Blick hinter die Kulissen unserer Sorgen, Grübeleien und Ängste zu werfen. Wir sehen, wie sehr diese Empfindungen mit unserem Denken über die Zukunft in Zusammenhang stehen. Daraus ergibt sich, dass der Kontakt mit dem Erleben im Hier und Jetzt ein hilfreicher Weg ist, um immer wiederkehrende Gedanken zu beruhigen. Achtsamkeit hilft uns dabei, ausreichend Klarheit zu finden, um dann die Schritte tun zu können, die hilfreich sind.

Die folgenden Übungen eignen sich dazu, wieder Kontakt mit der gegenwärtigen Situation aufzunehmen. Mit ihrer Hilfe können wir einen Zustand von Angst oder Sorge auflösen und wieder im Hier und Jetzt landen. Die Übungen im anschließenden Abschnitt „Gelassenheit und Resilienz“ sowie dem Kapitel 6 „Selbstwert stärken“ unterstützen uns dabei, indem sie jene Qualitäten in unseren Kindern stärken, die in der Lage sind, Angst oder Sorge fürsorglich entgegenzuwirken.

Übung – Sich besinnen

Unsere Sinne sind unser Zugang zum Erleben im Hier und Jetzt. Im Gegensatz zu unseren Gedanken hat alles, was wir sehen, hören, fühlen, schmecken und riechen etwas mit dem gegenwärtigen Augenblick zu tun. Daher eignen sich Übungen mit den Sinnen besonders gut dazu, Ihr Kind aus einer leidvollen Denkspirale herauszuholen.

Wenn Sie bemerken, dass Ihr Kind gerade mit seinen Sorgen überfordert oder von Ängsten und Befürchtungen überwältigt ist, dann bringen Sie es behutsam zurück in den Kontakt mit den Sinnen. So können Sie es auffordern Ihnen fünf Sachen zu nennen, die es gerade sehen kann. Das dürfen ganz alltägliche Gegenstände sein. Das Kind kann sie mit einem ganz einfachen Etikett wie „Tisch, Lampe, Stuhl" versehen.

Danach bitten Sie es, fünf Sachen zu benennen, die es gerade hören kann. Lassen Sie sich etwas Zeit, um zu lauschen. Manche Geräusche kommen von außen an unsere Ohren, andere kommen aus dem Körper selbst. Auch hier kann Ihr Kind diese mit ganz einfachen Worten benennen.

Danach können Sie Ihr Kind einladen, fünf Sachen in der unmittelbaren Nähe mit den Händen oder mit dem Körper zu erspüren. Welche unterschiedlichen Oberflächen und Texturen kann es mit den Fingern ertasten? Auch der eigene Körper steht zur Erkundung bereit: Die Hand auf dem Bauch spürt das Heben und Senken der Bauchdecke, die Finger sanft auf den Hals oder das Handgelenk gelegt, erspüren den eigenen Puls.

Wenn Sie die Übung weiter ausbauen wollen, und Ihr Kind noch weitere sinnliche Reize benötigt, dann suchen Sie sich ein oder zwei Sachen, die sich schmecken und riechen lassen.

Nach einigen Minuten dieser sinnlichen Erfahrung treten die Gedanken von Angst und Sorge in der Regel in den Hintergrund.

Sollten Sie das Gefühl haben, Ihrem Kind würde es guttun, die Übung weiterzuführen, so können Sie eine neue Runde starten.

Sie können die Übung auch vertiefen, indem Sie auf ihrer Sinneserkundung weiter ins Detail gehen.

Sie können in Bezug auf das Sehen folgende Fragen erkunden. Kann Ihr Kind fünf rote, grüne, blaue und gelbe Dinge in der Umgebung wahrnehmen? Können Sie zusammen alle Farben des Regenbogens finden (Rot, Orange, Gelb, Grün, Blau, Indigo, Violett)? Können Sie Gegenstände mit drei, vier und fünf Ecken finden? Gibt es runde und ovale Gegenstände in Ihrer Umgebung? Finden Sie auch fünf Schatten und fünf Dinge, die sich bewegen?

In Bezug auf das Hören können sie Folgendes untersuchen: Welche lauten Geräusche gibt es? Welche Geräusche sind ganz leise, kaum wahrnehmbar? Welche Geräusche macht der Körper? Können sie den Atem, den Herzschlag, den Magen hören? Welche Geräusche kommen aus der Natur an ihre Ohren? Welche menschengemachten Geräusche kann ihr Kind hören?

Auch das Fühlen lässt sich vertiefen, indem Sie sich fragen: Was ist weich und was ist rau? Was ist hart und was gibt nach? Was ist kalt und was ist warm? Was fassen die Finger Ihres Kindes am liebsten an? Welche Ecken und Kanten kann es spüren? Was ist rund und gebogen?

Neben unseren Händen sind unsere Füße eine der empfindsamsten Zonen unseres Körpers und wie dazu geschaffen, uns mit der Natur und unserer Umgebung zu verbinden. Durch die unzähligen Nervenenden in den Fußsohlen sind unsere Füße sehr sensibel für Druck, Wärme und Reize aller Art. Das macht sie zu hervorragenden Ankern in Momenten innerer Unruhe. Die folgende Übung zeigt, wie wir diese Sensibilität dafür nutzen können, uns zu ankern und zu verwurzeln, wann immer wir Stress, Sorge und Überforderung empfinden.

Übung – Barfuß laufen

Barfuß zu laufen erweckt die Füße zum Leben und verbindet uns mit der Gegenwart. Wenn es das Wetter erlaubt, so sind Sie herzlich eingeladen, diese Übung in der freien Natur zu machen. Der Vorgarten, die Terrasse oder der nahegelegene Spielplatz sind wunderbare Orte, um barfuß zu laufen. Wenn es das Wetter nicht zulässt, so kann die Übung auch im eigenen Wohnzimmer praktiziert werden.

Suchen Sie sich eine Umgebung, die verschiedene Arten von Untergrund bereithält: Steine, Gras, Asphalt, Rindenmulch, Schlamm, Sand etc. draußen oder aber Teppich, Laminat, Fliesen, ein Kissen, ein Schal, etc. drinnen. Schaffen Sie sich ihren eigenen Barfußpfad!

Beginnen Sie die Übung damit, dass Sie ihren Füßen eine kurze Massage gönnen. Sie können sich selbst oder einander gegenseitig massieren. Sanfter Druck auf Zehen, Fußballen und den Bereich rund um die Ferse belebt und bereitet die Füße auf die unterschiedlichen Empfindungen vor.

Laden Sie dann Ihr Kind ein, ganz behutsam mit den Füßen die unterschiedlichen Untergründe zu erkunden. An welchen Stellen sind die Füße am sensibelsten? Wo kann Ihr Kind die Unterschiede besonders deutlich wahrnehmen? Wo machen sich Wärme oder Kälte bemerkbar?

Verändern sie während der Übung die Art zu laufen. Laufen Sie mal auf den Fußballen, mal auf den Außen- oder Innenkanten, mal auf der Ferse. Wie spürt sich das Laufen nun an? Probieren Sie auch aus, wie es ist, besonders langsam zu gehen, sozusagen in Zeitlupe. Wie verändert sich der Sinn für das Gleichgewicht?

Sie können während der Übung auch versuchen mit ihren Zehen kleine Gegenstände zu greifen und hochzuheben. Schaffen Sie es diese in eine kleine Schachtel zu legen? Das braucht Konzentration und Balance zugleich und lenkt uns ganz wunderbar von all unseren Gedanken und Grübeleien ab.

Zum Abschluss können Sie ihre Füße noch einmal kurz massieren, ausstreichen, in warme Socken packen oder genüsslich eincremen.

Wie wir atmen hat einen großen Einfluss darauf, wie wir uns fühlen. Nach einem Schreckmoment oder unter Stress verspannt sich der Körper oft und der Atem fließt nicht mehr so tief in den Bauchraum. Den Bauchraum und das Zwerchfell behutsam wieder zu entspannen, ist ein Weg, den angefallenen Stress zu lösen und über einen verlängerten Ausatem dem Nervensystem zu signalisieren, das keine unmittelbare Gefahr (mehr) vorhanden ist.

Übung – Der Atemaufzug

Diese Übung teilt den Ausatem behutsam in drei Stufen ein. Sie verlängert den Ausatem sanft und stimuliert einen tieferen Einatem. Auf diese Weise zu atmen hilft dabei, das Stressempfinden zu lindern und kann auch vor dem Einschlafen sehr hilfreich sein.

Laden Sie Ihr Kind ein, zusammen mit Ihnen zu atmen. Legen Sie für einen Moment die Hand auf den Bauch oder Brustraum und spüren Sie hin, wo genau Sie den Atem wahrnehmen können. Wie lang oder kurz, flach oder tief ist er gerade?

Dann erklären Sie Ihrem Kind, dass Sie den Ausatem nun in einen Aufzug verwandeln, der über drei Stockwerke in die Tiefe fährt. In jedem Stockwerk wird er kurz anhalten. Atmen Sie zu Beginn ein wie gewöhnlich und teilen Sie dann ihren Ausatem in drei gleich lange Teile ein, zwischen denen Sie den Atem ganz kurz anhalten. In etwa in diesem Muster:

Einatmen – Ausatmen und Pause – Ausatmen und Pause – Ausatmen und Pause – Einatmen

Danach nehmen Sie zwei oder drei ganz normale Atemzüge. Wenn Sie möchten, können Sie die Übung auf diese Weise noch zwei- oder dreimal wiederholen.

Achten Sie darauf, ohne Druck zu atmen und zu pausieren. Erlauben Sie den Pausen, sanft und kurz zu sein. Wenn Sie sich außer Atem fühlen oder der Körper sich anspannt, wenden Sie wahrscheinlich zu viel Kraft für die Übung auf oder dehnen den Ausatem zu sehr aus.

Gelassenheit und Ruhe

Unser Leben stellt uns immer wieder vor Herausforderungen. Dinge entwickeln sich anders, als wir es uns wünschen. Und obwohl wir natürlich das unsere dazu tun, um die Welt um uns zu gestalten, müssen wir anerkennen, dass wir das Leben nicht kontrollieren können.

Für Kinder sind Konflikte, Rückschläge und Krisen besonders herausfordernd, da es ihnen noch an Lebenserfahrung fehlt. Diese Erfahrung lässt uns Erwachsene bereits wissen, dass nach einer Krise auch wieder einfachere Zeiten kommen. Für unsere Kinder fühlt sich hingegen alles noch absolut an. Jeder Schmerz, jede Angst und jede Unzufriedenheit bleiben gefühlt „für immer". Aus einem Mangel an Erfahrung mit der Vergänglichkeit aller Erlebnisse fühlen sie sich daher besonders oft überwältigt und frustriert.

Frustrationstoleranz zu entwickeln ist daher ein wichtiger Schritt für unsere Kinder. Gemeinsam mit ihr kommt Gelassenheit in unser Leben, die Fähigkeit, selbst im Angesicht des Unangenehmen und Unerwünschten ein Mindestmaß an Klarheit und Ruhe zu behalten. Wir lassen uns von den Geschehnissen in und um uns nicht überwältigen und bewahren uns den Überblick. Dies macht es uns möglich, mit der nötigen Geduld nach einer Lösung zu suchen.

Gelassenheit ist keine Charaktereigenschaft, die wir entweder haben oder eben nicht. Sie ist vielmehr eine Fähigkeit, die wir stärken und fördern können. Ein erster Schritt hin zu mehr Gelassenheit liegt darin, uns bewusst zu werden, welchen Blickwinkel wir gerade einnehmen. Worauf fokussieren wir uns? Was hat für uns gerade Bedeutung? Halten wir verbissen an etwas fest?

Wenn wir uns auf das konzentrieren, was unangenehm, aber gerade unabänderlich ist, arbeitet diese Sichtweise wie eine Brennlupe, die unseren Frust bündelt. Gelassenheit hingegen lädt uns dazu ein, für den Augenblick das Schwierige, das Problematische, das Herausfordernde ruhen zu lassen, bis wir wieder genug innere Kapazitäten haben, uns ihm zuzuwenden.

Ein weiterer Schritt liegt dann darin, Haltungen einzuladen, die uns das Leben leichter machen und mehr Ruhe und Herzensfrieden bringen. Dies können Haltungen wie Dankbarkeit, Mitgefühl, und Entdeckergeist sein, wie sie an vielen Stellen in diesem Buch angesprochen werden. Gelassenheit fragt, wie wir die Perspektive wechseln können, damit Angst oder Frustration nachlassen.

Die folgenden Übungen beschäftigen sich mit diesen beiden Schritten und zeigen Ihnen Wege auf, die Sie zusammen mit Ihrem Kind üben können.

Übung – Die Wellen beobachten

Wie zuvor beschrieben ist eine wichtige Quelle für Gelassenheit das Wissen um die Vergänglichkeit unserer Erfahrungen. Wenn wir uns bewusst machen, dass schwierige Erlebnisse zeitlich begrenzt sind, dann vermögen sie, uns nicht so leicht aus dem Konzept zu bringen.

Diese Übung lädt Sie dazu ein, zusammen mit Ihrem Kind Ihr Erleben auf ganz unterschiedlichen Ebenen zu beobachten. Am hilfreichsten ist es, diese Beobachtungen aufzuschreiben, damit Sie sie im Nachhinein betrachten und reflektieren können. Tragen Sie also über den Lauf des Tages oder der Tage Stift und Papier bei sich.

Beginnen Sie mit der Beobachtung Ihres Körpers. Wie fühlen Sie sich kurz nach dem Aufstehen? Wie viel Energie hat Ihr Körper? Wo fühlen Sie Ihre Lebendigkeit? Wie fühlt sich der Atem an? Was ist weich und warm und welche Bereiche sind angespannt oder unruhig?

Führen Sie diese Beobachtung über den Tag hinweg fort. Sie dauert vielleicht ein oder zwei Minuten, in denen Sie innehalten und in den Körper hineinlauschen. Notieren Sie sich dann, was Sie im Körper gerade wahrnehmen. Sie können immer wiederkehrende

Eckpunkte wie die Mahlzeiten, das Aufstehen und zu Bett gehen, als Erinnerungsstützen für diese Übung verwenden.

Der nächste Schritt der Übung führt Sie in die Beobachtung Ihrer Stimmungen, Emotionen und Launen. Auch hier können Sie über den Tag hinweg immer wieder innehalten und sich fragen: Wie geht es mir? Welche Stimmung ist gerade besonders präsent? Welche Gefühle machen sich bemerkbar? Auch diese werden sich immer wieder verändern. Können Sie beobachten, wann eine bestimmte Stimmung aufkommt oder abebbt? Wie lange halten Stimmungen an? Welche dauern länger, welche verfliegen schnell wieder?

Nachdem Sie für einen oder mehrere Tage auf diese Weise Ihren Körper und Ihre Gefühle beobachtet haben, können Sie sich darüber austauschen, was Ihnen aufgefallen ist. Welche Situationen waren für Sie in den Tagen besonders herausfordernd? Was ist jetzt noch von dem Problem übrig bzw. wie hat es sich seitdem verändert?

Gelassenheit bedeutet nicht Passivität. Manche Probleme und Konflikte lassen sich durch Abwarten und Aussitzen allein nicht lösen. Oft genug aber drängen uns Frustration, Unsicherheit und Angst regelrecht dazu, schnell zu handeln und aus dieser Impulsivität heraus sagen oder tun wir etwas, was uns am Ende vielleicht sogar noch mehr Probleme bereitet. Wie oft haben wir uns schon gewünscht, wir hätten uns mit einer Entscheidung etwas mehr Zeit gelassen? Die folgende Übung kann Ihr Kind darin unterstützen, bewusst eine Pause zu machen, bevor es eine wichtige Entscheidung trifft.

Übung – Die 12-Stunden-Regel

Wann immer ein Problem auftritt, das uns in große Unruhe versetzt, wir eine wichtige Entscheidung treffen müssen oder uns von Frustration oder Angst getrieben fühlen, kann es hilfreich sein, eine gewisse Bedenkzeit zu nehmen. Diesen Zeitraum nutzen wir bewusst um Ruhe und Klarheit einzuladen, uns einen Weg oder eine Lösung zu zeigen, mit der Situation umzugehen. Vorausgesetzt natürlich, dass eine solche Pause nicht fahrlässig Schaden für uns oder andere verursacht! Ein Notfall bleibt ein Notfall.

Um nicht blind unseren Handlungsimpulsen zu folgen, können wir die sogenannte 12-Stunden-Regel befolgen.

Beginnen Sie die Übung mit einem Gespräch über die Frage oder die Situation, die Ihr Kind beschäftigt. Klären Sie, ob es notwendige Schritte gibt, die sofort getan werden müssen. Sollte dies nicht der Fall sein, dann vereinbaren Sie miteinander eine Bedenkzeit, eine Zeit ohne zu handeln oder zu grübeln. Das können zwei, vier, sechs oder gar zwölf Stunden sein. Laden Sie Ihr Kind ein, sich in dieser Zeit mit etwas anderem zu beschäftigen als dieser Frage oder diesem Problem. Achtsamkeitsübungen aus anderen Kapiteln können Ihr Kind darin unterstützen, sich anderen Themen zuzuwenden und den Kopf freizubekommen.

Nach der vereinbarten Zeit kommen sie noch einmal zusammen und erkunden nun gemeinsam, wie sich die Sicht auf die Dinge verändert hat. Welche neuen Einsichten haben Sie gewonnen? Welche Lösungen sind Ihrem Kind vielleicht ganz spontan eingefallen? Wie haben sich die Gefühle bezüglich der Situation verändert? Nun können Sie gemeinsam entscheiden, was die wichtigsten Schritte wären, die es nun zu tun gilt.

Es ist immer wieder erstaunlich zu beobachten, wie unterschiedlich Menschen auf ein und dieselbe Situation reagieren. Was für den einen eine echte Herausforderung darstellt, nimmt der andere mit einem Schulterzucken zur Kenntnis. Bestimmte Situationen fordern uns immer wieder von Neuem heraus. Um unsere Gelassenheit zu stärken, ist es von großer Bedeutung, diese Schlüsselmomente, in denen uns die Gelassenheit abhandenkommt, klar zu erkennen. Die folgende Übung gibt Ihnen dazu das notwendige Handwerkszeug.

Übung – Die Gelassenheitsräuber

Legen Sie zusammen mit dem Kind ein Tagebuch an. Notieren Sie auf den ersten Seiten die folgenden beiden Punkte. Diese werden Ihrem Kind über die nächsten Tage eine Erinnerungsstütze für seine Erkundung sein:

- Welche Situationen waren heute eine Herausforderung für mich? Was hat mich aus der Ruhe gebracht?
- Wie intensiv war dieses Erlebnis? Verteile Punkte von 1 bis 5, wobei 1 „war machbar“ bedeutet und 5 für „sehr schwierig, schmerzhaft“ steht.

Ihr Kind ist nun eingeladen, in den folgenden Tagen in oder nach schwierigen oder herausfordernden Situationen kurz innezuhalten und diese zu notieren. Es kann diese in kurzen Worten niederschreiben und dann mit den entsprechenden Punkten bewerten.

Am Ende der Woche können Sie entweder gemeinsam oder für sich diese Notizen durchsehen und folgende Fragen reflektieren: Welche Gemeinsamkeiten gibt es in den verschiedenen Situationen? Gibt es Situationen, die regelmäßig Angst, Sorge, Unruhe oder Irritation hervorrufen? Gibt es bestimmte Gefühle, die immer wieder auftauchen?

Wo immer sich Situationen oder Muster wiederholen, lohnt es sich in der Regel, genauer hinzusehen. Gemeinsam können Sie überlegen, ob Sie etwas aus den Erfahrungen dieser Woche lernen können. Was würde das Leben Ihres Kindes einfacher machen? Welche Unterstützung braucht es, um in diesen Situationen gelassen bleiben zu können? In welchen Situationen kann es in der nächsten Woche gut auf sich achtgeben?

Eine Möglichkeit, die Gelassenheit zu stärken, besteht darin, den Blickwinkel auf die Situation selbst zu ändern. Anstatt uns zu ärgern, können wir genauer hinsehen und erkennen, dass jede Situation ein Zusammenspiel von vielen unterschiedlichen Faktoren ist. Manche können wir beeinflussen, andere entwickeln sich ohne unser Zutun und entgegen unseren Vorstellungen. Je besser wir verstehen, wann wir handeln können und was außerhalb unserer Reichweite liegt, umso mehr Klarheit und Ruhe finden wir.

Achtsamkeit hilft dabei, die „Zutaten" einer Situation ausfindig zu machen. Und so wie wir beim Kochen gelegentlich erkennen, dass etwas weniger Chilipulver oder mehr Salz zum Geschmack beitragen würde, so entdecken wir mittels Achtsamkeit die kleinen Stellräder, an denen wir drehen können, um uns selbst und anderen das Leben leichter zu machen.

Die folgende Übung lädt Ihr Kind dazu ein, mit dem Spürsinn eines Detektivs die verschiedenen Zutaten einer Situation zu erkennen und zu untersuchen.

Übung – Der Kochtopf-Detektiv

Diese Übung schließt sich an die vorige Übung an und wirft einen genaueren Blick auf die Dynamiken hinter einer schwierigen Situation.

Erklären Sie Ihrem Kind, dass jede Situation ähnlich wie ein großer Kochtopf ist. Um Eintopf zu kochen, kommen dort alle möglichen Zutaten hinein. Und so wie ein Eintopf vielleicht aus Kartoffeln, Karotten, Tomatensoße, Zwiebeln, Knoblauch, Öl und Salz besteht, so besteht jede Situation in unserem Leben ebenfalls aus vielen Zutaten: unseren Stimmungen, Erinnerungen, unserer Energie, unseren Wünschen, unseren Abneigungen etc. Und diese treffen auf die Stimmungen, die Wünsche und Bedürfnisse unserer Mitmenschen. Auch diese sind Zutaten in dem großen Topf. Was für ein Durcheinander! Kein Wunder, dass es da manchmal drunter und drüber geht.

Laden Sie Ihr Kind ein, zum Detektiv zu werden und herauszufinden, was dazu beiträgt, dass manche Eintöpfe gelingen und andere nicht. Was trägt dazu bei, dass in manchen Situationen Streit entsteht oder jemand unglücklich ist und was trägt zu Harmonie, Freundschaft und Zufriedenheit bei?

Folgende Fragen können bei der Detektivarbeit helfen. Ihr Kind ist eingeladen sich aus dieser Vielzahl an Fragen, eine oder mehrere auszusuchen. Es besteht keine Notwendigkeit alle diese Fragen zu beantworten.

- Wie ging es mir in der Situation? In welcher Stimmung war ich? War ich müde oder voller Energie?
- Was wollte ich? Hatte ich vor etwas Angst? War ich ärgerlich über etwas?
- Wie, glaube ich, hat sich der andere gefühlt? In welcher Stimmung war er? Wie viel Energie hatte er?
- Was wollte sie? Welche Anliegen und Bedürfnisse hatte mein Gegenüber?
- Was hat mein Gegenüber in der Situation gesagt oder getan? Welche Reaktionen hat das in mir ausgelöst?
- Welche Gedanken kamen mir in den Sinn? Wie habe ich mich gefühlt?

Wenn Sie möchten, können Sie sich anschließend zusammensetzen und überlegen, ob Ihnen ein besseres Rezept für künftigen Eintopf, sprich ähnliche zukünftige Situationen, einfällt. Welche Zutat könnten Sie austauschen? Was könnte einen Unterschied machen? Wenn Sie beide Köche wären, was würden Sie austauschen, damit das Rezept noch besser gelingen kann?

Um gelassen zu bleiben, bedarf es einer weiteren Qualität: dem Mitgefühl. Die eigenen Bedürfnisse nicht erfüllen zu können, kann sehr schmerzlich sein. Mithilfe des Mitgefühls lernen wir, unsere Enttäuschung anzunehmen und ernst zu nehmen. Sie ist weder schlecht noch gut, sondern ist eine menschliche Reaktion auf ein unerfülltes Bedürfnis. Wie Trauer können wir auch ihr einen gewissen Raum zugestehen, bis sie schließlich nachlässt und verklingt. Mitgefühl formt diesen notwendigen Raum der Akzeptanz. Mit seiner Hilfe sind wir in der Lage, diesen Schmerz zu treffen und zu halten, ohne dass dabei Frustration entstehen muss.

Diese fürsorgliche und wohlwollende Betrachtungsweise entstammt einer Haltung der grundlegenden Freundschaft uns selbst gegenüber, die wir uns zu allen Zeiten entgegenbringen dürfen. Maxwell Maltz prägte den Spruch „Befreunde dich selbst, und du wirst dich nie mehr einsam fühlen." Aus dieser Haltung heraus gelingt es uns dann, Herausforderungen mit Gelassenheit anzugehen und aus Fehlern zu lernen, ohne uns für diese zu verurteilen.

Die folgende Übung vermittelt den Kindern, wie sie diese freundschaftliche Haltung sich selbst gegenüber stärken können.

Übung – Ein Freund, ein guter Freund

Die Übung beginnt damit, dass Sie Ihr Kind einladen, sich mithilfe seiner Fantasie einen guten Freund oder eine Freundin vorzustellen. Es kann sich dabei um eine Figur, ein Tier, eine Stimme, eine(n) Freund(in) aus dem echten Leben, einen Superhelden oder irgendein anderes Wesen handeln. Gehen Sie dabei ins Detail: Wenn es sich einen idealen Freund, eine ideale Freundin vorstellen würde, wie würde er, sie oder es aussehen? Mit welcher Stimme würde er, sie oder es sprechen? An welchem Ort würden sich die beiden treffen? Wie würde Ihr Unterschlupf oder Ihr geheimes Versteck aussehen? Wenn Ihr Kind das möchte, kann es diesen Verbündeten malen oder einige Zeilen zu ihm aufschreiben.

In einem zweiten Schritt kann Ihr Kind unter Ihrer Anleitung diesen Freund oder diese Freundin zur Hilfe zu holen. Nutzen Sie diese Übung zuerst in Momenten leichter Frustration oder Enttäuschung, bevor Sie sich an echte „Krisen" heranwagen. Gemeinsam können sich Ihr Kind und der Freund / die Freundin an einen gedachten Wohlfühlort zurückziehen. Der Freund oder die Freundin darf nun aufmerksam zuhören, was Ihr Kind an Kummer, Ärger oder Angst mitzuteilen hat.

In einem dritten Schritt kann der Freund oder die Freundin nun sein Mitgefühl oder seine Freundschaft zum Ausdruck bringen. Was würde ein bester Freund oder eine beste Freundin in solch einer Situation sagen oder tun? Würde sie vielleicht den anderen einfach in den Arm nehmen? Oder fallen Ihrem Kind einige Worte ein, die der Freund ihm sagen würde?

Für die ersten Male können Sie sich zusammen mit Ihrem Kind diese Schritte gemeinsam vorstellen. Fragen Sie nach und hören Sie zu, wie sich die Geschichte für Ihr Kind entfaltet. Leiten Sie behutsam zum nächsten Schritt weiter, wenn eine Stufe der Vorstellung ausgeschöpft ist und alles gesagt wurde, was gesagt werden wollte. Durch Ihre Unterstützung lernt Ihr Kind die Übung für sich selbst durchzuführen.

Mut und Neugier

Wenn es darum geht, etwas Neues zu lernen, sind Mut und Neugier unerlässlich. Sie erlauben uns, uns in Situationen zu begeben, deren Ausgang unklar ist. Sie bestärken uns darin, nicht perfekt sein zu müssen. Sie erlauben uns, Rückschläge und Fehler nicht als Niederlagen zu erleben, sondern als notwendige Schritte auf einem Weg hin zu mehr Verständnis und Wachstum.

Haben wir eine zu große Angst davor, Fehler zu machen, so vermögen wir nicht richtig zu wachsen und uns zu entwickeln. Die Sorge, blöd dazustehen, ausgelacht zu werden oder sich nicht wertig genug zu fühlen, verdrängt unseren natürlichen Forscher- und Entdeckungsdrang. Anstatt zu überlegen, was wir lernen wollen und uns mit einer gewissen Unbeirrbarkeit an das Erlernen einer neuen Fähigkeit zu machen, geben wir vorschnell auf. Wir ziehen uns in uns selbst zurück und belassen es bei dem, was uns bereits bekannt ist. Unser Vertrauen in unsere Fähigkeit, uns anzupassen und an herausfordernden Situationen wachsen zu können, schwindet.

Gerade für Kinder, die aufgefordert sind, tagtäglich Neues zu lernen, sind Mut und Neugier eine große Unterstützung. Wie andere Qualitäten, so sind auch diese nicht in unserer DNA festgeschrieben, sondern vielmehr Haltungen, für die wir uns ganz bewusst entscheiden können. Achtsamkeit hilft uns auch hier, bewusst diese Fähigkeiten zu stärken und in den entscheidenden Momenten anzuwenden.

Ein wichtiger Aspekt der Neugier ist, sich dem zuzuwenden was hier und jetzt geschieht. Achtsamkeit lädt uns dazu ein, den Autopiloten, jene Muster und Gewohnheiten, die uns tagtäglich von einer Handlung in die nächste geleiten, zu unterbrechen. Dabei erkennen wir, dass manche Gewohnheiten das Leben tatsächlich bereichern, während andere uns Kummer und Schwierigkeiten bereiten können.

Wollen wir wieder in Kontakt kommen mit dem, was jetzt geschieht, so kann es hilfreich sein, für einige Zeit bewusst auf den Autopiloten zu verzichten und die Dinge zu tun, als würden wir sie das erste Mal tun. Dafür ist die folgende Übung eine Unterstützung.

Übung – Lebe lieber ungewöhnlich

Im Folgenden erhalten Sie einige Anregungen, wie Sie im Alltag mit Ihren Kindern immer wieder gewohnte Automatismen beiseitelegen und für einige Zeit bewusst Dinge anders machen können.

Eine Möglichkeit ist, die „falsche" Hand zu verwenden. Wir sind es gewohnt die alltäglichen Aufgaben mit unserer dominanten Hand auszuführen. Essen, Zähneputzen, Schreiben, die Spülmaschine ausräumen und vieles mehr erfolgt immer mit derselben Hand. Mit der anderen Hand sind wir in der Regel um einiges ungeschickter.

Laden Sie Ihr Kind ein, für einen Tag lang einige der alltäglichen Aufgaben mit der ungewohnten Hand auszuführen. Was kann diese Hand alles? Was kann sie nicht? Wie fühlt es sich an, Aufgaben mit dieser Hand zu erledigen? Erinnern Sie sich über den Tag hinweg an diese Übung, indem Sie und Ihr Kind ein Armband an dieser „falschen Hand" tragen, einen Smiley auf den Handrücken malen oder sich einen Ring an die Finger dieser Hand stecken.

Die zweite Möglichkeit besteht darin, sich eine alltägliche Handlung auszusuchen und diese für eine Weile bewusst anders zu machen, als sie es gewohnt sind. Suchen Sie sich eine Tätigkeit aus, die Sie jeden Tag tun, wie zum Beispiel Zähne putzen, den Tisch decken, das Zimmer aufräumen, ein Buch lesen, etc. Überlegen Sie gemeinsam welche Handlungsschritte zu dieser Tätigkeit gehören. In welcher Reihenfolge, Geschwindigkeit, an welchem Tag, tun Sie dies für gewöhnlich? Was macht sonst noch die Gewohnheit aus? Dann werden Sie kreativ und ändern ein oder zwei Aspekte dieser Gewohnheit. Gehen Sie dazu in einen anderen Raum, tanzen Sie dabei, ändern Sie die Reihenfolge. Wie fühlt es sich nun an, diese Aufgabe auszuführen? Sie können die ganze Familie in die Aufgabe einbinden, in dem Sie eine gemeinsame Tätigkeit, wie eine gemeinsame Mahlzeit oder einen typischen Sonntagmorgen, auswählen. Welche neuen Wege und Möglichkeit ergeben sich aus diesen Veränderungen? Welche Gewohnheiten wollen Sie behalten? Was darf neu dazukommen?

Eine dritte Möglichkeit, neue Gewohnheiten zu erkunden, besteht darin, bewusst neue Wege zu finden. Viele von uns nutzen immer dieselbe Strecken, von der Haustür zur Schule, zum Auto oder zum Supermarkt. Laden Sie ihr Kind ein für einige Tage neue Wege zu entdecken. Welche Orte und kleinen Plätze können Sie unterwegs entdecken? Was passiert, wenn Sie auf dem Weg zum Einkaufen eine Seitenstraße früher abbiegen? Sie können auch mit Ihrer Art zu gehen spielen. Laden Sie Ihr Kind ein, zu gehen wie jemand, der groß, schwer, leicht, fröhlich, traurig etc. ist. Verwenden Sie mal etwas mehr Schwung als sonst oder gehen Sie mal sehr steif. Wie verändert das die Wahrnehmung für die Umgebung? Vergeht die Zeit anders als sonst auf dieser Strecke?

Mut bedeutet nicht, wie viele vermuten, die Abwesenheit von Angst, sondern vielmehr die Fähigkeit etwas zu tun, zu sagen oder zu denken, **obwohl** wir Angst spüren. Wir müssen also nicht furchtlos sein, um mutig sein zu können. Hinter der Angst verbirgt sich ein Bewusstsein für möglichen Gefahren und schmerzhafte Konsequenzen. Wir können diesen Anteil der Angst wertschätzen lernen, denn er befähigt uns dazu, bewusst und verantwortungsvoll zu handeln, wo ansonsten Mut vielleicht in Tollkühnheit umschlagen würde.

Angst erhöht in unserer Wahrnehmung die Wahrscheinlichkeit für einen negativen Ausgang einer Situation. Aus einem Blickwinkel der Angst empfinden wir uns selbst als „Opfer“ einer Situation ohne Handlungsspielraum und ohne Vertrauen in unsere Fähigkeit, auch mit einer schwierigen Situation einen Umgang zu finden.

Mut hingegen entsteht aus einem Vertrauen in die eigenen Kompetenzen, Herausforderungen zu handhaben. Er wägt mit einer gewissen Klarheit zwischen den Kosten und dem Nutzen einer Handlung ab. Dabei sollten wir nicht vergessen, dass nicht zu handeln, uns auch etwas kostet, denn im Stillstand können wir nichts lernen, nicht wachsen und keine neuen Erfahrungen machen. Das Leben geht mit der Gewissheit einher, dass wir immer wieder Rückschläge und Missgeschicke erleben werden. Resilienz betrachtet diese als Lehrstücke anstatt als Niederlagen. Sie erlaubt es uns, Fehler in unseren Handlungen zu erkennen, anzunehmen und zu ändern, während sie unseren Selbstwert als solches nicht infrage stellt.

Unsere Kinder sind tagtäglich mit Herausforderungen konfrontiert. Ob es nun darum geht, ein fremdes Kind anzusprechen, eine neue Fähigkeit zu lernen, ein neues Hobby zu beginnen – sie können Mut gut gebrauchen! Die folgende Übung zeigt Ihnen wie Sie Ihr Kind auf seinem Wachstumsweg sanft bestärken können.

Übung – Mut proben

Ein Bestandteil der Kindheit sind Mutproben. Kinder nutzen sie, um in sich selbst und anderen im wahrsten Sinne des Wortes den Mut zu „proben“, daher zu testen und zu stärken. Sie können gemeinsam mit Ihrem Kind sichere und liebevoll gestaltete Mutproben zum Teil der Achtsamkeitspraxis machen. Mutig sein will nämlich gelernt sein!

Gehen Sie dazu behutsam und schrittweise vor. Denn nichts entmutigt so sehr wie ein wiederholtes Scheitern! Überlegen Sie gemeinsam mit Ihrem Kind, was es gern lernen oder welche Eigenschaft es stärken möchte oder wovor es regelmäßig Angst hat. Suchen Sie sich lediglich einen Aspekt aus, um sich nicht zu überfordern.

Nun überlegen Sie miteinander, in welche kleinen Teilschritte sie diese Mutprobe unterteilen könnten. Geht es zum Beispiel darum, einen Umgang mit der Angst vor der Dunkelheit zu finden? Dann beginnen Sie zum Beispiel damit, im eigenen Zimmer nur noch ein Nachtlicht anzulassen, im nächsten Schritt nur noch das Flurlicht und schließlich nur noch eine Taschenlampe im Bett bereitzuhalten für den „Fall der Fälle".

Überlegen Sie sich den jeweils nächsten Schritt gut. Zu welcher kleinen Mutprobe würde sich Ihr Kind in der Lage fühlen? Üben Sie diesen Schritt für einige Tage, vielleicht sogar eine ganze Woche, bis er sich vertraut anfühlt. Sie können die „mutigen" Tage mit Aufklebern oder Stickern im Kalender markieren und so dem Kind sein Können vor Augen führen. Dann beschließen Sie gemeinsam, wann der nächste Schritt gemacht werden kann. Sprechen Sie gemeinsam darüber, was im Leben alles möglich wird, wenn man etwas mehr Mut hat.

Natürlich kann es bei dieser Übung auch Rückschläge geben. Fehler passieren, wir bekommen negative Rückmeldungen von anderen oder die Angst nimmt doch einmal überhand. Vermitteln Sie ganz deutlich, dass Fehler zum Lernen dazu gehören. Manchmal helfen Sie uns dabei zu verstehen, was es zu beachten gilt und was wir anders machen können. Wir lernen durch sie auch, dass negative Rückmeldungen manchmal mehr über andere aussagen als über uns selbst.

Auch im Umgang mit anderen Menschen fühlen wir uns oft gehemmt oder unsicher. Nicht immer ist unser Gegenüber freundlich und aufgeschlossen. Gerade wenn es uns nicht leichtfällt, vor anderen zu sprechen, auf sie zuzugehen oder etwas zu entgegnen, verlangen uns diese Situationen großen Mut ab.

Ein schlechtes Erlebnis reicht manchmal, um uns von anderen zurückzuziehen. Wir befürchten, dass dieselbe Situation noch einmal eintreten könnte. Achtsamkeit hilft uns zu erkennen, dass jeder Mensch und jede Situation unterschiedlich sind. Was wir aber erkennen können, ist, dass wir auch Gestaltungsspielraum haben mit dem, wie wir handeln, uns halten und auf andere zugehen. Dieser Freiraum lässt sich dank unseres Muts zurückerobern und gestalten.

Auch in Situationen mit anderen Menschen geht es darum, den Mut zusammenzunehmen und in kleinen Schritten bewusst positive Situationen und Erlebnisse zu schaffen, die schmerzhafte ein Stück weit auszugleichen vermögen. Die folgende Übung zeigt eine Möglichkeit, dies auf spielerische Weise zu üben.

Übung – Das Hallo-Spiel

Laden Sie ihr Kind ein, für einen Tag ein „Menschen-Forscher“ zu sein. So wie es für verschiedene Tierarten verschiedene Forschergruppen gibt, so darf Ihr Kind heute die Spezies Mensch untersuchen. Diese Übung ist ein Forschungsexperiment mit offenem Ausgang. Benötigt werden dafür lediglich ein Stift und ein Blatt Papier.

Die erste Aufgabe besteht darin, dass Ihr Kind den Menschen, denen es über den Tag hinweg begegnet, einfach zulächelt. Dann kann es beobachten, wie andere auf dieses Lächeln reagieren. Wie viele Menschen lächeln zurück? Welche reagieren gar nicht? Wie viele Menschen reagieren unfreundlich oder seltsam? Ihr Kind kann eine Strichliste führen und sich das Ergebnis seines Experiments notieren. Ideal ist es natürlich, wenn Sie sich an diesem Tag unterschiedlichen Situationen und Umgebungen erleben, wie zu Hause, in der Schule, beim Einkaufen, in der Stadt, etc.

In einem zweiten Experiment kann Ihr Kind herausfinden, was passiert, wenn es anderen ein freundliches „Hallo“ oder „Guten Tag“ zuruft. Wie reagieren die Leute dann? Auch hier kann es die unterschiedlichen Reaktionen wieder in eine Strichliste eintragen. Fühlt es sich unsicher, so kann es mit den Menschen beginnen, mit denen es sich wohlfühlt und dann den Kreis nach und nach ausweiten.

Das dritte Experiment ist für fortgeschrittene Menschenforscher. Hier geht es darum, jemandem etwas Nettes zu sagen oder ein Kompliment zu machen. Besprechen Sie mit Ihrem Kind zuvor, auf welche Weise es jemand anderen in Worten eine Freude machen kann. Ein einfaches „Schön dich zu sehen!“ ist völlig ausreichend und kann Wunder bewirken. Während dieser Übung kann Ihr Kind nicht nur beobachten, wie andere reagieren, sondern auch, welche Sätze am meisten positive Reaktionen hervorbringen.

Konzentration und Entspannung

Das Geschenk der Aufmerksamkeit

Wir alle tragen ein Geschenk in uns: unsere Aufmerksamkeit. Sie ermöglicht es uns, aus einer Vielzahl an Eindrücken das auszuwählen, was für uns Relevanz und Bedeutung hat. Sie erlaubt es uns auch, in unserem Erleben zu verweilen, ohne anderen Eindrücken zu erlauben, sich in den Vordergrund unseres Gewahrseins zu drängen.

Wie Zeit und Kraft, ist auch unsere Aufmerksamkeit ein begrenztes Gut. Intensive Reize, etwas, das uns Freude bereitet, uns unangenehm ist, ängstigt oder ärgert, zieht unsere Aufmerksamkeit ganz natürlich an. Uns zu fokussieren kostet Energie. Wenn wir diese nicht aufwenden, springt unsere Aufmerksamkeit ungehindert von einem Reiz zum nächsten. In unserer Achtsamkeitspraxis lernen wir, unsere Aufmerksamkeit bewusst zu lenken. Wir lernen, unseren Fokus für längere Zeit auf ein bestimmtes Erlebnis zu richten. Dies geschieht aus dem Wusch heraus, mehr Klarheit und Ruhe in unserem tagtäglichen Handeln zu finden.

Eine bewusste Steuerung der Aufmerksamkeit unterstützt uns auch darin, das Leben zu genießen und Schönheit wahrnehmen zu können. Wir lernen, bestimmte Erlebnisse in den Vordergrund zu rücken, während die Ursachen für Druck und Sorge in den Hintergrund treten. Wenn wir unsere Aufmerksamkeit zum Beispiel ganz der schönen Aussicht oder dem beruhigenden Auf und Ab des Atems widmen, so verlieren die Erinnerungen an den letzten Konflikt, die unendlichen To-do-Listen oder grüblerische Gedanken ihre Intensität. Körper, Herz und Geist finden so Ruhe und Erholung.

Die Gabe der Aufmerksamkeit hilft uns nicht nur dabei, uns zu fokussieren, sie macht es auch möglich, Gewohnheiten aufzudecken, die uns Stress bereiten, und unterstützt uns dabei, diese zu ändern. Je öfter sich bestimmte Denkmuster wiederholen, desto tiefer graben sich diese in unser Verhalten ein. Das gilt für alle Arten an Gewohnheiten und Reaktionsmuster. Achtsamkeit hingegen schafft einen Raum zwischen einem Impuls und unserer Reaktion auf diesen. Damit hören wir auf, ein bloßer Spielball von Reizen und gewohnheitsmäßigen Reaktionen auf diese zu sein. Wir gewinnen Handlungsspielraum zurück.

Mithilfe der Achtsamkeit wächst die Fähigkeit, zu erkennen, wann sich unser Geist mit etwas beschäftigt, das uns Energie, Zeit und Kraft raubt. In dem Fall unterstützen uns die Übungen darin, uns bewusst etwas anderem zuzuwenden. Wir wählen aus all den möglichen Reizen, die uns zur Verfügung stehen, einen Anker aus, der uns wieder stabilisiert, uns Kraft schenkt und zur Ruhe kommen lässt.

Aufmerksamkeit in Verbindung mit Achtsamkeit ist eine große Gabe, die wir alle bereits besitzen. Diese Gabe dürfen wir durch unsere Praxis weiter stärken und festigen. Dahinter steckt weder Druck noch Verpflichtung – sondern der Wunsch, gut für uns selbst, unser Wohlbefinden und unsere Handlungen zu sorgen.

Konzentration stärken

Konzentration ist die Fähigkeit, unsere Aufmerksamkeit über längere Zeit einem bestimmten Erleben zuzuwenden. Wir verwenden sie in zahlreichen Angelegenheiten des täglichen Erlebens, wann immer wir zuhören oder eine komplexe Aufgabe lösen.

Bereits Kindern wird ein hohes Maß an Konzentration abverlangt. Spätestens mit dem Schulbeginn wird von ihnen erwartet, über längere Zeit stillzusitzen, zuzuhören und sich auf Aufgaben zu konzentrieren, die sie nicht aus eigenem Interesse wählen. Die dazu notwendige Konzentration muss gelernt und trainiert werden, bevor sie uns unterstützen kann. Ein Lern- und Wachstumsprozess, den wir als Eltern und Bezugspersonen mit Verständnis und Beharrlichkeit behutsam unterstützen können.

Konzentration benötigt einen Geist, der so ruhig ist, dass er sich über längere Zeit einem bewusst gewählten Objekt zuwenden kann. Deshalb verhindert jedes zu viel an Reiz, Veränderung oder Druck ein fokussiertes Arbeiten. Wir können an uns selbst feststellen, dass wir in Stressmomenten sowie unter dem Einfluss von Sorge und Angst weit weniger in der Lage sind, uns zu fokussieren, als in Zeiten der Gelassenheit und Geborgenheit.

Um unsere Kinder darin zu unterstützen, ihre Aufmerksamkeit als Werkzeug anwenden zu lernen, ist es hilfreich zu verstehen, welche Umstände Konzentration fördern und welche sie behindern. Die folgende Übung bietet eine Reflexion, die Sie darin unterstützt die Faktoren ausfindig zu machen, die die Konzentrationsfähigkeit Ihres Kindes schwächen oder stärken können.

Übung – Grundpfeiler der Konzentration

Diese Übung hilft Ihnen dabei herauszufinden, wie Sie die Fähigkeit Ihres Kindes, sich zu konzentrieren, am besten unterstützen können. Bevor Sie etwas in Ihrer Alltagsstruktur ändern, sind Sie eingeladen für einige Tage die gewohnten Abläufe und Muster zu beobachten. Sie können diese Reflexion auch immer dann wiederholen, wenn Sie merken, dass Ihr Kind sich weniger als sonst fokussieren kann, unruhig oder abwesend wirkt.

Beobachten Sie für einige Tage das Schlafverhalten Ihres Kindes. Bekommt es genug Schlaf? Klagt es über Müdigkeit am Morgen oder über den Tag hinweg? Wirkt es abgeschlagen? Sind die Nächte sehr kurz oder kommt es immer wieder zu Albträumen?

Wann hat Ihr Kind zuletzt gegessen und getrunken? Wie viel und was hat es gegessen? War die Ernährung über die letzten Tage hinweg einseitig? Wie viel Zeit für Bewegung und Zeit an der frischen Luft hatte Ihr Kind in den letzten Tagen? Klagt es über körperliches Unwohlsein?

Wie steht es um die Energie Ihres Kindes im Verlauf des Tages? Was leistet es den Tag über? Welche Aufgaben erfüllt es? Wann hat es Zeit für Pause und Spiel? Gibt es Zeiten des Rückzugs, der relativen Stille und Geborgenheit?

Wie aufregend waren die letzten Tage? Gab es kleinere oder größere Veränderungen in der Tagesstruktur? Welche anderen Veränderungen könnten zu Unruhe beitragen?

Gab es schlechte Neuigkeiten, mit denen das Kind zurechtkommen musste? Lag ein Streit mit einem Freund, einer Freundin vor? Gab es in der Familie einen Konflikt?

Alle diese Fragen verweisen auf die Grundbedürfnisse Ihres Kindes nach ausgewogener Ernährung, ausreichender Bewegung, sozialer Bindung, ausgiebigem Schlaf und einem Gefühl der Geborgenheit und Freude. Werden diese Bedürfnisse über längere Zeit nicht ausreichend gedeckt, entsteht ein Mangel, der es umso schwieriger macht sich zu konzentrieren. Vielleicht ergibt sich aus Ihrer Reflexion ein Anhaltspunkt, wie Sie die äußeren Umstände so verändern können, dass ein Mehr an Aufmerksamkeit und Fokus für Ihr Kind wieder möglich wird.

Oftmals missverstehen wir Konzentration als einen Willensakt. Wir leben in der Annahme, dass Fokus eine Entscheidungssache ist, etwa so, als würden wir einen Lichtschalter anknipsen. Aus dieser Perspektive heraus wundern wir uns, wenn wir bei unseren Kindern feststellen, wie leicht Sie sich mitunter ablenken lassen und von einem Reiz zum nächsten wandern. Leicht stellt sich ein Gefühl der Frustration ein und wir äußern Sätze wie „Nun konzentrier dich doch mal!“

Was wir in solchen Augenblicken vergessen, ist, wie viel jahrelanges Training es benötigt, das Maß an Konzentration und Disziplin aufzubauen, das Erwachsenen in der Regel zur Verfügung steht. Vielleicht erinnert sich so mancher an den Druck, der mit dem Erlernen von Konzentration und Disziplin einherging. Fürsorge und Mitgefühl werfen unweigerlich die Frage auf, ob solche Härte gegen sich selbst und andere tatsächlich notwendig ist. Gibt es einen alternativen Weg, Aufmerksamkeit und Konzentration zu fördern?

Dieser Weg wird mit Achtsamkeit für uns gangbar. Anstatt eine bestimmte Fähigkeit abzuverlangen, erkunden wir deren Dynamiken, entwickeln Verständnis und lernen, sie mit verschiedenen Übungen zu stärken. Dazu können wir uns die zwei grundlegenden Dynamiken zunutze machen, auf denen Konzentration aufbaut: Die Fähigkeit, uns gezielt etwas zuzuwenden, und die Fähigkeit, diese initiale Aufmerksamkeit aufrechtzuerhalten.

Es ist unmöglich, alles, was um uns herum und ins vorgeht, wahrzunehmen. Jede Stunde, jede Minute, jeden Augenblick des Tages erleben wir nur einen Bruchteil aller Geschehnisse und das ist gut so, denn würden alle Reize gleich stark und auf einmal auf uns eindringen, dann wären wir heillos überfordert. Unser Geist trifft daher eine Vorauswahl. Wem oder was wir unsere Aufmerksamkeit schenken, ist ein selektiver Prozess. Ein Prozess auf den wir Einfluss nehmen können.

Achtsamkeit lädt uns ein, dieses gezielte Fokussieren zu üben und uns zunutze zu machen. Wir können beobachten, worauf unsere Aufmerksamkeit zu ruhen kommt und was die Folge davon ist. Schaue ich eine Kochsendung, steigt die Wahrscheinlichkeit, dass ich zum Kühlschrank gehe, um nach etwas Schmackhaftem zu suchen. Lasse ich die Gedanken zurückwandern zum letzten Streit, so besteht die Möglichkeit, dass der Schmerz, die Frustration oder Ratlosigkeit, die ich in diesem Moment gespürt habe, wieder aufflammen. Wende ich mich den Details des aufblühenden Frühlings zu, so kann ich spüren, wie ein Gefühl der Leichtigkeit und Ruhe entsteht. Etc.

Wenn wir unsere Kinder auf behutsame Weise an das Thema Konzentration heranführen möchten, so können wir als ersten Schritt ein Bewusstsein schaffen für diesen Zusammenhang. Laden Sie Ihre Kinder dazu ein, zu beobachten, wem oder was sie die Aufmerksamkeit schenken, und ebenso wahrzunehmen, welche Folgen dies mit sich bringt. Achtsamkeit ist der beste Lehrmeister schlechthin. Erkennen Ihre Kinder bestimmte Zusammenhänge und Dynamiken für sich selbst, so ist dies um ein Vielfaches eindrücklicher, als jede Ermahnung und Belehrung Ihrerseits es je sein könnte.

Kinder lernen auf diese Weise, Ihre Zeit, Kraft und Aufmerksamkeit als wertvoll wahrzunehmen und sie nicht wahllos einzusetzen. Präsenz und Wachheit im Alltag verhindern Missgeschicke aller Art, indem wir uns auf das fokussieren, was gerade wichtig ist. Konzentration wird damit für unsere Kinder erstrebenswert. Die folgenden Übungen laden dazu ein, über den Stellenwert und die Bedeutung von Konzentration nachzudenken.

Übung – Konzentrationsräuber

Momente der Gedankenverlorenheit, der Tagträumerei und des Aufschiebens sind wichtige Lernmöglichkeiten, wenn es darum geht, das Konzentrationsvermögen zu schulen. Vereinbaren Sie mit Ihrem Kind, in den nächsten Tagen zu beobachten, wohin die Gedanken wandern und was geschieht, wenn sie dies tun. Wenn Ihr Kind das möchte, dann können Sie eine Art Tagebuch bereithalten, in dem Sie interessante Beobachtungen niederschreiben. Sie können in dieses Buch die unten genannten Fragen als Stütze kopieren.

Die erste Frage, die Ihr Kind sich während des Tages immer wieder stellen kann, ist: Was ist jetzt gerade los? Wohin sind meine Gedanken gewandert? Laden Sie es ein, eine Liste an Themen, Sorgen oder Fragen zu erstellen, die das Denken besonders aktivieren. Wenn ich abgelenkt bin, womit beschäftige ich mich? Was trägt mich davon? Was ist so spannend, interessant, aufregend, dass es mich aus meinem Tun herausholt?

In einem zweiten Schritt kann es erkunden, wovon es abgelenkt wurde. Welche Tätigkeit, welche Aufgabe war gerade zu tun? Diese Erkundung kann es mit Fragen verbinden, wie: Was hält mich davon ab, mich mit der Aufgabe, der Tätigkeit, die ich gerade tun wollte, zu beschäftigen? Was hält mich davon ab, ihr meine ganze Aufmerksamkeit zu schenken?

In einem dritten Schritt können die Folgen der Ablenkung beobachtet werden. Hatte die gedankliche Abwesenheit irgendwelche negativen Folgen? Es kann sich zum Beispiel die folgenden Fragen stellen: Dauert eine ohnehin langweilige Aufgabe länger, wenn ich abschweife? Komme ich unter Zeitdruck? Riskiere ich einen Konflikt mit jemandem?

Zuletzt können noch die äußeren Umstände miteinbezogen werden. Beschäftigt mich ein Problem? Mache ich mir Sorgen? Komme ich in Gedanken immer wieder zu einem Streit oder einer Sorge zurück? Fühle ich mich körperlich wohl oder unwohl? Bin ich ausgeruht oder müde? Manchmal können bereits kleine Schritte zu einem Mehr an Fokus und Aufmerksamkeit führen.

Nach einigen Tagen haben Sie gemeinsam, oder Ihr Kind für sich, vermutlich bereits eine beachtliche Sammlung an Momenten der Ablenkung gesammelt. Verstehen Sie dies nicht als eine Sammlung an Fehlern, sondern als einen wahren Schatz, aus dem heraus Sie lernen und wachsen können. Stärken Sie Ihr Kind, in dem Sie die gleichen Fragen ehrlich beobachten und beantworten.

Gemeinsam können Sie überlegen, welche Situationen häufiger auftreten. In welchen Fällen wäre es wünschenswert, etwas zu ändern? Wann ist es weniger wichtig, konzentriert zu sein?

Stress, unzureichende Bewegung, mangelnder Schlaf und Konflikte wirken sich negativ auf die Konzentrationsfähigkeit aus. Es gilt, diese Faktoren zu erkennen und ihnen so gut es möglich ist entgegenzusteuern. Achtsamkeitspraxis besteht aber nicht nur darin, Störenfriede ausfindig zu machen, sie lädt uns auch ein, die Faktoren zu erkennen, die zu mehr Ruhe und Ausgeglichenheit und damit einer höheren Konzentrationsfähigkeit beitragen.

Auch hier können wir die Kinder dazu ermuntern, ihre eigenen Erfahrungen zu sammeln und für sich zu erkunden, was Ihnen dabei hilft, Struktur und Klarheit zu finden.

Übung – Konzentrationshelfer

Wie in der vorangehenden Übung ist Ihr Kind auch hier wieder eingeladen, allein oder mit Ihrer Unterstützung bestimmte Fragen im Alltag zu erkunden. Dieses Mal geht es darum herauszufinden, was die eigene Aufmerksamkeit unterstützt und stärkt. Wie in der vorangehenden Übung ist es auch hier hilfreich, die Beobachtung über einige Tage hinweg auszuführen und sich immer wieder kleine Notizen zu diesem Thema zu machen.

Ein erster Schritt besteht darin, Momente wahrzunehmen, in denen Konzentration bereits vorhanden ist. Folgende Fragen helfen dabei: Woher weiß ich, dass ich konzentriert bin? Wie fühlt es sich an konzentriert zu sein? Welche Qualität haben die Gedanken in einem Moment der Konzentration? Ist es angenehm oder unangenehm sich zu konzentrieren?

In einem zweiten Schritt können sie gemeinsam erkunden, wann es leichtfällt, sich zu konzentrieren. In welchen Momenten hat Ihr Kind das Gefühl „ganz bei der Sache zu sein“? Bei welchen Tätigkeiten fällt es ihm oder ihr leicht, sich zu konzentrieren? Wovon lässt es sich nur schwer ablenken?

Nun können Sie in einem dritten Schritt untersuchen, was dabei hilft, Konzentration aufzubauen. Hilft es vielleicht, sich bewusst zu entscheiden, etwas zu tun? Hilft es, einen klaren zeitlichen Rahmen zu haben? Hilft es, genau zu wissen, welche Schritte zu tun sind? Vielleicht muss eine bestimmte Frage zuvor geklärt oder ein bestimmtes Problem gelöst werden?

Der meiste Schaden, den wir anrichten, entsteht nicht aus böser Absicht, sondern aus mangelnder Umsicht. Ein Teller geht zu Bruch, wir schlagen eine Macke ins Auto des Nachbarn, vergessenen etwas abzugeben oder sagen ein unbedachtes Wort.

Anstatt uns Vorwürfe zu machen oder uns in Ausreden zu flüchten, können wir für solche Situationen Verantwortung übernehmen, indem wir zum einen den entstandenen Schaden nach Möglichkeit beheben und zum anderen erkunden, welche Umstände zum Geschehen beigetragen haben. Welche wichtige Lektion für die Zukunft können wir aus dem Ereignis ziehen?

Machen Sie es für sich und den Umgang mit Ihren Kindern zur Übung, diesen Weg der achtsamen Verantwortung zu praktizieren. Die folgende Übung gibt Hilfestellung in Form von Fragen, die Sie oder Ihr Kind sich selbst stellen können oder die Sie im gemeinsamen Gespräch erkunden können. Der Austausch ist umso fruchtbarer, je weniger er von Vorwürfen oder Schuldzuweisungen geprägt ist. Richten Sie stattdessen Ihren Blick auf die Zukunft und auf den Wunsch eine Wiederholung der Geschehnisse zu verhindern.

Übung – Ohne Absicht

Wenden Sie diese Übung an, wann immer ein Missgeschick passiert. Beginnen Sie damit, allen Beteiligten zu erlauben, zur Ruhe zu kommen. Zunächst einmal haben Sicherheit und Gesundheit ihre Priorität. Es kann auch sein, dass Ihre Kinder zunächst einmal Trost und Ruhe benötigen, um nach einem Vorfall zur Ruhe zu kommen. Geben Sie Ihren Emotionen und den Emotionen Ihres Kindes Raum.

Oftmals spüren wir als Reaktion auf ein solches Erlebnis Frustration, Traurigkeit, Sorge oder sogar Schock. Während all diese Empfindungen natürliche Reaktionen auf eine missliche Lage sind, sind sie hinderlich, wenn wir Lösungen suchen oder einen klaren Kopf benötigen. Schaffen Sie daher Raum, um das Geschehen zu „verdauen". Erklären Sie, dass Sie Zeit brauchen, um das, was passiert ist, zu reflektieren und verabreden Sie sich für einen späteren Zeitpunkt zu einem gemeinsamen Gespräch.

Sobald dies möglich ist, gilt es zu klären, was tatsächlich passiert ist. Beschreiben Sie was Sie wahrgenommen haben. Lassen Sie sich von Ihrem Kind berichten, was in seinen Augen geschehen ist. Überlegen Sie gemeinsam, wer an der Situation beteiligt war und welche Faktoren einen Beitrag zum Geschehen geleistet haben.

Überlegen Sie nun gemeinsam, was zu tun ist, damit eine ähnliche Situation in Zukunft verhindert werden kann. Was wäre der wichtigste Schritt, um diesen Fehler zukünftig zu vermeiden? Was müssten Sie wissen oder woran müssten Sie sich erinnern? Wie würden Sie sich verhalten, bewegen, sprechen oder überlegen, wenn Sie noch einmal in dieser Situation wären? Woran können Sie merken, dass sich dieses Missgeschick zu wiederholen droht? Was sind wichtige Hinweise dafür, dass es nun gilt besonders achtsam zu sein?

Zum Abschluss spüren Sie beide nach, ob es noch einer Handlung oder einer Geste bedarf als Zeichen einer Wiedergutmachung. Wie kann der entstandene Schaden nach Möglichkeit behoben werden? Was können Sie dem anderen anbieten?

Die bisherigen Übungen haben ein Bewusstsein für die Dynamiken und Funktionsweisen der Aufmerksamkeit geschaffen. In den nächsten Schritten geht es darum zu lernen, dieses Geschenk bewusst einzusetzen. Weil sich

Konzentration, wie jede andere Fähigkeit, durch Wiederholung und Geduld entwickelt, ist es wichtig, diese Übungen in den Alltag einzubinden. Dies gelingt am besten, wenn wir uns dabei eine spielerische Haltung bewahren.

Wollen wir uns in Aufmerksamkeit üben, so geht es erst einmal darum festzustellen, wann uns diese verloren geht. Oft genug sind wir in einer Art „Autopilot" gefangen, der blind eine Gewohnheit nach der nächsten abspielt. Gedankenketten reihen sich aneinander, ohne dass wir uns dessen bewusst sind. Die Achtsamkeitspraxis lädt uns dazu ein, diese Automatismen zu unterbrechen und wieder mit dem Hier und Jetzt in Kontakt zu kommen. Nur dann ist es möglich, bewusst zu entscheiden, ob wir auch weiterhin Kraft, Zeit und Energie in eine Tätigkeit, einen Gedanken oder ein Gespräch geben wollen, oder ob es hilfreiche Möglichkeiten gibt mit einer Situation umzugehen.

Die folgende Übung lädt dazu ein, diesen Schritt vom Autopiloten zur bewussten Präsenz im Alltag immer wieder zu üben.

Übung – Hier und Jetzt

Der erste Schritt, den es braucht, um eine Verbindung zum gegenwärtigen Augenblick aufzubauen, ist denkbar einfach. Es reicht aus, drei Worte zu sich selbst zu sprechen: „Hier und jetzt." Wann immer wir mit diesen Worten an den Wunsch erinnern, präsent zu sein, sind wir bereits dabei, Kontakt aufzunehmen zum gegenwärtigen Erleben.

Sie können dies auch gemeinsam mit Ihrem Kind tun, indem Sie sich immer wieder gegenseitig zu einer kurzen, achtsamen Pause einladen. Nutzen Sie diese Pause, um mit dem unmittelbaren Erleben in Kontakt zu kommen.

So können Sie sich zum Beispiel ganz Ihren Sinnen zuwenden. Was können Sie gerade sehen? Was können Sie hören, riechen, schmecken oder spüren? Stärken Sie diese Fähigkeit „da" zu sein, indem Sie Ihr Kind dazu ermuntern einige Einzelheiten dessen zu nennen, was es gerade wahrnimmt.

Ebenso können Sie Kontakt aufnehmen mit Ihrem Fühlen und Denken. Welche Gefühle oder Gedanken zeigen sich gerade? Kommen sie in ihre Körperlichkeit zurück, indem Sie fragen: Wo spüre ich meinen Körper deutlich?

Da es uns in der Regel schwerfällt, uns daran zu erinnern, achtsam sein zu wollen, sind Sie herzlich eingeladen, sich mit kleinen Stützen zu behelfen. Dies können Notizzettel in der Küche, am Bett oder am Badezimmerspiegel sein, auf dem das Wort „achtsam“ oder „hier und jetzt“ steht. Nutzen Sie Ihr Handy als Gedächtnisstütze, indem Sie es einmal in der Stunde leise klingeln lassen. Laden Sie Ihr Kind ein, ein besonderes Schmuckstück zu tragen oder sich einen Smiley auf den Handrücken zu malen, der es tagsüber erinnert, immer wieder zum Hier und Jetzt zurückzukommen. Helfen Sie Ihrem Kind dabei, solche Stützen zu finden, sodass es auch unabhängig von Ihnen immer wieder eine kurze, bewusste Pause einlegen kann.

Lassen Sie sich nicht davon frustrieren, wenn Sie immer wieder vergessen innezuhalten und achtsam zu sein. Diese Fähigkeit, bewusst innezuhalten und sich des Moments gewahr zu werden, braucht Übung und Geduld. Jeder Moment in dem Sie sich daran erinnern, ist bereits ein achtsamer Moment und damit ein kleiner Grund zur Freude.

Die folgende Übung kann als eine Erweiterung der vorangegangenen Übung „Hier und Jetzt“ gesehen werden. Während diese uns dabei hilft, den Autopiloten für einen Moment auszuschalten, erlaubt uns der nächste Schritt, diese Pause zu nutzen, um uns zu fragen, was nun von Bedeutung ist. Dieses Zusammenspiel von bewusster Pause und Frage hilft uns dabei, neue Wege einzuschlagen und Gewohnheitsmuster zu durchbrechen. Es entsteht wieder Gestaltungsspielraum. Den können wir insbesondere dann nutzen, wenn wir merken, dass wir in einer Gewohnheit gefangen sind, die uns oder anderen schadet, uns nervös oder unglücklich macht, oder uns unnötig Kraft raubt.

Übung– Der Entscheidungsspielraum

Beginnen Sie die Übung, indem Sie Ihr Kind einladen, zusammen mit Ihnen eine kurze Pause zu machen. Nehmen Sie gemeinsam drei ruhige Atemzüge. Vielleicht möchten Sie sich auch kurz umarmen oder gemeinsam die Stille genießen.

Dann stellen Sie die einfache Frage in den Raum: „Was ist jetzt wichtig?“. Manchmal ist es wichtig weiterzumachen, mit dem, was wir gerade tun. Aber vielleicht können wir etwas daran ändern „wie“ wir etwas tun – hilft es, langsamer zu werden oder die Aufgabe bewusster durchzuführen? Manchmal brauchen wir eine längere Pause, um in uns hineinzulauschen und herauszufinden, was wir gerade wirklich brauchen, anstatt blind unseren Impulsen zu folgen.

Üben Sie diese Frage für einige Zeit miteinander: Pause machen – fragen, was wichtig ist. Mit ein wenig Übung, kann Ihr Kind diesen Zweierschritt bald selbst im Alltag anwenden. Sie können ihm auch einen Merkzettel schreiben oder es selbst einen gestalten lassen, der mit ins Mäppchen darf oder die Zimmerwand schmückt.

Praktizieren Sie die beiden Schritte auch immer dann gemeinsam, wenn Reibung aufkommt oder Sie sich über etwas nicht einig werden können.

So wichtig es ist, wieder Kontakt mit dem gegenwärtigen Erleben aufzunehmen, so wichtig ist es, unsere Fähigkeit zu schulen, auch über längere Zeit hinweg präsent zu sein. Die nächsten Übungen stärken daher die Fähigkeit unsere Aufmerksamkeit auf einem bestimmten Erleben ruhen zu lassen und uns nicht von anderweitigen Reizen, Gedanken, Fantasien und Erinnerungen ablenken zu lassen.

Ähnlich wie beim Aufbau von Muskeln ist auch hier kein einmaliger Kraftakt gefragt, sondern ein beharrliches Training. Wir beginnen klein und akzeptieren, dass es einige Zeit dauern mag, bis wir selbst oder unsere Kinder sich über längere Zeitspannen konzentrieren können.

Die folgende Übung mit ihren verschiedenen Spielweisen lädt dazu ein, die Konzentration im Alltag immer wieder herauszufordern und zu stärken.

Übung – Sorgfalt walten lassen

Wählen Sie für diese Übung ein ganz alltägliches Geschehnis aus, das Sie und ihr Kind nahezu jeden Tag ausführen. Es sind die kleinen Aufgaben wie lesen, den Geschirrspüler ausräumen, die Zähne zu putzen, den Tisch abräumen, Musik oder ein Hörbuch hören, die sich für diese Aufgabe besonders eignen. Beschäftigungen mit intensiven sinnlichen Reizen wie Computerspielen, das Smartphone bedienen oder fernsehen sind dagegen nicht geeignet.

Laden Sie Ihr Kind ein, sich für einen Moment zu sammeln und anzukommen, bevor es mit der eigentlichen Aufgabe beginnt. Es kann sich selbst vorbereiten, indem es im Stillen zu sich sagt: „Für die nächsten paar Minuten werde ich …“ Stellen Sie dann einen Wecker auf circa fünf Minuten (die Dauer der Übung kann mit der Zeit angepasst werden) und laden Sie Ihr Kind ein, die Aufgabe ohne Hast und Eile zu beginnen.

Für die folgenden Minuten kann es sich vornehmen, sich auf diese Aufgabe zu fokussieren, als gäbe es gerade nichts Wichtigeres auf der Welt. Alles andere darf warten, bis der Wecker klingelt. Wenn die Gedanken dennoch abschweifen, und das werden sie mit Sicherheit, kann Ihr Kind mit einem leisen „zurück, zurück“ sich selbst einladen, wieder zur eigentlichen Aufgabe zurückzukommen. Laden Sie es ein, einen Moment Pause zu machen, um dann langsam wieder mit der Aufgabe zu beginnen.

Wenn nach fünf Minuten der Wecker klingelt, ist die Übung ist zu Ende. Ermuntern Sie Ihr Kind dazu, sich ein wenig zu schütteln und zu lockern. Danach kann es ganz gewohnt seinem Tagesablauf folgen.

Eine Möglichkeit, die Übung zu verändern, besteht darin, die Sinne dazu einzuladen, während der Übung möglichst viele Informationen zu sammeln. Was gibt es alles zu sehen, zu hören, zu riechen, zu fühlen und zu schmecken bei der Aufgabe? Welche Details, die uns bisher verborgen geblieben sind, können wir entdecken? Laden Sie Ihr Kind ein, einen bestimmten Sinn, wie das Hören, vor Beginn der Übung auszuwählen und diesem besondere Aufmerksamkeit zu schenken.

Eine zweite Möglichkeit besteht darin, jegliches Multitasking bewusst beiseitezulassen und bewusst langsam zu handeln. Nutzen Sie die Übungszeit dafür, bewusst eine Sache nach der anderen zu machen. Laden Sie Ihr Kind ein, zu bemerken, wie jede Handlung und sogar jeder Handgriff einen Beginn, eine Mitte und ein Ende haben. Wie gut gelingen bestimmte Aufgaben, wenn Sie sie mit solcher Sorgfalt durchführen. Wie fühlen Sie sich im Anschluss?

Eine Möglichkeit, die Konzentration weiter zu stärken, besteht darin, die Achtsamkeit auf den Atem zu lenken. Der Atem ist uns stets zugänglich und ein verlässlicher Partner in jeder Situation. Dadurch eignet er sich besonders gut als Anker, den wir immer dann auswerfen können, wenn wir das Gefühl haben, etwas mehr Ruhe und Struktur zu benötigen.

Übung – Der Atem als Anker

Diese Übung lädt uns dazu ein, den Atem zu nutzen, um eine Pause zu machen. Zu Beginn der Übung kann sich das Kind eine Hand auf Bauch oder den Brustraum legen und dort den Atem als Bewegung wahrnehmen.

Dann kann es damit beginnen den Einatem in Gedanken mit „ein“ und den Ausatem ebenso einfach mit „aus“ zu benennen. Die Silben können langgezogen werden, sodass die Worte den ganzen Atemzyklus umschließen. Dies kann so oft wiederholt werden, bis sich ein wenig mehr Ruhe einstellt.

Alternativ dazu kann auch gezählt werden. Dabei kann jeder Einatem und jeder Ausatem mit einer einfachen Zahl versehen werden. Der erste Einatem wäre demnach „eins“, der Ausatem entsprechend „zwei“, der nächste Einatem dann „drei“ und so weiter. Wir können auf diese Weise weiterzählen, bis wir bei zehn angekommen sind und dann wieder bei eins starten. Wir folgen der Übung für einige Minuten oder bis sich eine gewisse Ruhe einstellt. Stellt Ihr Kind fest, dass die Gedanken abgeschweift sind, so kehrt es ganz einfach zur letzten Zahl zurück, an die es sich erinnert oder beginnt frisch bei eins.

Sie können Ihrem Kind diese Übung auch in einer sehr kurzen Version anbieten. Dabei nehmen wir lediglich drei bewusste Atemzüge und lassen diese in den Bauch fließen. Mit dem Ausatmen darf es etwas Anspannung und Unruhe nach außen abgeben. Diese Art zu üben ist dann besonders wirksam, wenn es wichtig ist, kurz innezuhalten, um nicht impulsiv zu reagieren. Üben Sie dies auch gemeinsam in Momenten des Konflikts, indem Sie gemeinsam atmen, bevor Sie über Ihre Schwierigkeiten sprechen.

Eine andere Möglichkeit, sich zu fokussieren, besteht darin, achtsam Geräuschen zu lauschen. Wer zuhören möchte, wird meist selbst sehr still. Wir kommen aus einem Zustand des „Tuns“ in eine empfängliche Haltung des Zuhörens, die uns zur Ruhe kommen lässt. Ein Fokus auf Geräusche lässt uns in unserer gewohnheitsmäßigen Geschäftigkeit innehalten. Wir lauschen den Geräuschen ebenso wie den Pausen dazwischen. Pausen, die zu mehr Ruhe und Klarheit helfen. Die folgende Übung zeigt eine Weise, wie wir diese Haltung des Lauschens und der Empfänglichkeit in den Alltag einladen können.

Übung – Geräuschen folgen

Um Ihre Kinder mit der Haltung des Lauschens vertraut zu machen, können Sie eine Glocke oder kleinen Gong benutzen. Besonders geeignet sind Klangschalen, wie sie in der Meditation benutzt werden, da diese einen langanhaltenden Klang von sich geben, dem wir über einige Atemzüge hinweg folgen können. Sie können aber auch ein großes Glas verwenden oder ein kurzes und ruhiges Stück Musik abspielen.

Beginnen Sie die Übung damit, dass Sie einen für alle hörbaren Klang erzeugen. Lauschen Sie dann gemeinsam diesem Geräusch. Üben Sie sich darin, still zu sitzen, bis der Laut verklungen ist. Laden Sie Ihr Kind dazu ein, wahrzunehmen, wie der Klang immer leiser und feiner wird. Kann es den Moment wahrnehmen, in dem der Klang ganz verschwunden ist?

Die Übung lässt sich zu einem Spiel ausbauen, indem jeder, der das Geräusch nicht mehr hören kann, die Hand hebt. Sind alle Hände in der Luft, so ist die gemeinsame achtsame Pause beendet und jeder kehrt zurück zu seinen Aufgaben und Tätigkeiten.

Ist Ihr Kind mit der Übung vertraut, so können Sie auch mit Geräuschen üben, die von selbst in der Umgebung entstehen. Sie können sich an ein offenes Fenster setzen und für einige Minuten dem Klangteppich lauschen. Hören Sie wie alle Geräusche entstehen, sich verändern und von etwas anderem abgelöst werden. Je mehr Sie mit solchen Alltagsgeräuschen arbeiten, desto mehr wird Ihr Kind in der Lage sein, diese Übung auch in seinen eigenen Alltag zu übernehmen.

Wartezeiten empfinden wir in der Regel als lästig und überflüssig. Sie bescheren uns oft ein Gefühl von Langeweile oder sogar Frustration. Je mehr wir gewohnt sind, etwas zu tun zu haben, desto mehr stören wir uns am Warten. Je mehr wir unter dem Eindruck stehen, stets effizient handeln zu müssen, desto mehr ärgern wir uns über andere, die uns aufhalten und desto eiliger haben wir es damit, eine Beschäftigung zu finden, um die Minuten des Leerlaufs mit „Tun" anzufüllen.

Dabei sind es gerade diese Minuten der Stille, die eine wunderbare Gelegenheit für einen Moment der Ruhe darstellen. Wir können lernen, das Warten willkommen zu heißen, indem wir uns von ihnen achtsam in den gegenwärtigen Moment zurückgeleiten lassen. Die folgende Aufgabe zeigt eine Möglichkeit auf, wie uns dies im Alltag gelingen kann.

Übung – Wartezeit

Erklären Sie Wartezeiten zu Entspannungszeiten. Wann immer Sie oder Ihr Kind auf etwas oder jemanden warten müssen, bietet sich die Gelegenheit für eine der folgenden Achtsamkeitsübungen. Praktizieren Sie diese gemeinsam und tauschen Sie sich darüber aus, was passiert, wenn Sie die Wartezeiten auf diese Weise nutzen. Was geschieht mit Ihrer Fähigkeit, geduldig zu sein? Welche der folgenden Möglichkeiten hilft Ihnen, mitten in der Geschäftigkeit kurz zur Ruhe zu kommen?

Die erste Möglichkeit besteht darin, das Warten dazu zu nutzen, sich dem eigenen Körper anzunehmen. Laden Sie Ihr Kind ein, sich in die eigene Haltung im Stehen, Sitzen oder Liegen einzuspüren. Es kann versuchen, es dem Körper noch etwas bequemer zu machen. Welche kleinen oder großen Bewegungen würden dabei helfen, den Körper zu entspannen? Hilft es, den Körper ein wenig zu strecken oder zu dehnen? Vielleicht möchte der Körper eine ganz andere Haltung einnehmen? Gibt es Bereiche im Körper, zum Beispiel die Schultern oder das Gesicht, die es entspannen kann?

Eine zweite Möglichkeit ist, die Wartezeit in eine Entdeckungsreise zu verwandeln. Während des Wartens können wir unsere Sinne nutzen, um zu erkunden, was um uns vor sich geht. Was gibt es zu sehen, zu hören, zu riechen oder zu fühlen, was Ihr Kind bisher nicht wahrgenommen hat? Es kann sich auch vorstellen, das erste Mal an diesem Ort zu sein. Was würde ihm auffallen? Welche Kleinigkeiten gibt es, die überraschen?

Die Wartezeit kann auch als Zeit genutzt werden, um sich mit dem Atem vertraut zu machen. Konzentration und Entspannung können Hand in Hand gehen, wenn wir den Atem einladen den Körper weiter und weicher werden zu lassen. Dafür kann Ihr Kind eine Hand auf seinen Bauch legen. Es lädt nun den Atem ein, in die Hand hineinzufließen und den ganzen Bauchraum zu öffnen.

Jeder Ausatem darf den Bereich lockern und lösen. Wie kann der Atem fließen, dass er den Körper beim Entspannen unterstützt? Sie können den Atem dann auch in andere Bereiche des Körpers senden, um dort Weite und Öffnung hinzutragen.

Üben Sie die unterschiedlichen Spielarten dieser Übung gemeinsam einige Male zu Hause. Finden Sie weitere Möglichkeiten, Achtsamkeit in ihre Wartezeiten einzubauen und nehmen Sie diese in Ihr alltägliches Erleben mit.

Die Sinne zu verwenden und sich auf die Kleinigkeiten in unserer Umgebung zu konzentrieren stärkt nicht nur unseren Fokus, es lenkt uns auch von Sorgen und innerer Unruhe ab. Den Blick fürs Detail zu schulen nützt uns in vielerlei Hinsicht im Alltag. Die folgende Übung hilft dabei, diese Fähigkeit weiter auszubauen.

Übung – Merk dir zehn

Diese Übung schult auf spielerische Weise Konzentration und Merkfähigkeit. Sie bietet auch einen schönen gemeinsamen Zeitvertreib für regnerische Nachmittage und Langeweile an Wochenenden.

Suchen Sie zehn ganz alltägliche Gegenstände aus ihrem Haushalt. Das kann vom Löffel über einen Stift bis hin zum Spielzeugauto nahezu alles sein, sollte aber nicht größer sein als eine Handfläche. Besorgen Sie sich dazu noch ein Tuch, das groß genug ist, um alle diese Gegenstände zu verdecken.

Zu Beginn des Spiels verlässt das Kind den Raum und wartet draußen. Sie legen die zehn Gegenstände auf den Boden und bedecken diese mit dem Tuch. Dann rufen Sie das Kind herein. Nun zählen Sie bis drei und heben dann das Tuch für etwa zehn Sekunden an. Die Aufgabe Ihres Kindes ist es, sich in dieser Zeit so viele Gegenstände wie möglich zu merken.

Dann decken sie die Gegenstände wieder zu. Nun ist es die Aufgabe Ihres Kindes alle Gegenstände, an die es sich erinnern kann, zu benennen. Wie viele konnte es sich merken? Wenn Sie die Übung leichter machen wollen, können Sie nach einer kurzen Pause das Tuch auch noch einmal für weitere zehn Sekunden anheben.

Das Spiel lässt sich abändern, indem Sie nach einem ersten Blick auf die Gegenstände das Kind bitten, sich umzudrehen. Nun ersetzen Sie einen der Gegenstände durch einen anderen. Bitten Sie das Kind, sich wieder zu Ihnen zu drehen und heben Sie nun erneut das Tuch an. Ihr Kind darf nun raten, welchen der Gegenstände Sie entfernt haben und welcher dafür neu dazu gekommen ist. Dieses Raten kann einige Male wiederholt werden.

Es gibt Zeiten, da scheint der Geist völlig unkontrollierbar von einem Gedanken zum nächsten zu springen. Es fällt uns sehr schwer, zur Ruhe zu kommen. Oft kommt erschwerend hinzu, dass der Körper sich ebenfalls rastlos und unwohl anfühlt. In solchen Momenten versuchen wir mitunter, uns mithilfe der Willenskraft zu konzentrieren. Doch obwohl dies für einige Momente gelingen kann, ist die innere Unruhe oft größer und wir enden zunehmend frustriert.

Achtsamkeit bietet behutsamere Wege, auf diese innere Unruhe zu reagieren. Anstatt den Geist zu zwingen, sich auf etwas Bestimmtes zu fokussieren, können wir ihn in seiner Sprunghaftigkeit begleiten. Damit schaffen wir um jeden einzelnen Gedanken und die Sinneseindrücke Raum und verhindern gleichzeitig, dass aus ihnen weitere Impulse, etwas zu denken, zu planen, zu kommentieren oder zu tun, entstehen. Die folgende Übung zeigt eine Möglichkeit auf, dies im Alltag zu praktizieren.

Übung – Etiketten vergeben

Sie können diese Übung in Ihrer gewohnten Umgebung und in jedem Moment des Alltags praktizieren. Wie auch in anderen Übungen, ist es oftmals lohnenswert das Etikettieren zuerst gemeinsam zu üben, um Ihr Kind mit der Übung vertraut zu machen, damit es diese schließlich selbst in den Alltag einbinden kann.

Beginnen Sie mit einer Übungszeit von etwa zwei Minuten. Stellen Sie sich einen Wecker für diese Zeit. Ermuntern Sie Ihr Kind, in dieser Zeit das zu benennen, was es sieht. Dieses Benennen darf einfach und kurz sein. So wird aus „roter Gummiball mit gelben Punkten" einfach nur „roter Ball", aus „gelbe Blume vor dem Fenster, die schon ein wenig verwelkt ist" einfach nur „gelbe Blume" etc.

Laden Sie ihr Kind ein, den Blick langsam durch den Raum schweifen lassen, als würde eine Schildkröte sich umsehen. Welche Details, welche Formen und Farben, welchen Schatten, welche Oberfläche etc. kann es wahrnehmen? Die Augen dürfen auf dem benannten Gegenstand für einige Minuten zum Ruhen kommen, alles in sich aufnehmen und dann weiter durch den Raum schweifen.

Sie können die Übung erweitern, in dem Sie die Zeit verlängern oder sie auf einem Spaziergang an der frischen Luft anwenden. Auch hier gibt es eine Menge zu sehen und zu benennen. Die Bewegung hilft zusätzlich dabei, zur Ruhe zu kommen und Schwierigkeiten für den Moment loszulassen.

Sie können natürlich auch die anderen Sinne in die Übung miteinbeziehen. Ermutigen Sie Ihr Kind dazu, für einige Minuten nur zu lauschen. Welche Geräusche kann es hören, laut und leise, fern und nah, im eigenen Körper und in der Umgebung? Auch diese können mit einfachen Etiketten versehen werden wie „lautes Auto", „fröhliches Lachen", etc. Auch das Fühlen können Sie in die Übung miteinbeziehen. Welche Sachen in der unmittelbaren Umgebung kann Ihr Kind ertasten? Wie fühlen sich die unterschiedlichen Oberflächen an? Welche Temperaturunterschiede gibt es?

Um die Übung für Ihr Kind „alltagstauglich“ zu machen, können Sie in Stress- oder Konfliktmomenten diese Übung nutzen, um sich zu beruhigen. Das Benennen der Gegenstände kann ganz in der Stille erfolgen, sodass keiner bemerkt, dass wir uns gerade in Achtsamkeit üben.

Zur Ruhe kommen

Unser aller Alltag ist geprägt von einer Vielzahl an Aufgaben, Herausforderungen und Erlebnissen. Diese sind verbunden mit vielen Sinneseindrücken, die unseren Geist zum Denken, Planen, Sorgen, Bewerten und Analysieren reizen. Je mehr über den Tag hinweg geschieht, desto leichter werden Körper, Herz und Geist in eine Art „Alarmbereitschaft" versetzt oder ermüden schlichtweg. Wollen wir uns jedoch fokussieren oder zur Ruhe kommen, so ist uns weder ein alarmierter noch ein ermüdeter Geist eine Hilfe. Präsenz und eine gelassene Haltung bewegen sich zwischen diesen beiden Extremen.

Wollen wir Entspannung finden, so brauchen wir Geduld. Erleben wir geistige Unruhe oder körperliche Anspannung, geht es in uns zu wie in einem Wasserglas, in dem feine Teilchen aus Erde und Staub herumwirbeln und die Sicht trüben. Wir haben zwei Möglichkeiten, mit dieser Unruhe umzugehen. Aus unserer Unruhe heraus reagieren wir oft gereizt auf diese Aufregung, zumal sie sich in der Regel unangenehm anfühlt. Als Reaktion darauf versuchen wir sie unter Kontrolle zu bekommen oder sie zu analysieren. Führt das nicht zur gewünschten Ruhe, fühlen wir uns frustriert und die Anspannung nimmt weiter zu. Bildlich gesprochen wird das Wasser nicht klarer, sondern bleibt in Bewegung, weil wir darin rühren. Wenn wir dagegen in der Lage sind, der Unruhe und Anspannung mit Geduld und Freundlichkeit zu begegnen, haben Herz, Körper und Geist die nötige Zeit um zur Ruhe zu kommen. Sinnbildlich lassen wir das Wasser einfach in Ruhe. Mit der Zeit setzen sich die Teilchen von selbst ab.

Die Kunst besteht darin, die Unruhe und Rastlosigkeit nicht als ein Problem zu sehen, uns davon nicht ängstigen oder zu noch mehr Denken verleiten zu lassen. Wir gehen mit ihr in wohlwollenden Kontakt, ohne dabei auf die mit ihr verbundenen Geschichten oder Gedanken einzugehen. Statt über die Unruhe nachzudenken oder sie zu ignorieren, schaffen wir einen Raum der Achtsamkeit, in dem die Empfindungen präsent sein dürfen. Mit ein wenig Geduld können wir wahrnehmen, wie sie mit der Zeit von selbst verklingen, ohne dass dafür großer Aufwand oder Anstrengung notwendig wäre.

Was wir für diese friedfertige Haltung benötigen, ist ein fester Anker, an dem wir uns orientieren können. Er verhindert, dass wir immer wieder in Frustration oder Denken verfallen. Ein Empfinden von Sicherheit, Verbundenheit und Freude sind machtvolle Begleiter auf der Suche nach Ruhe und Klarheit. Wir sind dazu eingeladen diese in unsere Achtsamkeitspraxis einzuladen, sodass Körper und Atem durch unsere Praxis zu einer Zuflucht werden, die uns Schutz schenkt vor den Unruhen und Schwierigkeiten des Tages.

Es kann eine echte Herausforderung sein, aus großer Aktivität in die Ruhe zu kommen. Zu groß ist der Unterschied zwischen unserem geschäftigen Alltag und plötzlicher Stille. Vor dem Hintergrund des Nichts-Tuns, wird die inneren Unruhe so deutlich wahrnehmbar, wie ein Flecken auf einem blütenweißen Tischtuch. Wollen wir uns selbst und unseren Kindern eine Pause ermöglichen, so kann es sehr hilfreich sein, sich Stück für Stück der Entspannung anzunähern. Bewegung, Kreativität und Fantasie sind wunderbare Helfer, um uns in die Ruhe zu geleiten. Singen, Tanzen, Trommeln, Basteln und vieles mehr können Zugangstüren zur Achtsamkeit sein. Die folgenden Übungen bieten verschiedene solcher Zugänge zu mehr Ruhe, Gelassenheit und Entspannung. Wählen Sie die Übung, die der Energie und den Bedürfnissen Ihres Kindes am ehesten entsprechen.

Übung – Balanceakt

Diese Übung verbindet Bewegung, Spiel und Achtsamkeitspraxis. Sie lädt Gelassenheit und Fokus in unser Erleben ein, ohne dass dafür Anstrengung oder große Disziplin vonnöten wäre.

Suchen Sie sich für die Übung einen weichen Gegenstand, wie ein Kissen, ein Säckchen, ein Paar Socken oder eine Packung Taschentücher. Im besten Fall, machen Sie die Übung gemeinsam und haben einen kleinen Fundus an Sachen parat, mit denen Sie experimentieren können.

Beginnen Sie damit, dass Ihr Kind den Gegenstand auf den höchsten Punkt seines Kopfes legt. Zuerst kann es versuchen stillzustehen und den Gegenstand zu balancieren. Gelingt das, ohne dass der Gegenstand herunterfällt? Gelingt es auch noch, wenn es die Augen schließt? Stellen Sie eventuell einen Wecker und beenden Sie die Übung bevor Frustration oder Langeweile entsteht. In der Regel sind kurze Übungen mit kleinen Erfolgserlebnissen vorzuziehen.

Sie können die Schwierigkeit erhöhen, in dem Ihr Kind versucht den Gegenstand auf dem Kopf zu balancieren, während es vorsichtig durch den Raum geht. Wie weit kommt es, bevor der Gegenstand herunterfällt?

Oder es kann versuchen aus dem Stehen heraus ein Bein zu heben und auf dem anderen Fuß zu balancieren. Balance fordert unsere Konzentration ganz wunderbar heraus und lässt uns in unseren Körper zurückkehren. Diese Variante eignet sich daher sehr gut als krönender Abschluss der Übung.

Eine weitere Möglichkeit zur Ruhe zu kommen, ist, sich die Fantasie zunutze zu machen. Oftmals nutzen wir diese um über die Zukunft nachzudenken oder uns alternative Vergangenheiten auszumalen. Dies facht den Druck und den Schmerz oftmals eher an, als dass es ihn besänftigt. Wir können die Fantasie aber auch ganz bewusst dazu einsetzen, um Bilder in uns zu schaffen, die uns stärken und beruhigen. Die folgende Übung ist ein Beispiel dafür, wie wir die Fantasie dazu verwenden können, uns in die Ruhe zu begleiten.

Übung – Leicht wie ein Vogel

In dieser Übung verwenden wir die Fantasie dazu, uns das Bild eines Tieres auszumalen. Probieren Sie die Übung mit verschiedenen Tieren aus. Lassen Sie dabei jedes Tier eine Eigenschaft verkörpern, die Ihnen oder Ihrem Kind in dem Moment guttäte, wie die gelassene Bewegung eines Bären, das entspannte Räkeln einer Katze etc.

Die Übung kann sowohl im Sitzen als auch im Stehen ausgeführt werden. Haben Sie genug Platz zur Verfügung, können Sie auch in Bewegung üben.

Beginnen können Sie die Übung, indem Sie das Kind einladen sich vorzustellen, ein großer Vogel zu sein. Überlegen Sie gemeinsam, wie dieser große Vogel, zum Beispiel ein Adler, Geier oder gar ein Kondor, aussehen würde. Nehmen Sie sich für einen Augenblick Zeit, sich vorzustellen, welche Farbe das Gefieder, der Schnabel und die Augen hätten. Dann stellen Sie sich die Landschaft unter sich vor. Hohe Berge, vielleicht ein Tal mit Fluss und Wäldern. Lassen Sie Ihrer Fantasie freien Lauf.

Nun breitet der Vogel die Flügel aus. Strecken Sie die Arme zur Seite und spüren Sie von den Schultern bis in die Finger hinein die Länge und das Gewicht der vorgestellten Flügel. Laden Sie Ihr Kind ein, es Ihnen gleich zu tun. Beginnen sie nun langsam, die Arme zu heben und zu senken, als würden Sie von Luft getragen. Vielleicht ist am Anfang noch etwas mehr Bewegung notwendig, um sich in die Höhe zu schwingen. Laden Sie ihr Kind noch einmal ein, in Oberarme, Unterarme, Hände und Finger hineinzuspüren und sich lang zu machen, die Flügel noch ein paar Zentimeter wachsen zu lassen. Irgendwann wird das Fliegen fast mühelos. Der Vogel fliegt mit seinen großen Schwingen von den Winden getragen weit über der Erde.

Schließlich beginnen die Arme schwer zu werden und der Vogel kehrt zurück in seinen Hort. Langsam lassen Sie die Arme sinken, bis Sie neben den Seiten ruhen. Erlauben Sie Ihrem Kind für einen Moment nachzuspüren, wie sich Arme, Oberkörper und Kopf nun anfühlen.

Laden Sie Ihr Kind ein, weitere Tiere vorzuschlagen und nutzen Sie gemeinsam Ihre Vorstellungskraft und Bewegung, um diese Tiere lebendig werden zu lassen.

Manchmal ist der Körper ein hilfreicher Anker. In anderen Zeiten ist der Körper selbst so unruhig oder gar schmerzhaft, dass er sich als Anker nicht eignet. Es braucht einen anderen Fokus, um zur Ruhe kommen zu können. Oftmals kann es dann helfen den Blick auf etwas im Außen zu richten und die

Entwicklungen, die sich dort abspielen, zu beobachten. Was im Außen vorgeht, hat weniger mit unseren Sorgen, Ängsten und Frustrationen zu tun. Es entsteht ein wenig Raum um unser Innenleben. Eine Möglichkeit, dieses zur Ruhe kommen zu lassen und durch Beobachtung auf kreative und spielerische Weise zu üben, ist das Basteln und Verwenden einer Schneekugel.

Übung – Die Schneekugel

Diese Übung verwendet eine Schneekugel, wie Sie sie vielleicht aus Ihren eigenen Kindertagen kennen. Wird diese Kugel geschüttelt, dann wirbelt der in ihr enthaltene Glitter für einige Zeit herum, bis er nach und nach wieder zu Boden fällt.

Eine solche Kugel lässt sich im Laden finden oder aber Sie basteln sie zusammen mit Ihrem Kind selbst. Für eine einfache Variante reicht ein gut gespültes Marmeladeglas mit Deckel, durchsichtiger flüssiger Kleber, Glitzer und heißes Wasser. Wenn Sie wünschen, können Sie bunte Lebensmittelfarbe zum Färben ins Wasser geben.

Achten Sie unbedingt darauf, achtsam und vorsichtig vorzugehen, da heißes Wasser verwendet wird. Basteln Sie gemeinsam mit Ihrem Kind, um Verbrühungen und Verletzungen zu vermeiden.

Beginnen Sie damit, in etwa so viel Wasser zu erhitzen, dass das Glas, das Sie gewählt haben zu drei Vierteln gefüllt ist. Es ist ausreichend, wenn das Wasser warm ist. Es muss nicht kochen. Leeren Sie das Wasser in das Glas und geben Sie dann den flüssigen Kleber hinzu. Das Mischungsverhältnis von Wasser zu Kleber sollte etwa 80 zu 20 betragen. Füllen Sie das Glas bis etwa 1 cm unter den Rand. Rühren Sie behutsam die Mischung um, bis sich der Kleber gelöst hat.

Fügen Sie nun etwa zwei Esslöffel Glitzerpulver hinzu, und wenn Sie möchten Lebensmittelfarbe nach Geschmack Ihres Kindes. Rühren Sie alles um und lassen Sie das Glas auskühlen. Wenn das Wasser Raumtemperatur angenommen hat können Sie das Glas verschließen. Wenn gewünscht kann dazu auch Heißkleber verwendet werden, der das Glas besonders dicht verschließt. Alternativ dazu kann auch ein starkes Klebeband verwendet werden. Ist die Schneekugel ausreichend ausgekühlt, kann sie zum achtsamen Üben verwendet werden. Laden Sie ihr Kind nun ein, eine Hand auf den Bauch oder den Herzbereich zu legen. Mit der anderen Hand kann es das Glas kräftig schütteln und vor sich abstellen. Nun kann es beobachten, wie der Glitzer im Glas herumwirbelt. Gleichzeitig kann es spüren, wie der Atem die Hände auf Bauchdecke oder Brust hebt und senkt.

Irgendwann beginnt der Glitzer mehr und mehr zu sinken. Laden Sie ihr Kind ein, sich vorzustellen, wie seine eigene Unruhe nach und nach absinkt, hinein in den Boden, die Erde, den Stuhl oder das Sofa.

Die Übung endet, wenn der Glitzer im Glas auf dem Boden angekommen ist. Nun können wir uns nach Herzenslust strecken und dehnen und einen Moment nachspüren, was mit unserer eigenen Unruhe passiert ist.

Nutzen Sie das Glas, um gemeinsam eine Pause zu machen, sich auf ein wichtiges Gespräch oder eine gemeinsame Mahlzeit vorzubereiten. Manche Kinder nutzen das Glas auch gern für sich selbst und haben es in ihrem Zimmer zur Hand.

Manchmal lässt uns die Unruhe und Aufregung selbst mit einigem Üben nicht los. Dann ist es spannend hinzuschauen, welche Gedanken, Sorgen oder Ängste es sind, die uns so umtreiben, dass wir nicht zur Ruhe kommen dürfen. Dazu wendet sich die Achtsamkeit den Gedanken und dem Denken selbst zu, ohne sich in die Geschichten, die Pläne, die Vorstellungen und Bewertungen, kurzum den Inhalt des Denkens verwickeln zu lassen. Wir fragen mit Neugier: Was ist es, was ich gerade denke? Welche Gedanken kommen häufig wieder? Welche Emotion könnte hinter diesem Gedanken stecken und ihn immer weiter anfeuern?

Die folgende Übung unterstützt uns darin, einen hilfreichen Abstand zum eigenen Denken zu finden, sodass wir mit Klarheit wahrnehmen können, was uns in Unruhe gefangen hält.

Übung – Gedanken vorbeiziehen lassen

Zu Beginn der Übung können Sie Ihr Kind einladen, sich nach Möglichkeit zu entspannen. Beginnen Sie diesen Prozess des Zur-Ruhe-Kommens mit leichtem Dehnen und Strecken. Welche Bereiche im Körper wollen geöffnet werden? Was braucht mehr Platz?

Nach ein wenig Bewegung tut es nun gut, eine Haltung zu finden, die bequem ist und die Entspannung unterstützt. Bieten Sie Ihrem Kind an zu liegen, zu stehen oder zu sitzen. Helfen Sie ihm dann, einen Kontakt mit dem Körper herzustellen, in dem Sie Ihr Kind einladen, in bestimmte Bereiche des Körpers hineinzuspüren und diese, so gut es gerade geht, zu entspannen. Führen Sie es nach und nach durch Füße, Unterschenkel, Oberschenkel, Hüfte und Gesäß, Bauchraum, Brustraum, Arme und Schultern, Nacken und Kopf.

Zum Schluss laden Sie es ein, sich von der Unterlage tragen zu lassen und das Gewicht und einen Teil der Unruhe und Anspannung an den Boden abzugeben.

Nun wenden wir uns dem Denken und den Gedanken zu. Laden Sie Ihr Kind ein, Gedanken als kleine Vögel unterschiedlicher Farbe und Form zu sehen, die immer wieder versuchen in unserem Geist zu landen. All die Pläne, Ideen, Sorgen oder der Ärger möchten gedacht werden. Manchmal kann das hilfreich sein, aber jetzt gerade möchten wir zur Ruhe kommen. Daher dürfen wir, wann immer eine solcher Vogel auftaucht, ihn weiter auf Reisen schicken. Der Ausatem kann uns dabei helfen, indem wir uns vorstellen, dass er den Vogel sanft in den Himmel zurückschickt.

Vielleicht erkennen wir dabei, dass einige Gedanken uns immer wieder besuchen wollen. Andere möchten gar nicht erst gehen, sie halten sich regelrecht fest! Welche Gedanken sind besonders hartnäckig? Ihr Kind kann sich diese notieren und in einem späteren Gespräch mit Ihnen aufarbeiten. Vielleicht gibt es eine Sorge oder einen Konflikt, der gemeinsam betrachtet werden möchte?

Beenden Sie die Übung mit herzhaftem Strecken, Gähnen und Räkeln. Wie lange Sie üben, hängt ganz von der Kapazität Ihres Kindes ab. An manchen Tagen werden es ein paar Minuten sein, an anderen ist eine Viertelstunde möglich. Entscheiden Sie selbst, was ihnen guttut und überfordern Sie sich nicht.

Einen weiteren Zugang zu Fokus und Konzentration bietet unser Tastsinn. Unsere Finger und Hände sowie unsere Fußsohlen beherbergen unzählige Nervenenden, die jene Bereiche empfänglich für Druck, Wärme, Kälte und Schmerz machen. Über den Tag hinweg nutzen wir die Hände für eine Unzahl an unterschiedlichen Aktivitäten: Wir schreiben, schneiden, sortieren, kneten, tippen etc. Doch selten sind wir dem filigranen Spiel unserer Hände und Finger richtig bewusst. Dabei kann unser Tastsinn ein wunderbarer Anker sein. Wir können uns mit Achtsamkeit all den Bewegungen und komplexen Prozessen zuwenden, zu denen unsere Hände in der Lage sind. Die folgende Übung lädt dazu ein, dem Spüren und Ertasten einen achtsamen Raum zu bieten.

Übung – Fingerspitzengefühl

Vielleicht erinnern Sie sich an das Märchen von Aschenputtel? In der bekannten Geschichte der Gebrüder Grimm erlaubt die Stiefmutter Aschenputtel den Besuch auf dem Ball des Prinzen nur unter einer Bedingung: Zuvor soll sie die auf dem Boden verstreuten Bohnen und Erbsen einsammeln und sortieren.

Aschenputtel hatte bei dieser Aufgabe Unterstützung. Zwei kleine Tauben halfen ihr beim Auflesen. Und sie nutzte ihre Augen, die genau sahen, welche Bohnen zusammengehören. Im folgenden Spiel verzichten wir sowohl auf die Tauben als auch auf unsere Augen und vertrauen ganz in die Fähigkeit unserer Hände und Finger.

Wählen Sie aus dem Küchenvorrat verschiedene Bohnen, Linsen und Erbsen. Eine kleine Menge genügt bereits und kann für ein weiteres Spiel, ein Mandala oder zum Kochen aufbewahrt werden. Legen Sie diese in eine Schüssel und verbinden Sie dem Kind mit einem Schal oder einem Tuch behutsam die Augen.

Stellen Sie die Schüssel direkt vor Ihr Kind und bitten Sie es nun, nacheinander die verschiedenen Bohnen herauszunehmen und mit den Fingern zu befühlen. Gelingt es ihm, die unterschiedlichen Arten nur mit den Fingern voneinander zu unterscheiden? Legen Sie kleine Schälchen oder Marmeladenglasdeckel bereit, in die diese hineinsortiert werden können.

Am Schluss können wir die Augenbinde abnehmen und nachsehen, wie gut wir mit unseren Händen die einzelnen Bohnen und Hülsenfrüchte voneinander unterscheiden konnten.

Sie können die Übung alternativ auch mit Gegenständen aus der Natur durchführen. Wählen Sie Steine, Blätter, Ästchen, Kastanien und Ähnliches dafür aus. Dadurch wird die Übung einfacher und gelingt auch kleineren Kindern.

Schlaf gut!

Guter Schlaf ist essenziell für körperliche Gesundheit sowie emotionale und geistige Ausgeglichenheit. Trotzdem leiden Erwachsene wie Kinder häufig unter Schwierigkeiten beim Ein- und Durchschlafen. Unruhe, die sich über den Tag aufbaut, Ängste, Sorgen und Stress können uns davon abhalten, zur Ruhe zu kommen, oder wecken uns mitten in der Nacht und halten uns wach.

Zu ihrem eigenen Wohl wollen wir unsere Kinder dabei unterstützen guten Schlaf zu finden. Dafür sind zwei Aspekte von besonderer Bedeutung: der Tagesablauf und die abendliche Routine.

Zum einen gilt es den Tag so zu gestalten, dass er „schlaffreundlich" verläuft. Achtsamkeit kann uns bereits während des Tages darin unterstützen dem Stress seine Spitzen zu nehmen und immer wieder für Inseln von Ruhe und Gelassenheit zu sorgen. Dafür stehen Ihnen die vielen verschiedenen Übungen in diesem Buch zur Verfügung.

Zusätzlich zu den regelmäßigen Pausen und Mußezeiten über den Tag hinweg, können wir Schlaf durch eine klare Struktur in den letzten Stunden des Tages fördern. Achten Sie darauf, dass diese Stunden geprägt sind von zunehmender Ruhe. Verzichten sie am Abend auf wilde und laute Spiele und schränken Sie in den Abendstunden die Zeit vor jeglicher Art von Bildschirmen ein. Ebenso sollten energiereiche Lebensmittel, insbesondere solche mit hohem Zucker- und Fettgehalt zu später Stunde vermieden werden. Die zusätzliche Energie, die diese enthalten und die Herausforderung, die sie für unser Verdauungssystem darstellen, können uns regelrecht den Schlaf rauben.

Körperlicher Kontakt wie Kuscheln, gemeinsame Gespräche, lesen, Musik hören etc. hingegen sind förderlich für guten Schlaf. Sie erlauben Körper, Herz und Geist zu entschleunigen und sorgen dafür, dass wir uns geborgen fühlen. Ein wichtiges Empfinden, um zur Ruhe kommen zu können.

Über diese allgemeingültigen Hinweise hinaus, können Achtsamkeitsübungen dazu verwendet werden diese letzten gemeinsamen Stunden des Tages so zu gestalten, dass Ihre Kinder leichter in den Schlaf finden. Im Folgenden finden Sie einige Übungen, die Sie zu einer gemeinsamen Praxis inspirieren können.

Übung – Slow-Motion

Diese Übung lädt ihr Kind ein, auf behutsame Weise zur Ruhe zu kommen. Ein abrupter Stopp nach einem geschäftigen Alltag ist weder möglich noch angenehm. Bieten Sie stattdessen eine sanfte Entschleunigung, die hilft, die Geschäftigkeit Stück für Stück loszulassen.

Wählen Sie eine Tätigkeit, die ohnehin schon zu Ihrer Abendroutine gehört, wie zum Beispiel das Anziehen des Schlafanzugs, das Zähneputzen etc. Laden Sie Ihr Kind ein, diese Tätigkeit ganz bewusst und langsam auszuführen, als würden Sie diese wie im Film in „Slow-Motion" durchführen.

Erkunden Sie zusammen mit Ihrem Kind die kleinen Details dieser ganz alltäglichen Aufgabe. Sie können beobachten, welche Bewegungen notwendig sind, um die Aufgabe zu erledigen, was Sie währenddessen alles mit den Händen tun, welche Gegenstände Sie anfassen und wie sich die Berührungen anfühlen. Machen Sie den Körper und Ihre Sinne zu Ihren Antennen indem Sie wahrnehmen, was heiß und kalt ist, was laut und leise ist, was hell und dunkel ist, was gemütlich und weich ist, etc.

Schaffen Sie einen angemessenen zeitlichen Rahmen für diese Aufgabe, der Ihnen ausreichend Zeit gibt, die Tätigkeit in Ruhe zu Ende zu bringen. Ermuntern Sie Ihr Kind im Anschluss an die Aufgabe, die entstandene Ruhe in den restlichen Abend mithineinzunehmen.

Zu später Stunde tendieren wir aus Müdigkeit und Erschöpfung dazu, emotionaler auf Geschehnisse zu reagieren. Wir werden anfälliger für Grübeleien und Traurigkeiten und sehen Erlebnisse und Schwierigkeiten in einem negativeren Licht als sonst üblich. Gerade am Abend, wenn wir eigentlich zur Ruhe kommen sollten, belasten uns häufig Gedanken. Die kleinen Probleme des Alltags bauschen sich mitunter zu großen Sorgen auf.

Verschieben Sie daher Konfliktgespräche, wenn möglich, auf den nächsten Morgen. So notwendig es sein mag, Probleme zu adressieren, so wichtig ist es, dafür frisch im Geist zu sein. Wir können darauf vertrauen, dass der nächste Morgen die notwendige Energie und Klarheit mit sich bringt, um Dinge kreativer und gelassener anzugehen. Dasselbe gilt für Themen, auf die wir selbst oder unsere Kinder sensibel reagieren oder die gar Ängste wecken. Diese sollten nicht ignoriert werden, sind aber im Licht des neuen Tages in der Regel besser aufgehoben.

Achtsamkeit reagiert mit Mitgefühl auf diese Sensitivität am Abend. Die folgende Übung gibt eine Anregung dazu, wie Sie Ihr Kind unterstützen können, mit der abendlichen Stimmung umzugehen und gut in den Schlaf zu finden.

Übung – Die Sorgen schlafen legen

Diese Übung eignet sich für jene Abende gut, an denen Ihr Kind nicht in den Schlaf findet, weil es Sorgen, Ängste oder Frustration plagen. Erklären Sie ihm den Zusammenhang zwischen einem müden Körper, einem müden Geist und der aufkommenden Besorgnis am Abend (zum Beispiel: „Wenn du müde bist, sind es dein Herz und dein Kopf auch. Morgen hast du mehr Klarheit, um eine Lösung zu finden.“).

Gemeinsam sprechen Sie ein letztes Mal über die Frustration, die Angst oder die Ungewissheit. Fangen Sie keine Diskussion an, schlagen Sie auch keine Lösungen vor – hören Sie lediglich mitfühlend und aufmerksam zu. Wenn Ihr Kind sich die Sorgen von der Brust gesprochen hat, wiederholen Sie in aller Kürze, was Sie gehört haben. So weiß Ihr Kind, dass Sie es verstanden haben und seine Gedanken ernst nehmen. Dann versprechen Sie Ihrem Kind, dass Sie sich diese Gedanken gut merken und sich am nächsten Tag Zeit für ein ausführlicheres Gespräch nehmen werden.

Nun bieten Sie dem Kind an, die Aufmerksamkeit achtsam auf etwas anderes zu lenken, wie den Körper oder den Atem (zum Beispiel die Übung „Eine Reise ins Innere“) oder machen Sie zur Beruhigung eine Übung der Dankbarkeit oder der guten Wünsche aus den anderen Kapiteln dieses Buches.

Sie können die Übung auch so abwandeln, dass Ihr Kind Schritt für Schritt lernt, sich in den Abendstunden mit diesem Prozess des „Vertagens“ selbst zu beruhigen.

Eine Möglichkeit dafür ist, ihm ein Tagebuch oder ein Notizbuch sowie einen Stift ans Bett zu legen. So kann es alle Sorgen und Befürchtungen, den Ärger und die Enttäuschung, die es vom Schlafen abhalten, niederschreiben. Ein solches „Sorgen-Tagebuch“ hat gleich zwei wertvolle Vorteile: Zum einen dient das Aufschreiben der Reflexion. Durch das Aufschreiben können wir einen Teil der belastenden Gedanken loslassen. Dadurch, dass wir den Fluss der Gedanken zu Papier bringen, konkretisieren sich unsere Fragen, Wünsche und Bedürfnisse. Diese zusätzliche Klarheit schafft Selbst-Verständnis und gleichzeitig heilsame Distanz zu den eigenen Gedanken. Am nächsten Tag können die Notizen dazu dienen, ein Gespräch zu beginnen und wichtige Punkte zu besprechen.

Zum anderen dient ein solches Tagebuch als Erinnerungsstütze. Wir erkennen über die Zeit hinweg, dass sich die meisten Sorgen und Probleme der Vergangenheit inzwischen lösen ließen oder an Dringlichkeit verloren haben. Dies klar sehen zu können, gibt mehr Mut und Gelassenheit im Umgang mit den gegenwärtigen Schwierigkeiten.

Manche Kinder ziehen dem Schreiben das Gespräch mit einem geliebten Kuscheltier oder sogenannten „Sorgen-Püppchen“ vor. Diesen können sie ihre Gedanken und Sorgen im Zwiegespräch anvertrauen. Die Kuscheltiere bewahren diese Gedanken auf, sodass das Kind sich entlastet fühlt und schlafen kann.

Für all diese Varianten gilt, dass das Kind am kommenden Tag eine Gelegenheit braucht, um mit Ihnen über seine Sorgen, Überlegungen, Ängste und Frustrationen zu sprechen. Was es im hellen Licht des Tages noch immer beschäftigt, bedarf des Gesprächs mit einem Erwachsenen und ein offenes Ohr. Nur dann kann das Kind Vertrauen fassen in die Methode des Vertagens, aus der Gewissheit heraus, dass seine Sorgen und Nöte ernstgenommen werden.

Im Bett angekommen gilt es nun, zur Ruhe zu kommen. Ein Gefühl der Sicherheit und Geborgenheit hilft Körper, Herz und Geist, sich zu entspannen. Dies ist oftmals ein Prozess, der etwas Zeit in Anspruch nimmt. Die Geschäftigkeit des Tages setzt sich erst nach und nach. Sie können Ihr Kind dabei unterstützen, indem Sie darauf achten ruhig und bedacht zu handeln und zu sprechen. Gönnen Sie es sich, zusammen mit dem Kind in den Abend hineinzuentspannen. Die folgende Übung zeigt Ihnen, wie Sie diesen Prozess unterstützen können. Sie hilft Ihnen dabei, Ihrem Kind eine kurze geführte Meditation anzubieten.

Übung – Eine Reise ins Innere

Bringen Sie Ihr Kind zu Bett. Sorgen Sie gemeinsam dafür, dass es dort richtig gemütlich ist und alles da ist, was Ihr Kind zum Schlafen benötigt. Sie selbst können entweder neben dem Bett Platz nehmen oder aber sich zu Ihrem Kind legen, je nachdem, was Sie beide bevorzugen.

In den folgenden Minuten werden Sie Ihr Kind durch eine Meditation führen. Das Prinzip ist denkbar einfach: Die Aufmerksamkeit wandert dabei von einem Bereich des Körpers zum nächsten. In jedem Bereich verweilen Sie für einige Atemzüge und erlauben Ihrem Kind die körperlichen Empfindungen in diesem Teil des Körpers wahrzunehmen. Dann lädt Ihr Kind die entsprechende Körperstelle ein, sich zu entspannen. Sie können Worte und Bilder wie „weich werden", „sich öffnen", „loslassen", „schwer werden", „warm werden" etc. verwenden, die dabei helfen, Anspannung und

Unruhe loszulassen. Verweilen Sie für einige Atemzüge an einer Stelle und wandern dann weiter. Am authentischsten wirkt die Übung, wenn Sie zusammen mit Ihrem Kind üben und sich auf Ihre eigene Körpererfahrung beziehen.

Beginnen Sie bei den Füßen. Laden Sie Ihr Kind ein, seine Aufmerksamkeit wie eine wärmende Sonne in Richtung der Füße zu lenken. Was gibt es hier zu spüren? Nun machen Sie sich den Atem zum Verbündeten: Jeder Einatem ist eine Einladung an die Füße, sich zu entspannen, weit und offen zu werden, als würden Sie den Platz um Sie herum ausfüllen wollen. Jeder Ausatem trägt etwas von der Anspannung, der Aufregung und der Unruhe mit sich fort. Laden sie die gesamten Füße dazu ein, mit jedem Atemzug wärmer und schwerer zu werden.

Wandern Sie dann mit der Aufmerksamkeit die Beine hinauf. Lassen Sie Ihr Kind in Unter- und Oberschenkel hineinspüren und erlauben Sie auch diesen Bereichen, sich mit dem Einatmen zu öffnen und zu weiten und mit dem Ausatmen die Anspannung, loszulassen.

Wandern Sie auf diese Weise Stück für Stück durch den Körper: Hüfte/Po, Bauch, Brust, Schultern und Arme, Nacken/Hals und schließlich Gesicht und Kopf.

Sollte es Ihrem Kind schwerfallen, sich auf die Übung einzulassen, so gehen Sie in größeren Schritten durch den Körper. Sie können die Beine als Ganzes adressieren, den gesamten Oberkörper, Hände, Arme und Schultern als eine Einheit verstehen und schließlich die Achtsamkeit zu Kopf und Gesicht führen.

Eine andere Möglichkeit, großer Unruhe zu begegnen, ist, die Übung damit zu beginnen, die Muskeln des Bereiches, auf den Sie gerade die Achtsamkeit legen, zunächst kräftig anzuspannen, bevor Sie sie entspannen. Dazu hält Ihr Kind diese Anspannung für einen oder zwei Atemzüge und lässt dann vollständig los. Gefühlt darf das jeweilige Körperteil nun tief in die Matratze zurücksinken. Wiederholen Sie dieses Anspannen und Entspannen ein- oder zweimal. Dann fühlen Sie sich in den entsprechenden Bereich ein und erlauben ihm nun, weicher und schwerer zu werden.

Wir finden leichter in den Schlaf, wenn wir uns sicher fühlen. Ein solches Gefühl der Geborgenheit stellt sich ein, wenn liebevolle Berührungen und Worte der Wertschätzung den Abend begleiten. Gerade in den späten Stunden ist es besonders hilfreich, gemeinsam Momente der Verbundenheit, der Dankbarkeit und der Freundschaft zu reflektieren. Machen Sie zum Gesprächsthema, was Sie heute füreinander getan haben, welche Geschenke Sie erhalten und gemacht haben. Wofür sind Sie einander dankbar?

Die folgende Übung bringt Wohlwollen und Fürsorge in den Fokus der Praxis. Sie unterstützt das Zur-Ruhe-Kommen, indem sie ein Gefühl der Geborgenheit und liebevollen Zuwendung vermittelt.

Übung – In den Schlaf schaukeln

Für diese Übung wählt Ihr Kind einen liebgewonnenen Gegenstand aus, der der Anker der Aufmerksamkeit für die kommenden Minuten wird. Laden Sie Ihr Kind ein, sich ein Kuscheltier, ein Spielzeug, ein Bild oder einen anderen Gegenstand auszusuchen, den es schätzt und hütet. Vielleicht verbindet es mit diesem eine besonders schöne Erinnerung? Sollte kein solcher Gegenstand zur Hand sein, können Sie auch eine Wärmflasche, ein Kirschkernsäckchen oder die Hände für diese Übung verwenden.

Laden Sie Ihr Kind ein, sich ins Bett zu legen und es sich dort gemütlich zu machen. Den Gegenstand darf es sich auf den Bauch legen und dort zur Ruhe betten. Laden Sie Ihr Kind jetzt ein, sich vorzustellen, es würde den Gegenstand mithilfe des Atems ganz sanft in den Schlaf schaukeln wollen.

Ermuntern Sie ihr Kind dazu, bewusst und behutsam zu atmen, damit der Gegenstand nicht herunterfällt und sich ganz sanft hebt und senkt. Was hilft Ihrem Kind dabei, noch weicher zu atmen? Darf der Atem ein klein wenig länger werden, sodass er sich in Wellen verwandelt, die beständig und ruhig kommen und gehen?

Lassen Sie Ihr Kind selbst entscheiden, wie lange es diese Übung machen möchte. Es kann diese Übung auch selbst ausführen und so zur Ruhe kommen, nachdem Sie das Zimmer verlassen haben.

Herzensqualitäten

Menschen brauchen Menschen. Beziehungen aller Art spielen eine wichtige Rolle in unserem Leben. Zu unseren Eltern, Geschwistern, Kindern sowie zu unseren Partnern und Freunden. Sie machen einen bedeutenden Teil dessen aus, was Glück und Zufriedenheit für uns bedeutet. Ohne ausreichend zwischenmenschlichen Kontakt fühlen wir uns einsam oder isoliert. In Gemeinschaft hingegen erfahren wir immer wieder Momente der tiefen Verbundenheit, der Hingabe, der Freundschaft und Liebe. Bringen die anderen uns Wertschätzung und Respekt entgegen, so fühlen wir uns zugehörig und angenommen und in der Anwesenheit anderer sicher und geborgen.

Beziehungen sind nicht immer leicht. Immer wieder erleben wir Konflikte und Enttäuschungen und müssen mit entgegengesetzten Meinungen und Bedürfnisse verhandeln. Wollen wir Beziehungen gestalten, die von gegenseitigem Respekt und Interesse, von Verständnis, Rücksicht und Wohlwollen geprägt sind, so bedeutet dies Arbeit. Wir und unser Gegenüber erleben beständig wechselnde Gefühle, Stimmungen und Eindrücke. Wer wir sind und wer unser Gegenüber ist, steht nicht in Stein geschrieben. Wir können uns nicht darauf verlassen, dass sich der andere immer gleich verhält, so wenig, wie wir das selbst tun.

Achtsamkeit ist daher auch für unsere Beziehungen ein unerlässliches Werkzeug. Sie erlaubt es uns, unser Gegenüber immer wieder neu zu entdecken. Mit ihrer Hilfe gelingt es uns zu fragen, wie es jetzt gerade um den anderen steht. Wir können mit ihr einen besseren Einblick gewinnen, was ihn oder sie gerade bewegt oder antreibt. Achtsamkeit erlaubt es uns auch, Kontakt aufzunehmen mit unseren eigenen Bedürfnissen, Stimmungen und Impulsen. Eine solche empathische Aufmerksamkeit schafft einen Raum in dem Beziehung entstehen kann und eine Haltung, die beide Seiten gleichermaßen wertschätzt.

Als Eltern und Bezugspersonen wünschen wir unseren Kindern von Herzen, dass sie in der Lage sind, tragende und liebevolle Beziehungen aufzubauen. Wir wünschen ihnen Freundschaften, die ihnen auch in schweren Zeiten den Rücken freihalten und sie in ihrer Erkundung der Welt unterstützen. Zum Glück ist es nicht dem Zufall überlassen, ob dies gelingt. Wir können die Fähigkeiten und Qualitäten, die die Grundlage liebevoller Beziehungen sind, stärken und bewusst miteinander üben.

In diesem Kapitel widmen wir uns einer Reihe dieser Fähigkeiten, die wir alle mittels Achtsamkeit in unser Leben einladen können, sodass sie unsere Beziehungen auf vielfältige Weise bereichern.

Die Kunst der Empathie

Um Beziehungen einzugehen und Freundschaften zu führen, aber auch um Konflikte zu lösen, bedarf es einer besonders wichtigen Fähigkeit: dem Einfühlungsvermögen, auch Empathie genannt. Empathie ist die Fähigkeit den anderen zu beobachten, ihm unsere Aufmerksamkeit zu schenken und anhand von Haltung, Gestik und Mimik, anhand von Wortwahl, Lautstärke und Tonfall zu erkennen, wie sich der andere fühlt. Mittels der Empathie spüren wir in unserem eigenen Erleben eine Resonanz, ein Echo dessen was der andere gerade empfindet.

Achtsamkeit ist entscheidend dafür, wie gut uns dieses Einfühlen gelingt. Nur, wenn wir unserem Gegenüber Aufmerksamkeit zukommen lassen, ihn beobachten, nehmen wir den anderen überhaupt wahr. Ansonsten laufen wir in die Gefahr, die Stimmung unseres Gegenübers entweder gänzlich zu übersehen oder aber voreilige Schlüsse zu ziehen. Sind wir selbst vollkommen eingenommen von unseren Wünschen und Erwartungen, unseren Gedanken, Fantasien und Konflikten, so haben wir nur wenig Kapazität, um den anderen wahrzunehmen.

Das bedeutet nicht, dass wir gezwungen sind, unseren eigenen Bedürfnissen den Rücken zu kehren, sondern dass wir eingeladen sind, den Blickwinkel zu weiten, sodass eigene und fremde Befindlichkeiten gleichermaßen wahrgenommen werden. Wenn unser Interesse sowohl den eigenen als auch den fremden Bedürfnissen gilt, gelingt es uns besser, Lösungen und Kompromisse zu finden. Ein Schritt, von dem nicht nur unser Gegenüber profitiert, sondern durch die gewonnene Harmonie und die Verbundenheit letztendlich auch wir.

Es ist nicht selbstverständlich, dass wir unseren Blick über den Tellerrand unserer eigenen Wünsche und Bedürfnisse hinaus ausweiten und auch den anderen in unsere Überlegungen miteinbeziehen. Dieser Blickwinkel will regelrecht geschult und geübt werden. Die folgende Übung zeigt auf spielerische Weise, wie wir uns bewusst dem anderen zuwenden können.

Übung – Mit Forschergeist

Empathie hat viel mit Neugier zu tun. Diese Übung dient dazu, das Interesse am anderen zu wecken, und macht sich hierfür ein Rollenspiel zunutze. Ihr Kind ist eingeladen in die Rolle des Entdeckers oder Forschers zu schlüpfen, der einer einzigartigen und noch vollkommen unbekannten Art begegnet ist. Über diese Art ist noch so gut wie nichts bekannt und sie muss erst einmal genau beobachtet werden. Kurzum, Ihr Kind ist eingeladen, für einen Tag ein „Menschenerforscher" zu werden.

Eine solche Forscherin benötigt für ihre Arbeit Stift und Papier, die sie bei sich trägt, um möglichst viel über diese kuriosen Wesen herauszufinden und zu notieren. Es kann dazu Familienmitglieder, Freunde oder auch fremde Personen beobachten. Wie verhalten sie sich miteinander? Was haben sie für Gewohnheiten? Was brauchen sie? Wie gehen sie miteinander um?

Ihr Kind kann sich aussuchen, ob es eine bestimmte Person erforschen möchte oder lieber eine ganze Reihe an Menschen beobachtet. Sind alle Menschen gleich? Wenn nein, was für Unterschiede kann Ihr Kind feststellen? Auf welche Weisen bewegen und sprechen Menschen? Welche Gefühle und Stimmungen zeigen sie?

Am Abend kann Ihr Kind Ihnen von seinen Entdeckungen berichten. Was war besonders merkwürdig, lustig, spannend oder unerwartet an der „Spezies" Mensch?

Menschen drücken Emotionen unterschiedlich stark und auf unterschiedliche Weise aus. Es ist nicht immer auf Anhieb zu erkennen, ob jemand wütend oder frustriert, gereizt, ängstlich oder nervös ist. Wir müssen uns die Zeit nehmen genau hinzuschauen und den anderen beobachten, wenn wir erfahren wollen, wie es ihm oder ihr geht. Unsere Gabe der Aufmerksamkeit in diesem Sinne zu nutzen, macht uns feinfühliger und lehrt uns eine Menge über andere Menschen. Die folgende Übung schult den Blick auf die verschiedenen Emotionen, und die unterschiedlichen Weisen auf die Menschen sie zum Ausdruck bringen.

Übung - Gefühle-Bingo

Für diese Übung brauchen Sie einen Zettel und ein Stück Papier, das sich bequem in der Hosentasche tragen lässt. Auf das Papier malen Sie drei mal drei Kästchen, sodass sie insgesamt neun Kästchen erhalten. In die äußeren acht Kästchen können Sie die folgenden Emotionen notieren oder aber alternativ sich eine eigene Liste zurechtlegen: Wut, Angst, Müdigkeit, Langeweile, Freude, Zufriedenheit, Mitgefühl und Unruhe. Das Feld in der Mitte bleibt zunächst frei.

Ihr Kind kann diesen Zettel einstecken und für den Tag bei sich tragen. Seine Aufgabe ist es, seine Mitmenschen zu beobachten, bis es jede dieser Emotionen zumindest einmal in der Begegnung mit einem anderen Kind oder Erwachsenen wahrgenommen hat. Wenn es möchte, kann es den Namen desjenigen kurz notieren. Das offene Kästchen steht für ein Gefühl, dass es selbst entdeckt und in anderen erkennt.

Sie können die Übung auch ausweiten, indem für jedes Kästchen zwei oder sogar drei Beispiele gefunden werden müssen, bevor es als erledigt gilt. Welche Emotionen lassen sich leicht entdecken? Welche waren eine besondere Herausforderung? Sie können das Spiel auch gemeinsam spielen, indem Sie die Zettel an mehrere Mitspieler verteilen und sich dann über ihre Ergebnisse und Entdeckungen austauschen.

Empathie zu empfinden ist einfacher, wenn wir selbst ruhig und gelassen sind. Je aufgeregter, frustrierter oder ängstlicher wir uns fühlen, desto schwieriger wird es, auch die Perspektive, die Bedürfnisse und Gefühle anderer in unsere Überlegungen miteinzubeziehen. Sind wir mit unserer eigenen Frustration, Sorge oder unseren Erwartungen konfrontiert, zieht sich der Fokus auf das eigene Erleben zusammen.

Empathie zu zeigen bedeutet nicht, dass wir uns selbst im anderen verlieren, sondern eine Balance zu finden, zwischen der Innenwahrnehmung und der

Wahrnehmung unseres Gegenübers. Achtsamkeit hilft uns dabei zu erkennen, ob dieses Verhältnis noch in Balance ist. Die folgende Übung zeigt, wie Sie sich mit Ihrem Kind darin üben können, einen solchen ausgeglichenen Standpunkt einzunehmen.

Übung – Gemeinsamer Raum

Diese Übung hilft dabei, die Aufmerksamkeit behutsam auszuweiten, sodass ihr Kind seine Fähigkeit stärken kann, andere in seine Betrachtungen einzubeziehen. Diese Übung beginnt als Partnerübung, die Sie gemeinsam praktizieren. Nach einigem gemeinsamen Üben, kann Ihr Kind diese Übung in seinen Alltag mitnehmen.

Beginnen Sie die Übung damit, dass Sie für einen Moment die Augen schließen und die Stellen im Körper wahrnehmen, die sich stabil, schwer und geerdet anfühlen. Zum Beispiel der Kontakt Ihrer Füße zum Boden, das Gewicht des Körpers auf den Sitzbeinhöckern oder das Gewicht ihrer Arme und Hände.

Haben Sie auf diese Weise Kontakt zu Ihren Körpern aufgenommen, können Sie das Gespräch beginnen. Während des Sprechens lassen Sie Ihre Aufmerksamkeit zwischen sich und Ihrem Gegenüber „wandern“. Sie wechseln sich minutenweise mit dem Sprechen und Zuhören ab. Derjenige, der spricht, ist dabei eingeladen, sich mit einem Teil seiner Aufmerksamkeit in den eigenen Körper einzufühlen. Während derjenige, der zuhört, seine Aufmerksamkeit nicht nur auf die Worte, sondern auch auf Gestik und Mimik des anderen lenkt. Nach einer Minute tauschen Sie die Rollen. Worüber Sie sprechen, ist dabei weniger von Bedeutung. Erzählen Sie sich eine Kleinigkeit aus Ihrem Alltag oder etwas, was Sie die letzten Tage erlebt haben.

In einem ersten Schritt widmen sie sich ihren Gesichtern. Derjenige, der spricht, fühlt die Bewegungen des Sprechens in Lippen, Zunge, Bewegung des Kiefers und vielleicht sogar in Wangen und

Augen. Derjenige der zuhört, beobachtet all die Bewegungen im Gesicht des Gegenübers aufmerksam.

In einer zweiten Runde schenken sie ihren Händen die Aufmerksamkeit. Derjenige, der spricht, lässt einen Teil seiner Aufmerksamkeit den Empfindungen in Handflächen, Fingern und Fingerspitzen zukommen. Derjenige, der zuhört, beobachtet, was der andere mit den Händen macht. Bewegen sie sich beim Sprechen? Gestikuliert der andere?

In einem letzten Schritt können Sie versuchen ein Gefühl dafür zu entwickeln, im selben Raum zu sitzen und den Platz zwischen sich wahrzunehmen. Beide können spüren, wie zu allen Seiten Platz um sie ist und auch zwischen sich und dem Gegenüber. Stellt sich ein „Wir"-Gefühl ein, wenn Sie sich bewusst machen, dass Sie gerade gemeinsam, diesen Raum ausfüllen und gestalten?

Wundern sie sich nicht! Es kann eine Herausforderung sein, zu sprechen oder zuzuhören und gleichzeitig den Kontakt mit dem eigenen Körper aufrechtzuerhalten. Selbst erfahrene Achtsamkeitsübende berichten immer wieder, dass dies eine der Gelegenheiten ist, in denen ihnen die Achtsamkeit am ehesten verloren geht. Sie werden selbst merken, wie es mit der Zeit leichter wird, vor allem, wenn sie andere „Aufmerksamkeitsfresser", wie Kommentare, das Planen des nächsten Satzes, oder abschweifende Gedanken, immer wieder loslassen.

Empathie wendet sich nicht nur dem anderen zu. Sie ist auch in der Lage unser eigenes Erleben zu erkunden, um zu verstehen, was uns gerade bewegt und antreibt. Sich selbst mit Empathie zu begegnen bedeutet, die Gefühle, Reaktionen und Bedürfnissen anzunehmen, die sich zeigen. Sie eröffnet einen wohlwollenden Raum, in dem Emotionen sich zeigen dürfen, ohne dass wir sie verurteilen oder auf sie reagieren müssen. Vielmehr dienen sie uns als wichtige Information und helfen uns, unser Handeln so zu gestalten, dass wir selbst und andere mehr Zufriedenheit und Harmonie erfahren.

Dieser Balanceakt will wieder und wieder geübt werden. Die folgende Übung zeigt dafür einen ersten Schritt.

Übung – Sich nach Innen wenden

Diese Übung zeigt Ihrem Kind einen möglichen Weg nach innen zu lauschen, um sich mit seinen eigenen Bedürfnissen und Gefühlen zu verbinden. Sie können diese Übung entweder zu zweit machen oder aber in schriftlicher Form ganz für sich.

Der erste Schritt besteht darin, im eigenen Körper zur Ruhe zu kommen. Laden Sie Ihr Kind ein, sich zu strecken und zu recken und sich dann gemütlich hinzusetzen oder hinzulegen. Es kann eine Hand auf den Bauch oder den Brustkorb legen und für einige Momente den Atemzügen im Körper nachspüren. Vielleicht mag es den Atem auch in den einen oder anderen Körperbereich strömen lassen, der gerade besondere Zuwendung benötigt.

Nach einigen Momenten der Entspannung können Sie Ihr Kind einladen, die Geschehnisse der letzten Tage noch einmal vor dem inneren Auge vorbeiziehen zu lassen. Welches Ereignis oder Erlebnis möchten noch einmal betrachtet werden? Achten Sie darauf, zu Beginn nicht das schlimmste oder schwierigste Erlebnis auszusuchen. Warten Sie damit, bis sie beide mit der Übung vertrauter sind.

Wenn Sie eine Situation ausgewählt haben, dann darf sich Ihr Kind noch einmal in die Situation zurückversetzen, als wäre es in der Lage, in die Vergangenheit zu reisen und sich selbst zu beobachten. Es kann sich selbst durch die Geschehnisse begleiten, wie ein guter Freund oder eine gute Freundin dies tun würde. Kann es dabei die verschiedenen Schritte und Geschehnisse noch einmal nachvollziehen? Welche Gefühle oder Empfindungen kommen beim Beobachten auf?

Führen Sie nach einer kurzen Rückbesinnung die Aufmerksamkeit wieder zurück zum Körper. Laden Sie Ihr Kind ein, hinzuspüren, wo im Körper sich ein Gefühl oder eine Stimmung bemerkbar macht. Was braucht diese Stelle jetzt? Kann es ihr mit dem Atem oder mit der Wärme der eigenen Hände helfen, zur Ruhe zu kommen?

Nachdem sich Ihr Kind für eine Weile seinem Körper auf diese Weise angenommen hat, mag es sich vielleicht die folgenden Fragen stellen. Sie helfen ihm dabei, die Situation und die damit verbundenen Bedürfnisse klarer wahrzunehmen:

- „Was hätte ich in der Situation gebraucht?“,
- „Was habe ich vermisst, was wichtig gewesen wäre?“
- Auch im Anschluss an diese Fragen, darf es sich gern wieder sanft eine Hand auf den Brustbereich legen oder zum Herzen hin atmen, mit dem Wunsch, dem Körper wieder mehr Ruhe und Entspannung zu schenken.

Freundschaft knüpfen

Freundschaften spielen eine bedeutende Rolle für uns wie für unsere Kinder. Mit unseren Freunden feiern wir die Glücksmomente des Lebens und sind uns in den Augenblicken, in denen wir allein nicht weiterkommen, gegenseitig eine Stütze. Zu wissen, dass es Menschen gibt, denen unser Wohlergehen und unsere Zufriedenheit am Herzen liegt, nährt unser Gefühl von Zugehörigkeit und Geborgenheit.

Im Gegensatz zur Freundschaft ist Freundlichkeit nicht an eine bestimmte Person gebunden. Sie ist vielmehr eine Haltung oder Einstellung, die wir allen Menschen entgegenbringen können. Mit ihr gestalten wir einen Raum des Verständnisses, der Rücksicht und des Respekts, die ein harmonisches Miteinander in Gruppen, Gemeinschaften und sogar in Gesellschaften möglich macht. Über den Tag hinweg tragen wir mit unzähligen, oft unbemerkten, Akten der Rücksicht und Freundlichkeit zu diesem Miteinander bei. Ebenso erfahren wir täglich viele dieser kleinen Gesten, die uns aber oft nicht bewusst werden.

Achtsamkeit lädt uns ein, wahrzunehmen, wie wir uns Tag für Tag begegnen. Sie macht uns darauf aufmerksam, dass jeder von uns eingebunden ist in ein ganzes Netz aus Beziehungen. Bemerken wir die kleinen Alltagsgesten der Unterstützung und nehmen Notiz davon, wie wir selbst zum Wohl anderer beitragen, so kann aus diesem Bewusstsein ein Gefühl von Verbundenheit und Integrität entstehen. Wir erkennen, wie wichtig es ist, andere in unsere Überlegungen miteinzubeziehen und wie bereits kleine Gesten in uns selbst und anderen große Wirkung haben können.

Nehmen wir diese Momente nicht wahr, so treten andere Eindrücke, wie Momente des Streits und des Konflikts, der Unfreundlichkeit oder der Unbedachtheit unverhältnismäßig in den Vordergrund. Menschen erscheinen uns dann im Allgemeinen als rücksichtslos, kritisch oder bedrohlich und wir beginnen damit, uns zurückzuziehen und von anderen stets das Schlimmste anzunehmen. Diese kritische Grundhaltung, die in der Wissenschaft als „Negativity Bias“ bezeichnet wird, ist uns so vertraut, dass wir sie annehmen, wann immer wir uns nicht bewusst dafür entscheiden, andere Menschen, uns selbst und die Welt im Allgemeinen aus einem anderen Blickwinkel zu betrachten. Es geht in der Achtsamkeitspraxis jedoch nicht darum, eine rosarote Brille aufzusetzen, die alles gutheißt, was andere tun, oder sich stillschweigend alles gefallen zu lassen. Achtsamkeit ist vielmehr an einem Blick auf uns selbst und unsere Mitmenschen interessiert, der ausgewogen ist und uns darin bestärkt, souverän und ohne Furcht mit anderen umzugehen.

Freundlichkeit wendet sich aber nicht nur anderen zu. Sie kommt gleichermaßen in unserer Beziehung mit uns selbst zum Tragen, als eine Freundschaft, die fortbesteht, egal ob wir unsere Ziele erreichen, Fehler machen, von anderen die gewünschte Aufmerksamkeit erhalten oder einen Rückschlag hinnehmen müssen. Eine solche Verbundenheit mit uns selbst, erlaubt es uns vorbehaltlos wahrzunehmen, was immer sich in unserem Innern gerade zeigen mag. Eine freundschaftliche Grundhaltung bestärkt uns darin, die Welt zu erkunden, mutig neue Wege einzuschlagen und aus Missgeschicken zu lernen. Entgegen der gängigen Annahme des inneren Kritikers, ist eine solche wohlwollende Einstellung uns selbst gegenüber keine „Selbstverherrlichung“ oder „Egoismus“. Im Gegenteil: Eine freundschaftliche Haltung gegenüber uns selbst nährt auch alle anderen Beziehungen. Die Zufriedenheit, Ruhe und Freundlichkeit, die aus einer wohlwollenden Beziehung zu uns selbst entsteht, macht uns zu verlässlichen Ruhepolen, ehrlicheren Ratgebern und sorgt dafür, dass wir weniger frustriert und reizbar sind.

Wir müssen nicht darauf warten, dass sich unsere Beziehungen zum Besseren wenden. Wir können selbst aktiv werden und uns Erlebnisse schaffen, die unsere Wahrnehmung von uns selbst und anderen in ein positiveres Licht rückt. Bewusst können wir unsere Aufmerksamkeit darauf lenken, was tatsächlich vor sich geht, anstatt in unseren Annahmen über uns selbst und andere zu verharren. Mittels Achtsamkeit richten wir bewusst unsere Wahrnehmung auf die Unterstützung und Freundlichkeit, die sich ohnehin schon in unserem Leben zeigt. Durch einen einfachen Perspektivwechsel zeigen sich oft Facetten an uns selbst und an anderen, die wir schätzen können. Eine solche Wertschätzung uns selbst und anderen gegenüber wirkt heilend.

Die folgenden Übungen dienen dazu unsere Kinder darin zu bestärken auf spielerische Weise Kontakt mit anderen aufzunehmen. Sie fördern sie darin einen freundschaftlichen Blick auf sich selbst zu entwickeln und stellen Wertschätzung in den Mittelpunkt ihrer Erfahrung. Auf diese Weise genährt und ermutigt, gelingt es unseren Kindern noch besser, mutige Schritte auf andere zuzumachen und bestehende Freundschaften zu stärken.

Übung - Nach innen lächeln

Das Lächeln dient uns als Symbol für Wohlbefinden, Freundlichkeit und Offenheit. Es signalisiert anderen, dass wir sie willkommen heißen und ihnen freundlich begegnen. Uns selbst signalisiert ein Lächeln, dass im gegenwärtigen Augenblick ein Grund zur Zufriedenheit enthalten ist, an dem wir uns freuen dürfen. Mit dieser Übung laden Sie das Lachen ganz bewusst ein und spüren, welchen Effekt es auf Sie hat.

Zu Beginn ist es hilfreich, diese Übung als eine geführte Meditation mit Ihrem Kind zu praktizieren. Ihr Kind darf sich dazu hinsetzen oder -legen und ist eingeladen, sich von Ihnen durch die folgenden Schritte führen zu lassen.

Beginnen Sie damit, es sich gemütlich zu machen. Wie können Sie sich beide hinsetzen oder -legen, sodass sie es richtig bequem haben? Versorgen sie sich mit Decken, Kissen oder Kuscheltieren, bis sie sich beide wohlfühlen. Einmal zur Ruhe gekommen, können Sie Ihr Kind nun einladen ganz leicht zu lächeln. Es ist völlig in Ordnung, wenn das Lächeln zu Beginn klein ist und kaum zu bemerken. Ein echtes Lächeln ist wie ein scheues Tier, auf das wir geduldig warten, bis es sich traut näher zu kommen.

Wir können dieses scheue Tier durch eine schöne Erinnerung einladen, zu uns zu kommen und zu wachsen. Vielleicht kann sich Ihr Kind an ein Erlebnis erinnern, das ihm Freude bereitet hat? An ein freundliches Gespräch, an eine Person, die es gern mag, an ein Lieblingsessen oder einen Lieblingsort?

Vielleicht wandern zu Beginn lediglich die Mundwinkel etwas nach oben, oder es zeigt sich ein leichtes Strahlen um die äußeren Augenwinkel. Laden Sie Ihr Kind ein, das restliche Gesicht zu entspannen, insbesondere um die Augen, den Mundbereich und die Stirn. Nach und nach erinnert sich das Gesicht daran, wie sich ein Lächeln anfühlt und wird größer und breiter. Ermuntern Sie Ihr Kind nachzuspüren, wie sich das Gesicht verändert, wenn das Lächeln größer wird: Wo ist es am stärksten? Welche Bereiche im Gesicht lächeln alle mit? Wie fühlen sich Lippen, Wangen und die Muskulatur ums Auge an, wenn wir lächeln?

Wenn das Lächeln gewachsen ist, können wir es einladen, dem ganzen Körper Wärme und Freude zu bringen. Laden Sie das Kind ein, das Gefühl von Wärme und Offenheit in den Körper fließen zu lassen. Als würde das Lächeln die Kraft von Sonnenstrahlen haben, die erst Arme und Beine, dann auch den Oberkörper und schließlich den ganzen Körper sanft wärmen. Welche Stellen im Körper können ein solches warmes Lächeln besonders gut gebrauchen?

Eine Qualität, die wir an unseren Freunden oft schätzen, ist, dass sie unsere positiven Seiten wahrnehmen. Ihr freundschaftlicher Blick vermag an uns allerlei liebenswerte Eigenschaften festzustellen. Das bedeutet nicht, das Freunde blind wären für unsere Schwächen oder alle unsere Gewohnheiten und Handlungen gutheißen würden, aber sie vermögen neben all dem auch das zu sehen, was an uns bereits wertvoll und schätzenswert ist.

Oft fehlt uns diese freundschaftliche Sichtweise auf uns selbst. Viele von uns beherbergen einen inneren Kritiker, der sehr darin geübt ist, unsere Fehler und Schwächen herauszustreichen. Gleichzeitig fallen uns nur zögerlich Eigenschaften ein, die wir an uns selbst schätzen und als wertvoll empfinden. Um ein ausgewogeneres Bild auf uns selbst zu erhalten, kann es hilfreich sein, konkret zu benennen, was unsere Stärken und Fähigkeiten tatsächlich sind. Ein Bewusstsein für unsere Talente und Qualitäten helfen uns darin, Herausforderungen mutig zu begegnen und kreative Wege zu gehen um Lösungen für Probleme zu finden.

Diese wertschätzende Haltung grenzt sich vom Eigenlob dadurch ab, dass Wertschätzung nicht in Begriffen von „besser als“ oder „am besten“ denkt. Sie wirkt im Stillen und erkennt an, was ist, ohne den ständigen Vergleich und Wettbewerb mit anderen suchen zu müssen. Ein solches gesundes Bewusstsein für die eigenen Fähigkeiten kommt uns selbst und anderen gleichermaßen zugute. Ringen wir beständig mit unserem inneren Kritiker und zweifeln an unserer Liebenswertigkeit, so sind wir auf andere angewiesen, um unseren Wert zu bestätigen. Das beständige Bedürfnis nach Rückversicherung kann über die Zeit eine Bürde für unsere Mitmenschen werden. Wir selbst fühlen uns abhängig von Lob und Tadel, was oft genug eine Quelle für Zweifel und Frustration darstellt. Fühlen wir uns dagegen verbunden mit unseren Stärken und handeln aus diesen heraus, so ist es uns auch zunehmend möglich, die Fehler, die uns unterlaufen, anzuerkennen und aus ihnen zu lernen. Wir werden offener, kritikfähiger und einsichtiger im Umgang mit anderen.

Die folgende Übung setzt diese Punkte um, und bietet eine Möglichkeit, wie wir gemeinsam mit unseren Kindern ihre Stärken, Talente und Qualitäten herausarbeiten können.

Übung – Stärken sammeln

Ziel dieser Übung ist es, mit Ihrem Kind eine Liste zusammenzustellen, die seine Stärken herausstreicht und ihm oder ihr seine Talente und Fähigkeiten bewusst macht. Die Intention hinter dieser Übung ist es, die Wertschätzung sich selbst gegenüber zu stärken und in Zeiten der Herausforderung klar benennen zu können, auf welche Stützen Ihr Kind zurückkommen kann.

Für die Übung benötigen Sie einige Blätter Papier oder auch ein Notizbuch. Gestalten Sie dieses gemeinsam mit Ihrem Kind, indem Sie auf jeder der Seiten eine der folgenden Fragen schreiben.

- Was ist mir heute gelungen, womit ich zufrieden war?

- Welche Herausforderung, welche Schwierigkeit habe ich heute überwunden?
- Welches meiner Talente hat sich heute gezeigt?
- Was habe ich heute gelernt?
- Was habe ich heute Neues an mir und anderen entdeckt?
- Wie konnte ich heute jemandem behilflich sein?

Laden Sie Ihr Kind dazu ein, das Tagebuch mitsamt den Fragen im Alltag bei sich zu tragen. Immer wieder einmal darf es innehalten und eine der Fragen beantworten. Über den Lauf einer Woche hinweg ergeben sich aus den verschiedensten Alltagsmomenten eine Vielzahl an Antworten.

Nehmen Sie sich einmal die Woche Zeit, um sich mit Ihrem Kind über die Fragen zu unterhalten. Wenn es möchte, kann es einige seiner Notizen vorlesen oder berichten, was es für sich herausgefunden hat. Welche Fähigkeiten, Talente und Stärken können Sie im Gespräch heraushören? Welche hat Ihr Kind bereits selbst entdeckt?

Vielleicht möchten Sie die entdeckten Stärken und Talente, Fähigkeiten und schönen Qualitäten auf ein großes Blatt malen und schön gestalten. Ihr Kind kann sich dieses an einen für ihn oder sie gut sichtbaren Platz hängen, sodass es die Liste klar vor Augen hat.

Diese Übung lässt sich auch abwandeln und auf andere ausweiten. Auf diese Weise schult sie den Blick für die wertvollen Qualitäten und Fähigkeiten der Mitmenschen. Sie und Ihr Kind können dieselben Fragen nutzen, um die wertvollen Qualitäten, kleinen Gesten des guten Willens, die Stärken und liebenswürdigen Seiten anderer bewusster wahrzunehmen. Was geschieht mit Ihrem Blick auf Ihre Mitmenschen, wenn Sie die Übung über einen oder mehrere Tage auf diese Weise praktizieren?

Es gibt Momente im Leben oder im Tagesablauf, zu denen wir empfindsamer sind als sonst. Das kann sich in mehr Gereiztheit, Unruhe, Sorge oder auch einer höheren Emotionalität zeigen. Diese Sensibilität hat jedoch auch ihre wertvollen Seiten, die wir wertschätzen und in Form von kleinen Übungen und Ritualen uns zunutze machen können. Eine Möglichkeit ist, diese Zeiten dafür zu verwenden, den Tag oder die vergangen Tage noch einmal für uns Revue passieren zu lassen. Eine solche Rückschau lässt uns erkennen, wie viele Momente des Glücks, der Unterstützung, der Freundschaft, der Ruhe und des Wohlbefindens wir tatsächlich erlebt haben. Solche Reflexionen eigenen sich dazu, ein Gefühl der Dankbarkeit in uns zu wecken, das zugleich auch Sicherheit und Geborgenheit vermittelt.

Ebenso können wir das gesteigerte Einfühlungsvermögen dazu nutzen, uns im Herzen und im Geiste mit anderen zu verbinden und uns die Menschen vor Augen zu führen, die uns Tag für Tag begleiten. Das sind nicht nur die Mitglieder unserer Familien, sondern auch Freunde und Bekannte, bis hin zu den Menschen, denen wir tagtäglich begegnen, ohne sie wirklich zu kennen, wie z. B. der Kassierer, die Postbotin oder der Verkäufer in der Bäckerei. Ihnen allen können wir unser Wohlwollen und unsere guten Wünsche aussprechen.

Wünsche bringen unser Interesse am Glück anderer zum Ausdruck. Wir sind uns beim Wünschen wohl bewusst, dass ein Wunsch selbst nicht wie durch Zauberkraft wahr werden wird. Das tut unserer Praxis aber keinen Abbruch, denn was sich durch das Wünschen ändert, sind unsere Einstellung und unsere Sicht auf uns selbst und andere. Unser Herz wendet sich in ehrlichem Interesse einem anderen zu und lässt unsere eigenen Sorgen, Gedanken und Pläne für einen Moment zurück. Wir schauen über den Tellerrand unserer eigenen kleinen Welt hinaus und entdecken, dass auch andere mit ganz ähnlichen Themen, Fragen und Schwierigkeiten zu tun haben. Wir erkennen, dass sie, wie wir auch, ein grundsätzliches Bedürfnis nach Sicherheit, Ruhe, Zuwendung und Leichtigkeit haben. Wünsche, die uns miteinander verbinden.

Die Übung des Wünschens besteht darin, sich bewusst anderen zuzuwenden, die womöglich vorhandenen Hürden zu erkennen und mit ihnen umgehen zu lernen und so unser Empathievermögen auszuweiten. Die folgende Übung zeigt Ihnen eine Möglichkeit, wie Sie die gemeinsamen Abendstunden mit guten Wünschen so gestalten können, dass Ihr Kind mehr Ruhe, Geborgenheit und Verbundenheit empfindet, indem es sich anderen zuwendet. Im besten Falle hilft die Übung ihm auch dabei, sanft in den Schlaf zu finden.

Übung – Gute Wünsche

Wünsche haben die Kraft, zwischen Menschen Verbindung zu schaffen. Nicht mehr und nicht weniger. Wenn wir erkennen, wie ähnlich unsere Bedürfnisse sind, verstehen wir, dass wir prinzipiell allen Menschen Gutes wünschen können. Es kann dennoch eine Herausforderung sein, gerade denen Gutes zu wünschen, mit denen wir im Streit liegen.

Damit Ihre Wünsche sich authentisch anfühlen, beginnen Sie diese Übung daher mit den Menschen, für die es Ihnen und Ihrem Kind leichtfällt, Wohlwollen und Dankbarkeit zu empfinden. Mit etwas mehr Übung können Sie mehr und mehr Menschen in ihre Wünsche miteinbeziehen.

Beginnen Sie die Übung damit, dass Sie zusammen mit Ihrem Kind überlegen, wem Sie zuerst gute Wünsche senden möchten. Egal ob Mensch oder Tier, wählen Sie jemanden oder etwas mit dem Sie sich freundschaftlich verbunden fühlen. Überlegen Sie gemeinsam, was Sie dieser Person wünschen könnten. Was könnte sie gerade brauchen? Sie können auch auf jene Wünsche zurückgreifen, die unsere grundsätzlichen menschlichen Bedürfnisse ansprechen. Hier einige Vorschläge dazu:

- Sicherheit und Geborgenheit
- Glück und Zufriedenheit
- Leichtigkeit und Unbeschwertheit
- Liebe und Freundschaft

Sie haben unterschiedliche Möglichkeiten, wie Sie diese Wünsche zum Ausdruck bringen. Die Form selbst ist in dieser Übung Nebensache. Wichtig ist vielmehr, dass Ihr Kind die freundschaftliche Verbindung zu dieser Person im eigenen Herzen und Körper wahrnimmt. Spielen Sie mit den folgenden Varianten und probieren Sie aus, was am besten zu Ihnen passt.

Ihr Kind kann zum Beispiel Wunsch-Sätze formulieren, wie: „Ich wünsche dir …“ oder „Mögest du …“. Es kann sich diese Person vorstellen und ihr im Stillen diese Wünsche zusprechen. Vielleicht möchte es seine Fantasie einladen und sich vorstellen, wie die Wünsche den anderen wie Seifenblasen oder Schmetterlinge sanft berühren? Vielleicht hilft es auch sich vorzustellen, dass das Gegenüber zu lächeln beginnt, wenn es diese Wünsche empfängt.

Sie können die Sätze auch beiseitelassen und sich vorstellen, dass ausgehend vom eigenen Herzen Licht, Wärme, Fürsorge und Freundlichkeit der Person entgegenstrahlen. Dies ist eine Form des Wünschens ohne viele Worte. Vielleicht hilft es Ihrem Kind sich vorzustellen, dass es selbst und die andere Person durch das Wünschen in Wärme, Licht und Wohlwollen gehüllt werden.

Experimentieren Sie mit unterschiedlichen Personen und verschiedenen Wünschen. Wie weit sich das Herz zu öffnen vermag, hängt auch von der Tagesform ab, wie viel Energie zur Verfügung steht und was Sie in den vergangenen Tagen erlebt haben. Haben Sie Geduld mit den Wünschen und erzwingen Sie keine Gefühle, sondern gestalten Sie vielmehr einen Raum, in dem eine Öffnung des Herzens leichter fällt.

Manche Kinder haben viel Freude daran, sich kreativ auszudrücken. Wir können sie dazu ermutigen ihre Empfindungen, Wünsche, Träume oder Konflikte in Form von Bildern, Gedichten, Collagen etc. zum Ausdruck zu bringen. Kreativität in ihren unzähligen Formen ist eine Weise, sich in Achtsamkeit zu üben. Im kreativen Prozess fokussieren wir uns, kommen in den Kontakt mit unserem Empfinden und spüren nach, wie wir diesem Ausdruck verleihen möchten.

Eine Möglichkeit, diese Kreativität zu nutzen, ist, sie mit den guten Wünschen der vorigen Übung zu verbinden und diese in Form von Gedichten, Postern, Geschichten oder Kollagen zum Ausdruck zu bringen. Die folgende Übung gibt dafür Anregungen.

Übung – Wunsch-Gedichte schreiben

Nehmen Sie sich für diese Übung etwas Zeit. Sorgen Sie dafür, dass die kreative Arbeit miteinander möglichst ungestört, aber gemütlich ist. Vielleicht möchten Sie eine Tasse Tee oder Kakao oder Kekse dazu genießen, eine bestimmte Musik auswählen oder die gemeinsame Zeit mit einer Achtsamkeitsübung für Körper und Atem beginnen.

Legen Sie Papier, Farben und Bastelmaterialien bereit, die Ihr Kind gern verwendet. Überlegen Sie nun gemeinsam, wem Sie sich zuwenden möchten. Das kann Ihr Kind, ein Haustier, ein anderes Kind, ein Familienmitglied oder die Familie als Ganzes sein, Freunde oder Menschen im Allgemeinen.

Nehmen Sie sich ein paar Minuten Zeit, um über diese Person oder Personen zu sprechen. Vielleicht haben Sie auch ein Foto zur Hand. Was schätzen Sie an der Person? Gibt es gemeinsame Erlebnisse, an die Sie sich erinnern möchten?

Nachdem Sie sich auf diese Weise mit diesem Menschen verbunden haben, können Sie in einem nächsten Schritt überlegen, welche Wünsche Sie ihm schicken möchten. Was würde ihn oder sie besonders freuen, was würde guttun oder hilfreich sein? Es müssen nicht viele Wünsche sein. Wichtiger als die Anzahl sind die Verbindung und das Erspüren von Wohlwollen, Freude und Empathie für den anderen.

Sie können diese Wünsche entweder aufschreiben oder Sie werden noch kreativer und schreiben ein Gedicht dazu. Es ist völlig unwichtig, ob sich das Gedicht reimt oder besonders literarisch hochwertig ist. Die Freude, gemeinsam die passenden Worte zu finden und kreativ zu werden, steht im Vordergrund.

Bringen Sie die Wünsche zu Papier und gestalten Sie auch dieses. Nehmen Sie Farben, Papier, Muster und Material zur Hand, das zu Ihren Wünschen passt. Zum Schluss können Sie die Wünsche noch einmal vorlesen und nachspüren, ob diese sich vollständig anfühlen. Beenden Sie den gemeinsamen Prozess mit ein paar Atemzügen in Stille. Vielleicht möchte Ihr Kind einen passenden Platz für das abgeschlossene Werk in der Wohnung oder seinem Zimmer finden. Vielleicht möchten Sie dieses aber auch mit der Post verschicken oder in einer schönen Mappe sammeln.

Dankbarkeit und Wertschätzung

Dankbarkeit ist ein wahrer Schatz. Sie ist ein möglicher Weg zu einem starken Gefühl der Verbundenheit, der Fülle und Geborgenheit. Gleichzeitig tun sich viele von uns mit dem Begriff der Dankbarkeit schwer. Vielleicht liegt das daran, dass wir nur selten achtsam genug sind, authentische Dankbarkeit in uns wirken zu lassen, uns aber oft gedrängt fühlen, Dankbarkeit zu zeigen, obwohl wir uns nicht besonders dankbar fühlen.

Authentische Dankbarkeit hat nichts mit gesellschaftlicher Verpflichtung oder der Erwartungshaltung eines anderen zu tun. Sie entsteht aus einem Gefühl heraus durch ein Erlebnis oder die Handlung eines anderen beschenkt und bereichert zu sein. Um dankbar zu sein, brauchen wir die Achtsamkeit, die genau hinschaut und wahrnimmt, was uns unterstützt, erfreut und bereichert. Achtsamkeit lenkt unseren Blick sanft auf die kleinen Freuden und zufriedenen Momente des Alltags, die ohnehin schon gegeben sind, und lädt uns ein, diese bewusster wahrzunehmen. Es braucht keine außergewöhnlichen Geschehnisse oder große Gesten, um uns dankbar zu fühlen.

Was es allerdings oft braucht, ist ein Perspektivwechsel. Dankbarkeit lädt uns ein zu erkennen wie sehr wir mit anderen und der Natur verbunden sind. Wir arbeiten und leben zusammen. Vom Wasser aus dem Wasserhahn bis zum Dach über unserem Kopf, vom Essen auf unserem Teller bis zu den Stunden gemeinsamer Zeit – was uns täglich unterstützt und trägt ist das Resultat vieler Hände Arbeit. Wir können dies entweder als selbstverständlich oder normal hinnehmen und mit kritischen Augen auf das blicken, was noch nicht gut genug, vollkommen oder unvollständig ist. Oder wir lernen mittels der Dankbarkeit wieder darüber zu staunen, was alles an Zusammenarbeit notwendig ist, damit wir einen ganz normalen Tag erleben können.

Dankbarkeit verneint nicht, dass es Schwierigkeiten im Leben gibt und Menschen durchaus schmerzhafte und leidvolle Begegnungen miteinander erleben. Sie ergänzt dieses Wissen jedoch um die hilfreiche Perspektive, dass wir außer den Schattenseiten auch das Licht, die Freundschaft und die Fürsorge in unseren Beziehungen wahrnehmen und uns daran freuen dürfen. Dadurch wird Dankbarkeit zu einem möglichen Weg, Angst, Sorge und Negativität zu begegnen. Sie stärkt ein Gefühl der Zugehörigkeit, der Wertschätzung und Verbundenheit mit anderen Menschen und hilft, die oftmals kritische Haltung uns selbst und anderen gegenüber auszugleichen.

Dankbarkeit und Wertschätzung sind Haltungen, die wir kultivieren können. Sie werden wirkungsvoll, wenn wir sie aktiv in unseren Erlebensalltag einladen und mit ihnen unsere Sichtweise auf Erlebnisse, andere Menschen und uns selbst gestalten. Zu Beginn ist wichtig, dass wir dies bewusst üben. Ansonsten verharrt unser Geist in den Sichtweisen, die betonen, was schlecht, unvollständig und fehlerhaft ist.

Bis sich eine neue Gewohnheit in unserem Leben etabliert hat braucht es zwischen 30 und 60 Tagen. In dem Zeitraum ist es notwendig, eine gewisse Beharrlichkeit aufzubringen, um die Qualität, die wir stärken möchten, immer und immer wieder in unser Leben einzuladen. Wir tun uns leichter damit, eine neue Gewohnheit einzuführen, wenn wir sie mit bestimmten Tageszeiten und festen Abläufen verbinden, zum Beispiel in Form eines kleinen Rituals.

Übung – Danke sagen

Diese Übung eignet sich ganz wunderbar, um den Tag zu beschließen oder als Ritual vor dem Zubettgehen. Sie kann entweder allein oder zusammen mit Freunden oder im Familienkreis geübt werden. Jüngere Kinder schätzen es besonders, wenn Sie dazu ein kleines Licht anzünden und es sich miteinander gemütlich machen.

Jeder, der an die Reihe kommt, kann sich kurz Zeit nehmen, um für einige Momente zu reflektieren, was ihn oder sie heute berührt hat. Welche Handlungen und freundlichen Gesten haben Sie heute erfahren? Was hat dafür gesorgt, dass Ihr Kind sich wertgeschätzt gefühlt hat, welche Zeichen der Freundschaft und Verbundenheit hat es heute wahrgenommen?

Sie können auch überlegen, welche freudvollen, genussvollen oder besonderen Momente Sie heute erlebt haben. Gab es ein besonderes Ereignis in der Schule, im Sport, in der Freizeit? Hatten Sie ein leckeres Essen oder gab es eine positive Überraschung, eine glückliche Wende? Hat Ihr Kind sich auf eine Weise verhalten, die es zufrieden oder gar stolz gemacht hat? Hat es eine neue Fähigkeit gelernt oder gestärkt, in einer schwierigen Situation Mut bewiesen oder Geduld mit jemandem gehabt? Konnte es einen Konflikt lösen oder hatte eine zündende Idee, um eine Schwierigkeit zu meistern? Dann haben Sie und Ihr Kind der Reihe nach die Möglichkeit, zwei oder drei Dinge zu nennen, für die Sie an diesem Tag dankbar sind. Diese Sätze können zum Beispiel mit „Danke für …", beginnen und um all die kleinen Momente, in denen sie Freude, Glück, Freundschaft, Zufriedenheit etc. empfunden haben, ergänzt werden.

Achten Sie darauf, dass bei der Übung jeder ungestört sprechen kann und nicht unterbrochen wird. Keiner sollte für das, was er sagt beurteilt werden. Lassen Sie sich Zeit, in Ruhe zu überlegen und dann auszusprechen, was sich in dem Moment echt und lebendig anfühlt.

Manchmal ist es einfacher, die Dankbarkeit für sich selbst zu praktizieren und in Ruhe zu überlegen wofür wir alles dankbar sein können. Für diejenigen, die in aller Stille reflektieren möchten und diesen Prozess mit Kreativität verbinden wollen, bietet die nächste Übung einen Anreiz.

Übung – Dankbarkeitsgirlande

In dieser Übung ist Ihr Kind eingeladen, aus Papier und Dankbarkeit eine Girlande zu gestalten, die sich auch als Zimmerschmuck verwenden lässt.

Dazu können Sie verschiedenes Papier aussuchen und daraus Streifen von etwa einem Zentimeter Breite ausschneiden. Je mehr verschiedene Farben und Muster Sie verwenden, desto bunter wird später die Girlande. Schneiden Sie einige Streifen auf Vorrat, sodass Ihr Kind diese später zur Hand hat, wenn es an der Girlande weiterarbeiten möchte.

Wann immer Ihr Kind möchte, kann es an der Girlande weiterarbeiten. Dazu notiert es sich je eine Erinnerung oder ein Erlebnis, für das es dankbar ist, auf einem der Streifen. Der erste Streifen wird zu einem Ring geschlossen, indem man mit etwas Kleber die Enden zusammenklebt. Jeder weitere Streifen wird erst durch das vorherige Kettenglied geführt und dann geschlossen. So entsteht mit der Zeit eine Girlande, die all die vielen Momente der Freude, Verbundenheit und Zufriedenheit verkörpert. Hängen Sie sie nach Wunsch im Zimmer Ihres Kindes auf, sodass es diese freudvollen Momente stets vor Augen hat.

Dankbarkeit ist zunächst eine Empfindung, die wir für uns in der Stille unseres Herzens tragen. Es ist nicht immer notwendig oder möglich uns für das, was wir erleben, zu bedanken. Mitunter reicht es aus, sich an der Freude über das Erlebte oder Erhaltene zu nähren und zu stärken. Auf diese Weise bereichert die Dankbarkeit unsere nächsten Treffen mit anderen Menschen und die erlebte Freundlichkeit und Großzügigkeit wird von einem zum nächsten weitergereicht.

Es kann aber auch sehr hilfreich und nährend sein, dem, was wir am anderen als wertvoll und liebenswert empfinden, Ausdruck zu verleihen. Mitunter nehmen wir an, dass unser Gegenüber weiß, dass wir ihn schätzen und er liebenswerte Fähigkeiten und wertvolle Talente besitzt. Nicht immer ist das jedoch der Fall. Gelegentlich werden wir alle von Zweifeln, einem kritischen Blick auf uns selbst und einem Gefühl der Einsamkeit geplagt. Da können einige wenige Worte der aufrichtigen Wertschätzung wahre Wunder wirken.

Es geht in der Wertschätzung nicht darum, das Blaue vom Himmel zu loben oder in überschwänglicher Manier Kleinigkeiten zu preisen. Vielmehr geht es darum, achtsam für die Aspekte zu sein, die wir am anderen schätzen und diese mit einem einfachen Satz, einem kleinen Dankeschön hervorzuheben.

Manchmal braucht es dafür auch gar keine Worte, sondern nur ein Lächeln, einen anerkennenden Blick oder eine Umarmung.

Die folgende Übung zeigt Ihnen eine Möglichkeit, wie Sie und Ihr Kind diese Form der Wertschätzung stärken können, um zu einem liebevolleren, positiveren Umgang mit sich selbst, mit anderen und miteinander zu finden.

Übung – Ein Marmeladenglas voll Freude

Diese Übung lässt sich allein oder zu mehreren umsetzen. Sie benötigen dafür lediglich ein leeres Glas, zum Beispiel ein Marmeladenglas. Wenn gewünscht können Sie dieses nach Belieben verzieren oder bekleben. Stellen Sie es an einer Stelle bereit, an die alle Beteiligten gut herankommen und legen Sie kleine Papierstreifen sowie einen Stift daneben bereit.

Jeder, der an der Übung teilnimmt, ist eingeladen, über die nächsten Tage die anderen zu beobachten und aufzuschreiben, was ihm oder ihr daran gefällt. Was machen andere, das Sie freut oder Dankbarkeit empfinden lässt? Was hat Sie oder Ihr Kind bestärkt? Hat jemand etwas Liebenswertes oder Bemerkenswertes für Sie getan? In welchen Momenten haben Sie sich gefreut, dass jemand für Sie da war? Notieren Sie dieses Erlebnis in einem kurzen Satz, falten Sie den Papierstreifen zusammen, sodass er nicht mehr lesbar ist, und legen Sie ihn in das Glas.

Beobachten Sie über die nächsten Tage, wie sich das Glas langsam füllt. Vereinbaren Sie einen Tag, an dem Sie das Glas gemeinsam öffnen und sich die einzelnen Zettel gegenseitig vorlesen. Hören Sie einander gut zu, unterbrechen Sie sich nicht und bewerten Sie auch nicht, was Sie hören. Jeder Satz ist ein Geschenk, der ganz in Stille angenommen werden darf. Wer kreativ ist, kann im Anschluss an das Vorlesen ein Bild oder eine Collage aus diesen Streifen basteln.

Wenn Ihr Kind die Übung für sich allein machen möchte, so beginnt es damit, sich selbst achtsam zu beobachten und alles aufzuschreiben, was es an sich selbst wertschätzt. Das können Gelegenheiten sein, in denen es ihm gelingt, Lösungen für Schwierigkeiten zu finden, Momente, in denen es eine Stärke oder ein Talent an sich entdeckt, oder die Augenblicke, in denen es mit sich selbst zufrieden ist. Welche liebenswerten Eigenschaften und Stärken kann es alles an sich selbst feststellen? All das darf auf die Zettel notiert werden.

In Momenten der Traurigkeit, Frustration oder Einsamkeit, wird dieses Glas zu einem wahren Schatz. Ihr Kind kann sich mit ihm in eine ruhige Ecke zurückzuziehen und Zettel für Zettel hervorholen. Es kann versuchen diese kleinen, glücklichen Momente wieder lebendig werden zu lassen, indem es sich möglichst viele Details dieser Situation wieder vor Augen führt. Vielleicht erinnert es sich an die Worte, die gesprochen wurden, oder wie sich der Körper in der Situation angefühlt hat?

Freude und Zufriedenheit stellt sich auch dann ein, wenn wir uns in der Welt als wirkungsmächtig erleben. Wenn wir selbst in der Lage sind, aktiv zu werden und die Welt entlang der Werte, die uns wichtig sind, mitgestalten können, erleben wir uns nicht länger als Opfer der Situation. Wünschen wir uns mehr Freundlichkeit, Unterstützung und Zuwendung, so haben wir die Möglichkeit diese in kleinen Gesten selbst in die Welt hineinzutragen. Die Freude am eigenen Handlungsspielraum erfüllt unsere Kinder mit dem Gefühl der Kompetenz und Eigenständigkeit. Leiden wir unter Grübeln und einem selbstkritischen Blick, so kann es hilfreich sein, unsere Aufmerksamkeit von uns selbst auf andere zu richten. Unsere Wirksamkeit im Umgang mit anderen zu erfahren, zu sehen, wie wir etwas tun können, um das Leben anderer ein klein wenig angenehmer zu gestalten, hilft dabei, uns selbst wieder mit mehr Wertschätzung zu begegnen.

Die folgende Übung lädt Sie zusammen mit Ihrem Kind dazu ein, gleich zu Beginn des Tages eine Haltung der Freundschaft und des Wohlwollens anderen und sich selbst gegenüber zu kultivieren.

Übung – Glücksbringer

Dieses kleine Ritual, das Sie entweder schon beim Aufstehen oder später am Frühstückstisch praktizieren können, hilft Ihnen und Ihrem Kind, die Qualitäten von Freundlichkeit und gelebter Wertschätzung in Ihren Tag einzuladen.

Zusammen können Sie überlegen, was Sie heute in die Welt bringen möchten. Welche kleinen Gesten oder Worte könnten andere unterstützen? Auf welche unkomplizierte Weise könnten Sie dazu beitragen, dass sich jemand anderes freut? Wo gibt es häufig eine Gelegenheit, jemandem etwas Gutes zu tun?

Zum Beispiel könnten Sie die Personen, die Ihnen heute begegnen, mit einem Lächeln oder einem Kompliment beschenken. Oder immer wieder daran denken, anderen die Tür aufzuhalten oder etwas tragen zu helfen. Vielleicht können Sie jemandem eine Tasse Tee oder Kaffee machen oder eine Kleinigkeit aufheben und zum nächsten Mülleimer tragen. Oder Sie achten darauf, den Raum so zurückzulassen, wie Sie ihn vorgefunden haben, vielleicht sogar ein wenig ordentlicher. Wem könnten Sie schreiben, wen anrufen, der sich über Kontakt freuen würde? Ihnen fallen sicherlich noch weitere Möglichkeiten ein. Welche Gelegenheiten gibt es, auch Tieren oder der Natur etwas Gutes tun?

Übernehmen Sie sich nicht mit guten Vorsätzen. Belassen Sie es bei kleinen und machbaren Handlungen. Es geht nicht darum, „gut" oder „besser" zu werden, sondern bewusst den Tag mit kleinen Gesten der Freundschaft zu gestalten und sich an diesen zu erfreuen. Machen Sie sich gegenseitig keine Vorschriften, was gut ist oder getan werden sollte, sondern gehen Sie selbst mit gutem Beispiel voran.

Über den Tag hinweg können Sie für sich beobachten, wie gut sich diese Vorsätze umsetzen lassen. Welche sind schwieriger und welche leichter umzusetzen? Welche möchten Sie behalten und welche vielleicht gegen eine andere Idee tauschen?

Mitgefühl stärken

Während Empathie die Fähigkeit ist, uns in die Gefühlswelt unseres Gegenübers einzufühlen, ist Mitgefühl die Fähigkeit, präsent zu sein für die Sorgen und Schwierigkeiten eines anderen. Das ist nicht immer einfach. Oft fühlen wir uns rastlos, frustriert oder hilflos, wenn wir sehen, dass jemand leidet. Wir möchten etwas tun, fangen an zu beraten oder versuchen die Probleme unseres Gegenübers rasch zu lösen, um von diesem unangenehmen Gefühl, dass das Leiden des anderen in uns auslöst, befreit zu werden.

Manchmal werden wir von unserer Empathie auch regelrecht überrollt. Die Empfindungen oder die Traurigkeit des anderen schlägt sich in uns nieder und wir fühlen uns selbst niedergeschlagen oder traurig. Wenn wir nicht wissen, wie wir die Balance halten zwischen dem Leid anderer und unserem eigenen Wohlbefinden, dann wächst der Wunsch Abstand zu gewinnen. Als Resultat wenden wir uns ab, schauen weg, beschäftigen uns mit etwas anderem oder schlagen schnell eine Lösung vor.

Zum Glück gibt es einen Mittelweg zwischen Distanz und Überwältigung: das Mitgefühl. Ein gesundes Mitgefühl wächst aus dem Verständnis heraus, dass wir weder uns selbst noch unserem Gegenüber einen Gefallen tun, wenn wir uns so weit in dessen Schmerz und Trauer fallen lassen, dass wir uns selbst überwältigt fühlen. Anteilnehmen bedeutet, präsent zu sein aus dem ehrlichen Wunsch heraus, etwas zum Wohl des anderen beizutragen – ohne dass wir darüber unsere eigene Ruhe und Klarheit verlieren. Mitzufühlen bedeutet nicht mitzuleiden. Wenn wir andere unterstützen wollen, so liegt der erste Schritt darin, ihnen unsere Aufmerksamkeit und Empathie anzubieten. Das schafft Verbundenheit und Verständnis – zwei Qualitäten, die in vielen Fällen für den anderen bereits von großem Wert sind.

Eine Grundvoraussetzung für Mitgefühl liegt darin, im eigenen Körper Stabilität zu finden. Werden wir vom Mit-Leiden übermannt, so addieren wir zum Kummer und Schmerz des anderen noch unser eigenes Leid hinzu. Wir werden dadurch weder bessere Zuhörer, noch tragen wir Sorge für unser eigenes Wohlbefinden. Ist es uns hingegen möglich eine achtsame Verbindung zu unserem eigenen Körper aufrechtzuerhalten, so sind wir in der Lage zwischen unseren eigenen Empfindungen und dem, was sich in unserem Gegenüber zeigt zu unterscheiden. So vermögen wir stabil und präsent zu bleiben, ohne uns distanzieren zu müssen. Die folgende Übung gibt Ihnen eine Anregung, wie Sie und Ihr Kind diese mitfühlende Haltung miteinander üben können.

Übung – Einen Anker setzen

Ein Anker ist deshalb so wirkungsvoll, weil sein Gewicht schwer genug ist, ein Schiff selbst auf hoher See an Ort und Stelle zu halten. Auch Ihr Kind kann sich sein eigenes Gewicht zunutze machen, um sich selbst in emotionalen Situationen in seinem Körper zu verankern und auf diese Weise eine Stütze zu finden.

Laden Sie Ihr Kind dazu ein, diese Übung während eines gemeinsamen Gesprächs mit Ihnen zu üben. Das gemeinsame Üben erlaubt es ihm, die Technik zu erlernen und sie später auch für sich selbst anzuwenden.

Bevor Sie die Unterhaltung beginnen, nehmen Sie sich einige Atemzüge Zeit, um sich mit Ihren Körpern zu verbinden. Richten Sie Ihre Körper aus. Können Sie zugleich aufrecht und entspannt sitzen oder stehen? Lassen Sie Ihre Körper gefühlt schwerer werden und geben Sie etwas von der Anspannung und Unruhe an den Boden oder den Stuhl ab. Jeder von Ihnen kann sich den Körperbereich, in dem es sich besonders mit dem Boden verbunden fühlt, als Anker für das kommende Gespräch wählen.

Beginnen Sie nun die Unterhaltung, so wie Sie dies gewöhnlich auch tun würden. Nutzen Sie aber die Pausen, in denen Sie selbst dem anderen zuhören dazu, immer wieder Kontakt aufzunehmen mit ihrem Anker. Kommen Sie immer wieder zurück ins Spüren Ihrer Füße, Ihrer Sitzbeinhöcker und von allem, was sich im Körper schwer anfühlt.

Sie werden feststellen, dass Sie den Kontakt mit dem Anker immer wieder verlieren. Es zieht unsere Aufmerksamkeit regelrecht in das

Gespräch hinein! Seien Sie beruhigt: In Gesprächen achtsam zu bleiben ist eine wahre Herausforderung! Feiern Sie daher jeden Augenblick, in dem Sie sich erinnern, wieder Kontakt mit ihrem Anker aufzunehmen.

Beobachten Sie ob und wie sich Gespräche für Sie verändern, wenn Sie einen solchen Anker zur Hand haben. Wie fühlt es sich an, die Präsenz für den eigenen Körper zu bewahren?

Kinder spüren sehr deutlich, wenn es anderen nicht gut geht. Sie mögen die komplexen Zusammenhänge dieser Welt noch nicht im Detail verstehen, aber sie erkennen sehr deutlich, wenn jemand in ihrem Umfeld unglücklich ist und leidet. Oftmals fühlen Sie sich im Angesicht solchen Leids hilflos, denn als Kinder haben sie weder die materiellen Ressourcen noch die Entscheidungsmöglichkeiten, die uns Erwachsenen zur Verfügung stehen.

Das bedeutet jedoch nicht, dass sie nichts für das Wohlergehen anderer tun können. Es ist wichtig, unseren Kindern zu zeigen, wie hilfreich aufmerksames Zuhören und einfühlende Präsenz sein können. Wie oft wünschen wir uns in Momenten der Unsicherheit und der Traurigkeit jemanden, der zuhört und Anteil nimmt, ohne uns für unsere schwierigen Emotionen zu be- oder verurteilen?

Die folgende Übung zeigt Ihrem Kind, wie es seine Empathie und sein Mitgefühl dem anderen als Geschenk anbieten kann.

Übung – Heilsames Zuhören

Laden Sie zu Beginn der Übung Ihr Kind ein, sich an einen Moment zu erinnern, in dem es das Gefühl hatte, dass jemand ganz für es da ist. Vielleicht hat ein Freund oder eine Freundin ihm aufmerksam zugehört, vielleicht hat sich ein Familienmitglied, ein Lehrer oder eine andere Person Zeit genommen und ihm ungeteilte Aufmerksamkeit geschenkt? Erkunden Sie gemeinsam, wie es sich anfühlt, wenn einem jemand auf diese Weise zuhört. Woher wissen wir, dass jemand uns auf diese Weise lauscht? Was brauchen wir selbst, damit wir auf diese Weise zuhören können?

Wichtig ist zum Beispiel, sich während des Sprechens nicht zu unterbrechen, genau hinzuhören, was der andere sagt, Vergleiche und Bewertungen beiseitezulassen, und dem Gegenüber die ungeteilte Aufmerksamkeit zu schenken. Ergänzen Sie diese Punkte um Ihre eigenen Einsichten. Sammeln Sie einige Überlegungen und probieren Sie diese dann gemeinsam aus.

Suchen Sie sich gemeinsam ein Thema aus, über das Sie sich unterhalten möchten. Vielleicht eine Schwierigkeit, der Sie zuletzt begegnet sind, etwas auf das Sie sich freuen oder etwas, dass Ihnen in diesen Tagen und Stunden besonders wichtig ist.

Stellen Sie sich einen Wecker auf zwei oder drei Minuten. Der eine darf nun erzählen, während der andere auf die oben beschriebene Weise zuhört und alle anderen Gedanken für den Moment beiseitelässt. Danach werden die Rollen getauscht.

Zum Schluss können Sie sich austauschen, wie es für Sie war, auf diese Weise zuzuhören, bzw. sich gehört zu fühlen. Was war leicht und was war schwierig?

Sie können diese Übung nutzen, um sich über den Tag auszutauschen oder Sorgen und Schwierigkeiten zu besprechen. Mit der Zeit wird Ihrem Kind diese Art zu lauschen immer vertrauter und es kann sie auch selbstständig mit seinen Freunden anwenden.

Eine Haltung des Mitgefühls gegenüber anderen ist nicht immer leicht und bedarf vor allem einer Qualität: Mitgefühl uns selbst gegenüber. Die Emotionen anderer können uns überwältigen und wir spüren, wie schwierig es ist, Ruhe und Offenheit in Momenten der Herausforderung zu bewahren. Oft verlieren wir in solchen Momenten unsere Balance und reagieren auf eine Art und Weise, die wir im Nachhinein bedauern. Manchmal gelingt es uns trotz all unserer Anstrengungen nicht, von uns selbst und anderen Sorge und Schmerz fernzuhalten. In all diesen Fällen haben wir die Wahl: Wir können uns selbst kritisieren, mit Frustration reagieren, oder aber mit Mitgefühl uns selbst zuwenden.

Die folgende Übung zeigt Ihrem Kind, wie es sich mit Wohlwollen und Fürsorge der eigenen Trauer, Frustration und Kummer zuwenden kann.

Übung – Mitgefühl nach innen lenken

Laden Sie Ihr Kind ein, es sich bequem zu machen. Sorgen Sie gemeinsam dafür, dass die Umgebung zum Ausruhen und Entspannen einlädt. Ihr Kind kann sich hinsetzen oder auch hinlegen und sich von Ihnen durch die folgende Meditation leiten lassen.

Ihr Kind darf erst einmal ganz zur Ruhe kommen. Laden Sie es ein, seinen Körper nach und nach zu entspannen, indem es sich vorstellt, dass zuerst die Füße und dann die Beine warm werden und dann schwer in den Untergrund sinken. Sie können auf diese Weise nach und nach durch den Körper wandern und beschreiben, wie sich auch Hüften, der Bauchraum, der Brustraum, Arme und Schultern und schließlich auch Kopf und Gesicht mit Wärme anfüllen und dann ganz schwer werden. Alles Harte, Angespannte und Unruhige ist eingeladen in den Boden hineinzufließen.

Laden Sie Ihr Kind nun ein, die Hände auf den Bauch- oder Brustbereich zu legen. Kann es spüren wie der Atem an dieser Stelle fließt? Vielleicht mag es für einige Atemzüge bei dem Atem verweilen, bis es etwas mehr Ruhe und Entspannung verspürt.

Nun darf es sich vorstellen, dass – ausgehend von den Händen – Wärme und Kraft in den Körper fließen. Welche Stellen im eigenen Körper können ein wenig Zuwendung und Fürsorge brauchen? Vielleicht kann Ihr Kind spüren, wo im Körper die Traurigkeit, die Enttäuschung, die Sorge oder die Angst ihr Echo finden. Es kann diese Fürsorge einladen, wie warmes Licht oder Wasser in diese Bereiche zu fließen. Der Atem kann es dabei unterstützen.

Ein weiterer Weg ist, sich selbst wohlwollende Sätze zuzusprechen, wie Sie das in der Übung „Gute Wünsche" bereits geübt haben. In dieser Übung ist Ihr Kind eingeladen, in sich hineinzuhorchen und herauszufinden, welche Sätze sich nun heilsam oder unterstützend anfühlen würden. Einige Möglichkeiten sind: „Ich sehe deinen Schmerz und deinen Kummer", „Ich bin bei dir", „Mögest du Ruhe und Gelassenheit finden", oder „Mögest du frei sein von Sorgen und Kummer."

Sie können Ihr Kind auch unterstützen, indem Sie, wenn es das möchte, selbst eine Hand auf Schultern, oder Kopf legen und ihm so auch Ihr Mitgefühl und Dasein vermitteln. Geteiltes Leid ist halbes Leid. Alternativ können Sie auch ein warmes Kirschkernsäckchen oder eine Wärmflasche anbieten, die Ihr Kind in der Vorstellung unterstützt, dass Wärme durch den Körper fließt und all die angespannten oder schmerzhaften Stellen sanft umhüllt.

Selbstwert stärken

Ein gesunder Selbstwert

Sich selbst ein guter Freund oder eine gute Freundin zu sein, ist viel wert. Eine solche Freundschaft zu uns selbst hilft, unsere eigenen Grenzen und Schwächen anzunehmen und mit ihnen einen wohlwollenden Umgang zu finden. Sie erlaubt es uns, uns selbst in schwierigen Zeiten mit Mitgefühl zu begegnen und mit einer natürlichen Neugier mutig in die Welt hinauszutreten.

Vielleicht wissen wir aus eigener Erfahrung, wie schmerzhaft es ist, wenn wir uns selbst nicht auf eine freundliche Weise begegnen können. Der Weg zu einer friedvollen und wertschätzenden Haltung ist nicht immer einfach. Wir hinterfragen, ob eine Haltung der Freundschaft nicht zu einem zu viel an Nachsicht und Trägheit führt oder ob wir durch sie in andere Extreme, wie Selbstverliebtheit, verfallen. Oft glauben wir, den rauen Umgang mit uns selbst zu benötigen, um Fehler zu vermeiden und uns anzutreiben.

Wie wir mit uns selbst umgehen, hat viel zu tun mit dem Selbstwert, den wir uns zuschreiben. Der Selbstwert ergibt sich aus dem Bild, das wir uns von uns selbst machen, dem, was wir unsere „Persönlichkeit" oder „Identität" nennen. Bereits im Wort enthalten ist die Vorstellung einer „Wertigkeit", die wir uns selbst zuschreiben. Meist ist dieser Wert im Schwanken begriffen, je nachdem, wie wir unser Handeln, unser Erscheinungsbild und unsere Liebenswürdigkeit einschätzen. Jemand, der ein sehr positives Bild von sich selbst hat, hat oft auch eine hohe Meinung über seine oder ihre Talente, das eigene Aussehen und sozialen Fähigkeiten. Jemand, der einen sehr niedrigen Selbstwert besitzt, wird sich dagegen als schwach, untalentiert oder wenig liebenswürdig wahrnehmen.

Wie so oft, haben beide Extreme ihre Tücken. Ein übersteigert hoher Selbstwert kann dazu führen, dass die Ursachen für Missgeschicke und Fehler ganz der Umwelt zugeschrieben werden. Jemand, der davon ausgeht, dass andere bzw. die Umstände allein die Situation bedingen, ist selten willig umzulernen, sich zu einem notwendigen Grad anzupassen oder auf die Bedürfnisse anderer einzugehen. In diesem Fall werden den eigenen Bedürfnissen, Wünschen und Erwartungen mehr Gewicht und Bedeutung zugeschrieben, als denen der Mitmenschen. Eine solche Haltung führt über kurz oder lang in den Konflikt mit anderen, die sich nicht ausreichend wahrgenommen und übergangen fühlen. Ein übersteigerter Selbstwert nimmt zudem die Chance uns fortwährend weiterzuentwickeln, Verantwortung zu übernehmen und an unseren Herausforderungen zu wachsen.

Prägt hingegen ein sehr geringer Selbstwert den Blick, so werden negative Erlebnisse auf die eigene Unzulänglichkeit zurückgeführt. Die Ursache für alles, was schiefgeht, wird in der eigenen Person vermutet. Aus einer solchen Haltung heraus entsteht die Tendenz, die volle Verantwortung für Fehler und Dynamiken zu übernehmen. Eine Haltung, die verkennt, wie viele Faktoren zu einem Geschehen beitragen, die außerhalb unserer Kontrolle liegen. Aus Angst davor, Fehler zu machen, die das Selbstbild auf schmerzhafte Weise bestätigen würden, entsteht ein Hang zur Perfektion. Eine Idealvorstellung, die zwangsweise scheitern muss und uns in einen fortwährenden Konflikt zwischen unserem Menschsein und unseren Idealen führt.

Unser Selbstbild färbt unsere Wahrnehmung. Es interpretiert Erfahrungen auf eine Weise, die dazu führt, dass sie dem bestehenden Selbstbild entsprechen. Eine Person mit hohem Selbstwert nimmt dieselbe Situation ganz anders war, als eine Person mit niedrigem Selbstwert. Nicht nur die Aussagen anderer Menschen, deren Mimik und Gestik werden anders gewertet und auch unserem eigenen Verhalten wird eine unterschiedliche Bedeutung beigemessen. Die Aufmerksamkeit wendet sich verschiedenen Facetten des Geschehens zu, sodass wir tatsächlich unterschiedliche „Versionen“ derselben Situation wahrnehmen.

Kurzum, wenn wir nicht achtsam sind, so prägt das Selbstbild unsere Wahrnehmung und bestätigt sich auf diese Weise immer wieder selbst. Da können wir einem anderen noch so oft sagen, wie sehr wir ihn oder sie schätzen –

wenn dies mit der Eigenwahrnehmung nicht übereinstimmt, so fällt die Wertschätzung nicht auf fruchtbaren Boden. Auf der anderen Seite kann ein übersteigerter Selbstwert dazu führen, dass wir konstruktive Kritik überhören und Chancen verpassen, tiefgreifende menschliche Beziehungen aufzubauen.

Was wir suchen, und auch an unsere Kinder weitervermitteln möchten, ist ein gangbarer mittlerer Weg zwischen einem zu geringen Selbstwert, der Kraft und Mut raubt, und einem überhöhten Selbstwert, der unfähig macht zu lernen, zu wachsen, und die notwendige Empathie zu entwickeln.

Hierin kann uns die Achtsamkeit unterstützen. Dadurch, dass sie uns in den Kontakt mit dem unmittelbaren Geschehen führt, hilft sie uns bestehende Annahmen und automatische Bewertungen infrage zu stellen. Anstatt ein um das andere Mal das bestehende Selbstbild zu bestätigen und dadurch weiter zu festigen, lädt sie uns ein, genau hinzusehen. Dadurch entsteht eine Klarheit, die es uns erlaubt ein andauerndes Bewerten und Vergleiche mit anderen loszulassen. Die Abwesenheit der ständigen Beurteilung in Kriterien wie „besser als“ oder „schlechter als“, „gut“ und „falsch“, kann eine regelrechte Befreiung sein. Stattdessen eröffnet sich uns ein achtsamer Kontakt mit unseren Empfindungen, Gefühlen, Impulsen und Gedanken.

Die folgenden Abschnitte dieses Kapitels laden Sie und Ihr Kind ein, sich selbst zu erfahren und neu kennenzulernen. Sie legen Schwerpunkte auf die stärkende Kraft von Bindungen, einer klaren Wahrnehmung der eigenen Fähigkeiten und Qualitäten sowie dem Ausweiten der eigenen Handlungsspielräume.

Wachsen durch Verbundenheit

Vertrauensvolle Bindungen zu anderen Menschen sind unerlässlich, wenn wir einen stabilen Selbstwert kultivieren möchten. Gemeint sind Beziehungen, in denen wir spüren, dass unser Gegenüber unser Wohlergehen im Herzen trägt und uns respektiert. Wir haben in solchen Freundschaften nicht das Gefühl, dass wir etwas besonders leisten oder uns verstellen müssten, um liebenswert zu sein.

Vertrauen in eine Bindung entsteht dann, wenn wir uns sicher sind, dass der andere uns annimmt, selbst wenn wir Fehler machen, uns verändern oder uns einmal nicht von unserer Schokoladenseite zeigen. Eine solche Freundschaft zu erleben, schafft grundlegendes Vertrauen. Wir erkennen durch den Spiegel des anderen, dass wir als Mensch liebenswert sind, ohne perfekt sein zu müssen. Natürlich ist auch in solchen Beziehungen nicht immer alles „Friede, Freude, Eierkuchen“. Was aber trotzdem zugegen ist, ist die Bereitschaft, Schwierigkeiten miteinander zu klären, Meinungsverschiedenheiten Raum zu geben und gemeinsam nach Wegen für mehr Verständnis und Verbundenheit zu suchen.

Behalten Sie auch in Bezug auf das Verhältnis mit Ihrem Kind in Erinnerung, dass die Bindung nicht fortwährend ideal sein muss! Wir alle machen Fehler, ärgern uns übereinander und sind immer wieder dazu aufgefordert Interessenskonflikte zu verhandeln. Was bleibt, ist die Bereitschaft, sich wieder und wieder aufeinander einzulassen, sich wieder in Beziehung zu setzen und neu zu beginnen. Die folgende Übung zeigt Ihnen einen Weg, wie ein solcher Neuanfang miteinander gelingen kann.

Übung – Innehalten, Neuanfangen

Nutzen Sie diese Übung, wann immer Sie sich miteinander in einer verfahrenen Situation befinden, wenn vielleicht Frustration oder Enttäuschung Ihre Beziehung gerade eintrübt und die Kommunikation miteinander erschwert.

Kommen Sie zuerst zu sich selbst. Gönnen Sie sich eine Pause, indem Sie sich für einen Moment aus dem Kontakt mit Ihrem Kind lösen und „Luft schnappen". Nutzen Sie dazu die Stille in einem anderen Raum oder gehen Sie für einen Moment vor die Tür. Dort angekommen spüren Sie in Ihren Körper hinein. Welche körperlichen Empfindungen löst der Konflikt in Ihnen aus? Wo ist Ihr Körper angespannt oder unruhig? Welche Bereiche vibrieren, sind schwer oder drückend? Laden Sie dann die Bereiche des Körpers, die dazu bereit sind, ein, sich wieder zu lösen.

Wichtig ist, dass Sie Ihre Achtsamkeit wieder und wieder in den Körper zurückführen. Lassen Sie den Konflikt für einen Moment ruhen! Das kann eine Herausforderung sein, weil Ihr Geist womöglich zurück zum Sachverhalt möchte. Legen Sie als Unterstützung eine Hand auf Bauch und Brustbereich und atmen Sie bewusst in diese Stellen hinein, bis Sie eine relative Ruhe empfinden.

Kehren Sie, wenn Sie sich bereit fühlen, in den Kontakt mit Ihrem Kind zurück. Bieten Sie Ihm einen „Waffenstillstand" an. Vereinbaren Sie, dass Sie erst über den Inhalt Ihres Konfliktes sprechen, wenn Sie beide ruhiger sind. Wenn es ihnen hilft, so vereinbaren sie einen genauen Zeitpunkt später am Tag oder am nächsten Tag, um sich den Sachverhalt noch einmal anzusehen.

Stattdessen können Sie eine der folgenden Möglichkeiten nutzen, um wieder in einen verständnis- und liebevolleren Kontakt miteinander zu kommen. Wählen Sie die Möglichkeit aus, die Ihnen am passendsten erscheint:

- Machen Sie sich eine Tasse Tee oder trinken Sie ein Glas Saft / Wasser miteinander. Verweilen Sie gemeinsam für einige Momente in der Stille.
- Wenn möglich, schenken Sie sich eine Umarmung. Sie können sich auch zusammen auf ein Sofa kuscheln und die gemeinsame Nähe genießen.

- Sprechen Sie über etwas, was Ihnen die letzten Tage passiert ist. Schauen Sie gemeinsam ein Fotoalbum oder alte Bilder an.
- Tun Sie etwas miteinander. Das kann Haushaltsarbeit sein, Sie können ein Zimmer aufräumen oder auch basteln, kochen oder etwas bauen.
- Gehen Sie miteinander auf einen Spaziergang. Die Bewegung und die frische Luft helfen dabei, die durch den Konflikt aufgestaute Energie wieder loszuwerden.

Achten Sie in allen Fällen darauf, die Pause vom Inhalt des Konflikts zu genießen und fokussieren Sie sich auf das gemeinsame Miteinander. Manchmal werden Sie oder Ihr Kind nicht in der Lage sein, gleich nach einem Konflikt Zeit miteinander zu verbringen. Zu groß sind Wut, Frustration und Enttäuschung. Respektieren Sie dies und lassen Sie dem anderen Raum. Vereinbaren Sie stattdessen einen Zeitpunkt, an dem Sie wieder zusammenkommen möchten und fahren Sie zu diesem wie in der Übung beschrieben fort.

Kommunikation und Bindung gehen Hand in Hand. Wie wir miteinander sprechen, macht einen wichtigen Teil unserer Beziehungen aus. Was oft übersehen wird, ist, welche wichtige Rolle das Zuhören in unseren Verbindungen spielt. Schenken wir einander voll und ganz Gehör, so sind wir ganz „da" füreinander. Nicht nur erfahren wir wichtige Informationen, unser Gegenüber kann diese besondere Qualität der Aufmerksamkeit auch spüren. Ungeteilte Aufmerksamkeit zu erhalten stärkt und kräftigt uns als Person, aber auch die Beziehung zueinander. Bereits im Zuhören und sich Zeit nehmen, beschenken wir einander. Die folgende Übung zeigt Ihnen eine Möglichkeit, sich in solch einem achtsamen Zuhören zu üben und Ihrem Kind das Geschenk Ihrer Aufmerksamkeit zu machen.

Übung – Achtsam zuhören

Suchen Sie für sich und Ihr Kind einen ungestörten Raum. Teilen Sie anderen Familienmitgliedern oder Menschen in Ihrer Umgebung mit, dass Sie für die kommenden Minuten nicht gestört werden möchten.

Versuchen Sie zu Beginn einzuschätzen wie viel Kapazität und Kraft Ihnen zur Verfügung steht, um für Ihr Kind da zu sein. Variieren Sie zu Beginn zwischen fünf und fünfzehn Minuten. Die Dauer wird je nach Tagesform und der Schwere Ihrer eigenen Sorgen und Aufgaben variieren. Laden Sie Ihr Kind ein, ihm für diese Zeit Ihre ungeteilte Aufmerksamkeit zukommen zu lassen und stellen Sie wenn nötig einen Timer oder eine leise Meditationsglocke, die Sie an das Ende der gemeinsamen Zeit erinnert.

Beginnen Sie die Übung mit einem kurzen Moment des Innehaltens. Wenn Sie möchten können Sie für einen Augenblick Ihre Hände auf Bauch oder Brustraum legen und in die Bewegung des Atems hineinfühlen. Eine solche Pause vor einem Gespräch macht es umso wahrscheinlicher, dass es Ihnen gelingen wird, bewusst zuzuhören und zu sprechen.

In den folgenden Minuten ist Ihr Kind eingeladen zu erzählen, was immer es beschäftigt, was es erlebt hat oder ihm gerade wichtig ist. Sie selbst nehmen die Rolle der Zuhörerin an. Wenn Sie etwas nicht verstehen, fragen Sie nach, verweilen aber sonst in der Stille des Zuhörens. Nutzen Sie Ihre Achtsamkeit, um festzustellen, wann Sie in Gedanken das Gehörte interpretieren, kommentieren, bewerten oder ins Planen geraten. Lassen Sie solche Gedanken behutsam wieder los. Kommen Sie wieder zurück ins „einfach nur zuhören".

Endet die gesetzte Zeit, so bedanken Sie sich beieinander für die gemeinsame Zeit. Vielleicht möchten Sie noch einmal eine Minute im Schweigen miteinander sitzen, bevor jeder wieder seinem

Alltag nachgeht? Wie fühlen Sie sich nach solch einer Zeit des aktiven Zuhörens? Welche Reaktionen zeigt Ihr Kind?

Oft sind wir so in unseren Alltag eingebunden, dass zielloser Zeitvertreib sich unüblich und vielleicht sogar unangenehm anfühlt. Wir sind es gewohnt, zu strukturieren, zu planen und zu organisieren. Unser Alltag kann von einem Gefühl des ständigen Zeitdrucks und einer Flut an Aufgaben geprägt sein, die uns dazu anhalten, stets effizient und aktiv zu sein.

Darüber vergessen wir, wie wichtig und nährend es für alle Beteiligten ist, die gemeinsame Zeit zu genießen. Bewusst Freude an- und miteinander wahrzunehmen, ist eines der wichtigsten Bindemittel für unsere Beziehungen. Wir sind dazu eingeladen, immer wieder kurze Zeitfenster zu schaffen, in denen wir das Zusammensein wertschätzen. Achtsam entwickeln wir in solchen Zeiten ein Bewusstsein dafür, was an unseren Beziehungen bereits schön, harmonisch, freudvoll und lustig ist. Einmal wahrgenommen, haben diese Momente auch das Potenzial uns durch schwierige Zeiten zu tragen.

Die folgende Übung bietet eine Möglichkeit, wie Sie gemeinsame Zeit bewusst in den Alltag einbauen und genießen können.

Übung – Zielloses Spielen

Mit dieser Übung sind Sie eingeladen, sich gemeinsam mit Ihrem Kind für einige Zeit im Spiel zu vertiefen. Schätzen Sie zu Beginn ein, wie viel Zeit Sie gerade entbehren können. Sind es 10, 20 oder 30 Minuten? Stellen Sie sich für dieses Zeitfenster einen Wecker oder Timer, der Ihnen und Ihrem Kind signalisiert, wann die gemeinsame Zeit beginnt und wann Sie endet. Wenn möglich, sorgen Sie dafür, dass Sie beide in dieser Zeit ungestört sind.

Nun beginnen sie zu spielen. Was sie spielen, ist nebensächlich. Es kann sich um ein Brett- oder Kartenspiel handeln, Sie können miteinander basteln oder gemeinsam Sport machen. Es gibt in dieser Zeit nichts zu erreichen, zu leisten oder zu schaffen. Nehmen Sie sich zurück und lassen Sie sich von Ihrem Kind durch das Spiel leiten. Erklären Sie wenig und lassen Sie den Dingen ihren Lauf. Es ist sozusagen „ziellose" Zeit.

Sie können diese Übung auch für sich als Achtsamkeitspraxis nutzen. Verbinden Sie sich über Ihre Sinne mit dem gegenwärtigen Augenblick. Was können Sie sehen, hören, fühlen, riechen und schmecken? Bringen Sie Ihre Achtsamkeit immer wieder zum Spiel mit Ihrem Kind, zum Hier und Jetzt, zurück. Beobachten Sie Ihr Kind während des Spiels. Welche liebenswerten und bemerkenswerten Aspekte können Sie an ihm oder ihr feststellen? Was überrascht Sie oder ist Ihnen zuvor noch nicht aufgefallen?

Beziehung ist immer auch ein Balanceakt. Wir lieben unsere Kinder und wollen nur ihr Bestes. Gleichzeitig ist es auch unsere Aufgabe, ihnen Werte beizubringen und Grenzen aufzuzeigen, wo notwendig. Wie lassen sich diese beiden Punkte auf achtsame Weise miteinander vereinbaren?

Der Schlüssel liegt darin, zwischen einem Verhalten, an dem wir uns stören, und unserem Respekt für den Menschen an sich zu unterscheiden. Uns allen passieren Missgeschicke, es unterlaufen uns Fehler und wir besitzen alle Gewohnheiten, an denen sich andere stören. Unsere Ansichten und Meinungen enthalten das Potenzial mit anderen über sie in Konflikt zu geraten. Beziehung ist ein stetes Wechselspiel aus Akzeptanz und Veränderung. Wir selbst und andere sind immer wieder dazu aufgefordert, unsere Verhaltensweisen zu betrachten und – wo notwendig – zu ändern. Auf diese Weise wachsen wir in Beziehungen mit- und aneinander. Wichtig ist aber, dass sich der Ärger oder die Kritik, die wir äußern, nicht auf die Person, daher den Menschen als Ganzes, sondern auf das Verhalten des anderen bezieht.

Deutlich wird dies zum Beispiel, wenn wir den feinen, aber bedeutungsvollen Unterschied zwischen den Aussagen „Ich habe etwas Dummes getan" und „Ich bin dumm" betrachten. Das erste Beispiel beschreibt die Einsicht, in diesem Moment und unter diesen spezifischen Umständen einen Fehler gemacht zu haben. Sehen wir dies mit Klarheit, so haben wir die Möglichkeit die Ursachen für dieses Verhalten zu erforschen und genug gedanklichen Spielraum, um zu überlegen, was wir in Zukunft ändern möchten. Das zweite Beispiel dagegen sagt etwas sehr Allgemeingültiges über den Wert unserer Person aus. Sie heftet uns ein Etikett an, das eine Wertung darüber enthält, für wie liebenswert und wertvoll wir uns halten. Eine solche Aussage schmerzt oftmals. Wird sie von einem anderen geäußert, führt sie bei uns schnell zu Frustration, Rückzug oder ruft Selbstzweifel in uns hervor.

Die folgende Übung beschreibt, wie Sie diese Unterscheidung zwischen Verhalten und Person auf achtsame Weise in ihre Kommunikation miteinander einbauen können.

Übung – Mich stört da was

Diese Übung kann ihnen dabei helfen, eine achtsame Sprache zu finden, die auf gegenseitige Wertungen verzichtet und stattdessen möglichst genau das Verhalten anspricht, das sie aneinander als störend empfinden.

Üben sie zunächst nur dann, wenn sie beide relativ gelassen sind. Je emotional aufgeladener eine Situation ist, desto schwerer fällt es zu Beginn, im Sprechen achtsam zu bleiben. Die Übung erfolgt in vier Schritten: Ankern – Beschreiben – Konsequenz erklären – Lösung suchen. Sie können Ihrem Kind die Schritte erklären oder aber ganz für sich üben und untersuchen, welche Veränderungen sich in Ihrer Beziehung durch diese achtsame Weise, Konflikte anzugehen, ergeben.

Ankern: Der erste Schritt hin zu einer achtsamen Kommunikation liegt darin, sich gut um Ihre Emotionen und Impulse zu kümmern, noch bevor Sie irgendetwas sagen. Spüren Sie in Ihren Körper hinein, lösen Sie Ihre Anspannungen so gut es möglich ist. Ankern Sie sich im Kontakt Ihrer Füße zum Boden. Nehmen Sie zwei oder drei Atemzüge und erlauben Sie sich für einen Moment zur Ruhe zu kommen. Eilen Sie nicht in das Gespräch hinein. Reichen einige Atemzüge nicht aus, dann nehmen Sie sich eine längere Auszeit, bis Sie genug Stabilität gefunden haben.

Beschreiben: Wenn Sie das Gefühl haben, ausreichend Klarheit zu besitzen, benennen Sie zunächst einmal für sich selbst möglichst genau, was den Ärger in Ihnen ausgelöst hat. Verfolgen Sie Ihre Handlungen und Gespräche zurück bis zu dem Punkt, an dem Sie sich irritiert, missverstanden, verletzt oder gestört gefühlt haben. Wenn Sie klar benennen können, was vorgefallen ist, können Sie diesen Ablauf Ihrem Kind beschreiben. Geben Sie Ihrem Kind die Gelegenheit, Aspekte zu ergänzen, die Ihnen vielleicht noch nicht bekannt sind. Auf diese Weise können Missverständnisse aufgehoben werden und Sie gewinnen ein umfassendes Bild der Situation.

Konsequenz erklären: Nun haben Sie die Möglichkeit auszudrücken, warum dieses Verhalten für Sie schwierig ist. Sie können zum Beispiel sagen: „Wenn du dich an unsere Absprache nicht hältst, verliere ich mein Vertrauen in unsere Absprachen“, oder: „Wenn ich sehe, dass du etwas nimmst, ohne mich zu fragen, fühle ich mich hintergangen.“ Halten Sie diese Rückmeldung kurz und präzise. Langatmige Erklärungen oder komplizierte Ausdrucksweisen werden oft nicht gehört.

Lösung suchen: Fordern Sie Ihr Kind nun auf, mit Ihnen nach einer Lösung zu suchen, wie Sie diese Situation in Zukunft anders lösen können. Welchen Beitrag kann jeder von Ihnen leisten? Stellen Sie eine konkrete Frage in den Raum, über die sich ein Gespräch entspinnen kann. Zum Beispiel: „Was können wir / kannst du machen, um so eine Situation in Zukunft zu verhindern?“, „Was braucht es für dich / für mich / für uns, um dieses Problem beiseitelegen zu können?“, „Was kannst du / können wir dazu beitragen, dass der Schaden behoben wird?“

Je älter unsere Kinder werden, desto bedeutender werden ihre Freundschaften und Beziehungen außerhalb des Familienkreises. Wie sich andere Kinder, aber auch Lehrer, Betreuer und andere Bezugspersonen ihnen gegenüber verhalten, bekommt mehr und mehr Gewicht. Gerade Freundschaften zu anderen Kindern sind essenziell. Sie tragen dazu bei, dass Kinder eine höhere Stresstoleranz entwickeln, sich seltener einsam fühlen und gestärkt in neue Beziehungen hineingehen.

Als Eltern und Bezugspersonen sind wir nicht Teil dieser Beziehungen. Weder können noch sollten wir versuchen sie zu kontrollieren oder die Konflikte unserer Kinder für sie austragen. Wir können unsere Kinder stattdessen unterstützen, indem wir ihnen ein Übungsfeld bieten, auf dem sie sich ausprobieren können. Im Umgang mit uns lernen unsere Kinder wichtige soziale Fertigkeiten, die Einfluss haben auf ihre weiteren Beziehungen. Anhand vieler verschiedener Übungssituationen lassen sich hilfreiche Strategien ausprobieren, wie wir miteinander umgehen, Konflikte austragen und Spannungen aushalten können.

All dies geschieht im Familiengefüge ganz von selbst. Kinder wachsen und lernen die ganze Zeit über. Unser Zusammensein bietet in der Regel genug Reibungsfläche, dass wir immer wieder aufgefordert sind, unser Verhalten zu überdenken und unseren Kontakt neu zu definieren. Achtsamkeit lädt uns ein, dieses Zusammenspiel genau zu beobachten und bewusst Wege zu wählen, die die sozialen Qualitäten und Fertigkeiten unserer Kinder stärken.

Die folgende Übung zeigt, wie Sie solche Fertigkeiten gemeinsam üben und stärken können. Sich zu grüßen und zu begrüßen steht sinnbildlich dafür, dass wir einander wahrnehmen, präsent sind und unser Gegenüber willkommen heißen. Ein solcher freundlicher Empfang erhöht die Wahrscheinlichkeit, dass auch unser Gegenüber sich auf uns einlässt. Ein erster Kontakt ist entstanden. Die Übung lädt Sie ein, mit den verschiedenen Weisen, sich zu grüßen, zu spielen und sie in Ihrem gemeinsamen Alltag zu erkunden.

Übung – Guten Tag

Überlegen Sie zu Beginn gemeinsam, zu welchen Gelegenheiten Sie sich den Tag über begrüßen. Vielleicht gleich nach dem Aufstehen? Oder wenn Sie nachmittags von Schule, Kindergarten oder der Arbeit zurückkommen? Wann gibt es noch Gelegenheiten sich zu begrüßen?

Im Anschluss an diese Überlegung können Sie darüber nachdenken, wie Sie sich üblicherweise begrüßen. Was sagen Sie zueinander? Wie geht es Ihnen damit? Welche Begrüßung würden Sie sich vielleicht wünschen? Was würde Ihnen guttun?

Mit diesem Schatz an Erinnerungen und Überlegungen können Sie in den nächsten Tagen das Begrüßen zur Übung machen. Seien Sie kreativ und entwickeln Sie Ihre eigenen Begrüßungsformen. Testen Sie über verschiedene Tage hinweg unterschiedliche Möglichkeiten und lassen Sie sich von den folgenden Ideen inspirieren:

- Die einfachste Weise ist, sich „Hallo“ zu sagen und zu lächeln, wenn wir uns sehen.
- Wenn Sie möchten fügen sie an dieses Lächeln einen Satz an, wie: „Hallo …, wie schön, dich zu sehen!“
- Probieren Sie aus, wie es ist, wenn Sie sich gegenseitig gemeinsam mit der Begrüßung auch ein Kompliment machen. Was fällt Ihnen am anderen auf, das Sie kurz benennen können?
- Sie können auch einen Tag lang ausprobieren, wie es ist, sich voreinander zu verbeugen. Wie fühlt es sich an, jede Begegnung mit einer kleinen Verbeugung zu begleiten, wie es Tradition in manchen buddhistischen Klöstern ist?
- Verabschieden Sie sich bewusst voneinander, wenn Sie das Haus verlassen. Welche guten Wünsche könnten Sie bei dieser Gelegenheit mit auf den Weg gegeben?
- Begrüßen Sie sich, wenn Sie wieder nach Hause kommen. Fragen Sie einander, wie es Ihnen geht und nehmen Sie sich eine oder zwei Minuten Zeit, dem anderen zuzuhören.

Sicherlich fallen Ihnen noch weitere Möglichkeiten ein, sich zu begrüßen und zu verabschieden. Werden Sie kreativ! Es darf durchaus Anlass zum Lachen und Spielen geben. Haben Sie das Begrüßen auf diese Weise für eine Weile ausprobiert, so reflektieren Sie gemeinsam, wie es Ihnen damit ergangen ist. Was hat

Ihnen Freude bereitet? Wie war es, begrüßt zu werden, und wie war es, der- oder diejenige zu sein, der oder die begrüßt wurde? Konnten Sie irgendeinen Unterschied in ihrem Verhältnis zueinander feststellen?

Manchen von uns fällt es leichter, sich auf fremde Menschen und neue Situationen einzulassen, als anderen. Als Menschen sind wir ganz unterschiedlich „gestrickt". Das ist gut so, denn so bleiben wir füreinander interessant und lernen voneinander verschiedene Sichtweisen und Handlungsmöglichkeiten kennen. Schwierig wird es, wenn wir regelrecht Angst vor anderen Menschen empfinden und uns nicht trauen, auf diese zuzugehen, obwohl wir uns eigentlich nach Kontakt sehnen. In diesem Fall kann es hilfreich sein, sich ganz achtsam an Begegnungen heranzutasten und auszuprobieren, wie wir Kontakt aufnehmen können mit anderen.

Sind wir in der Lage, uns auch in ungewohnten Umgebungen und mit fremden Menschen zurechtzufinden, so stärkt das unsere Gelassenheit ungemein. Besitzt Ihr Kind die Gewissheit, jederzeit neue Bekanntschaften machen und so ein Netzwerk an Freunden aufbauen zu können, so werden soziale Situationen weniger Enge und Angst verursachen. Ihr Kind ist so auch eher in der Lage die natürlichen Schwankungen einer jeden Freundschaft mit Gelassenheit hinzunehmen.

Die folgende Übung bestärkt Ihr Kind darin, anderen zu begegnen sowie freundlichen und neugierigen Kontakt aufzunehmen. Wie so oft, sind Sie als Eltern oder Bezugsperson dabei das Gegenüber, an dem Ihr Kind sich in sicherem Rahmen ausprobieren kann. Später wird es die Erfahrungen, die es mit Ihnen gemacht hat, auf seine eigene Umgebung übertragen können.

Übung – Kontakt aufnehmen

In dieser Übung sind Sie eingeladen miteinander Theater zu spielen. Sie verkörpern dabei eine fremde Person, während Ihr Kind es selbst bleibt und die Aufgabe hat, diese Person zu begrüßen und mit ihr ins Gespräch zu kommen. Wenn Sie möchten, können Sie sich beide dazu verkleiden. Das hilft Ihnen dabei, in eine andere Rolle zu schlüpfen, und Ihrem Kind. sich vorzustellen, es würde tatsächlich jemanden Unbekanntes ansprechen. Ein Hut, ein Schal, eine andere Brille, oft sind Kleinigkeiten schon ausreichend, um sich in eine erdachte Person hineinzufühlen.

Bevor Sie aber mit dem Spielen beginnen, ist es wichtig die Achtsamkeit einzuladen und sich in den Körper einzuspüren. Stehen Sie dafür ein oder zwei Minuten gemeinsam still und fühlen Sie sich in den Kontakt Ihrer Füße mit dem Boden ein. Erlauben Sie dem Körper in diesen Kontakt hinein schwer zu werden. Dann nehmen Sie zwei oder drei bewusste Atemzüge. Möchten Sie sich etwas strecken und recken, bevor es losgeht?

Nun sind Sie bereit mit dem Rollenspiel zu beginnen. Ihr Kind ist eingeladen, auf Sie zuzugehen und Sie zu begrüßen. Auf welche Weisen kann es das tun? Probieren Sie miteinander unterschiedliche Begrüßungen aus, und spüren Sie nach, wie sich diese anfühlen. Welche Möglichkeiten gibt es, ein Gespräch zu beginnen? Ermuntern Sie Ihr Kind unterschiedliche Varianten und Körperhaltungen auszuprobieren. Üben Sie auf diese Weise einige Male und besprechen Sie dann miteinander, wie Ihr Kind die Übung empfunden hat.

Sie können die Übung ausbauen und etwas herausfordernder machen, indem Sie als Angesprochene nicht immer gleich reagieren. Was passiert, wenn Sie selbst eine desinteressierte, gereizte, ängstliche oder kritische Mimik und Haltung annehmen? Kann Ihr Kind die Unterschiede spüren? Was löst das in ihm aus?

Machen Sie zwischendurch immer wieder eine Pause, strecken, recken und schütteln Sie sich, um die Eindrücke, die die bisherigen Versuche bei Ihnen hinterlassen haben, loszulassen. Bevor Sie weiterüben, nehmen Sie sich wieder einen Moment Zeit, um sich wieder im Körper zu ankern.

Zuletzt können Sie überlegen, welche Form der Begrüßung und der Versuche, ein Gespräch zu beginnen, besonders gut funktioniert haben. Diese kann Ihr Kind mit in den Alltag nehmen und sie in den nächsten Tagen in seinen Begegnungen mit anderen ausprobieren.

Wachsen durch Vertrauen

Der Selbstwert stärkt sich auf natürliche Weise, wenn wir Vertrauen in unsere Fähigkeiten und Qualitäten entwickeln. Fähigkeiten sind Handlungsstrategien, die wir uns durch Übung aneignen, um sie dann auf vielfältige Weise in ganz unterschiedlichen Situationen einsetzen zu können. Dazu zählen zum Beispiel Lösungsstrategien, soziale Kompetenzen, Menschenkenntnis, aber auch Fragetechniken, oder ein bewusster Umgang mit Konflikten. Qualitäten dagegen sind Einstellungen und Sichtweisen, die wir einsetzen, um uns auf eine hilfreiche Weise mit anderen Menschen und Erlebnissen zu verbinden. Dazu zählen Ruhe, Klarheit, Freundlichkeit, Geduld, Gelassenheit und vieles mehr.

Unser Selbstwert stabilisiert sich, wenn wir darauf vertrauen können, dass uns diese Qualitäten und Fähigkeiten selbst in schwierigen Momenten unterstützen. Das daraus gewonnene Vertrauen öffnet uns auch neue Sichtweisen auf uns selbst: Fehler und Kritik werden in ein Verhältnis gesetzt zu dem, was wir wissen und können. Eingebettet in diesen Kontext, verlieren sie ihre gefühlte Bedrohlichkeit für unseren Selbstwert.

Um das Vertrauen unserer Kinder in ihre Fähigkeiten und Qualitäten zu stärken, ist es ist wichtig, ihnen zu vermitteln, dass Lernen ein Prozess ist, der vor allem Zeit und Beharrlichkeit braucht. Wie gut wir mit Schwierigkeiten und Rückschlägen während eines Lernprozesses zurechtkommen, hängt wiederum mit dem Selbstwert zusammen. Hartnäckigkeit, Kreativität und Neugier gedeihen dann gut, wenn wir es uns erlauben, uns auszuprobieren und Fehler als notwendigen Teil dieses Prozesses ansehen. Fürchten wir uns davor, etwas falsch zu machen, geben wir im Angesicht von Hindernissen und Hürden entmutigt auf, oder probieren gar nicht erst etwas Neues aus. Beziehen wir Fehler auf unseren Selbstwert, so interpretieren wir Rückschläge als persönliches Versagen.

Wir können unsere Haltung des Lernens und Wachsens unterstützen, indem wir anstatt des Resultats einer Anstrengung die Bemühung selbst in den Vordergrund stellen. Die Tatsache, dass unser Kind sich einer Herausforderung annimmt, sich von einem Rückschlag nicht einschüchtern lässt und neue Wege erkundet, ein Problem anzugehen, ist etwas, dass wir wahrnehmen und wertschätzen sollten. Diese Beharrlichkeit ist von mindestens ebenso großer Bedeutung wie das Ergebnis selbst. Die folgende Übung lädt Sie dazu ein, Wachstumsprozesse Ihres Kindes mit wohlwollender Achtsamkeit zu begleiten.

Übung – Wachsen lassen

In dieser Übung ist Ihre Beobachtungsgabe gefragt. Bevor Sie beginnen, reflektieren Sie, welche Herausforderungen Ihr Kind gerade erlebt und welche Fähigkeiten es gerade weiterentwickelt. In welchen Aspekten möchten Sie Ihr Kind in seinem Wachsen unterstützen?

Überlegen Sie sich, welchen dieser Prozesse Sie in den nächsten Tagen begleiten wollen. Dann beginnen Sie damit, im Alltag die Situationen zu beobachten, in denen Ihr Kind sich um diesen Aspekt bemüht. Wann immer Sie es dabei beobachten sind Sie eingeladen, Ihre Wertschätzung zu äußern. Nehmen Sie ihm dabei weder die Aufgabe ab noch drängen Sie es vorwärts.

Halten Sie die Wertschätzung bzw. das Lob in einem angemessenen Rahmen. Beschreiben Sie das, was Sie wahrnehmen. Sie können zum Beispiel sagen: „Schön, wie du es noch einmal versuchst!", oder: „Ich sehe, dass es dir dieses Mal schon etwas leichter von der Hand geht", oder: „Ich finde es toll, wie hartnäckig du gerade bist."

Überlegen Sie, was Sie selbst motiviert, an einer schwierigen Aufgabe dranzubleiben. Was macht Ihnen Mut und was hält Sie davon ab aufzugeben? Lassen sich diese Erfahrungen dafür nutzen Ihr Kind noch weiter zu unterstützen?

Wir alle haben Wünsche, Ziele und Pläne. Unsere Kinder wollen wachsen und lernen auf dem Weg zum Erwachsenwerden jeden Tag neue Fähigkeiten, Methoden und Informationen kennen. Manchmal fühlt sich unser Ziel oder die gewünschte Fähigkeit so fern an, dass wir beginnen an uns zu zweifeln.

Der Unterschied zwischen dem, wie wir uns wahrnehmen und unserem Ziel ist gefühlt so groß, dass wir uns frustriert oder entmutigt fühlen.

Eine Möglichkeit, dem vorzubeugen, ist, unser Vorhaben in kleinere Schritte einzuteilen. Wir können überlegen, welche Informationen wir benötigen, welche Unterstützung und welche Aufgaben erledigt werden müssen, um am Ende zum gewünschten Ergebnis zu kommen. Aber nicht nur diese zielführenden Handlungen sind wichtig. Wir können ebenso überlegen, welche Fähigkeiten und Qualitäten zum gewünschten Erfolg beitragen und wie wir diese im Alltag nutzen und fördern können.

Ein solches Vorgehen hat mehrere Vorteile. Es nimmt uns ein Gefühl der Überforderung, in dem es uns einen Überblick über unser Vorhaben schenkt. Zusätzlich schult es unser Verständnis dafür, dass jedes Wachsen, Lernen und Werden ein Puzzlespiel aus vielen Faktoren ist. Anstatt in Frustration zu verfallen, weil etwas (noch) nicht gelingt, sind wir aufgefordert zu verstehen, welche Aspekte es braucht, damit unsere Unternehmung umsetzbar wird. Der große Vorteil an diesem Vorgehen ist, dass eine positive Bestärkung nicht länger abhängig ist, von der tatsächlichen Erreichung unseres Ziels. Jede Etappe und jeder Schritt enthalten bereits einen Zuwachs an Fähigkeiten, Übung, Einsicht und Verständnis mit sich, der uns bereichert.

Die folgende Übung zeigt Ihnen, wie Sie zusammen mit Ihrem Kind einen achtsamen Umgang mit Zielen finden können.

Übung – Kleine Schritte

Diese Übung bricht ein neues Vorhaben, ein Ziel oder einen Lernwunsch in kleinere und machbare Schritte herunter. Sie sind eingeladen diese Übung zusammen mit Ihrem Kind zu Beginn eines solchen Neuanfangs zu setzen und gemeinsam die folgenden Überlegungen anzustellen. Überlegen Sie zuerst, was es an materiellen Gegenständen und Informationen braucht, um das Vorhaben umzusetzen. Welche Materialien, Objekte oder Unterstützung anderer sind notwendig? Muss jemand um Hilfe gebeten werden?

Dann überlegen Sie sich, in welche kleinen Schritte und Aufgaben sich das große Ziel unterteilen lässt. Was muss man alles können und tun, um am Ende an das große Ziel zu gelangen? Fangen Sie am besten am Ziel an und untersuchen Sie mit der Frage: „Was muss ich dazu können / wissen / machen / lernen?" die zielführenden Schritte.

Überlegen Sie auch, wann und warum die Aufgabe schwierig werden könnte. Was würde in solchen Momenten helfen? Was könnte in Momenten des Zweifels und der Mutlosigkeit eine Stütze sein? Schreiben Sie zum Beispiel nieder, was Sie jetzt gerade motiviert, das lernen zu wollen. Auf welche Weise würde dieses Ziel oder das Erreichen dieser Fertigkeit das Leben Ihres Kindes verändern? Welchen Nutzen und Mehrgewinn hätten die Teilschritte?

Zuletzt können Sie noch überlegen, welche Qualitäten und Einstellungen notwendig sind, um zum Ziel zu kommen. Welche Sichtweisen und Haltungen würden Ihr Kind unterstützen? Überlegen Sie welche Gelegenheiten der Alltag bietet, um diese Qualitäten unabhängig von der Aufgabe zu üben und zu stärken.

Zum Schluss können Sie alle diese Elemente zu Papier bringen. Wenn Sie möchten können Sie Kästchen zum Abhaken hinzumalen, das verstärkt das Gefühl, Fortschritte zu machen. Nun ist Ihr Kind eingeladen, einen ersten Schritt zu machen. Welchen der vielen Punkte möchte es als Erstes umsetzen? Nutzen Sie in den nächsten Tagen und Wochen immer wieder die Gelegenheit. miteinander auf Ihren Plan zu schauen. Mit der tatsächlichen Umsetzung fallen Ihnen bestimmt Punkte und Schritte auf, die es zu ändern oder zu ergänzen gilt.

Wollen wir in der Lage sein, uns Fehler einzugestehen und aus der Ruhe heraus auf Kritik zu reagieren, so ist es notwendig, dass wir dies aus einer Haltung des Wohlwollens uns selbst gegenüber tun. Wenn wir wissen, was unsere Fähigkeiten, Qualitäten und liebenswerten Eigenschaften sind, dann können wir uns unsere Schwächen und Fehler um einiges besser eingestehen.

Wir erkennen diese als Teil unserer Menschlichkeit an, und wissen, dass wir auf unsere Stärken und Fähigkeiten vertrauen können, um schwierige Phasen durchzustehen und am Leben zu wachsen.

Klarheit zu haben über unsere liebenswerten und bestärkenden Eigenschaften, ist eine wichtige Ressource. Die Motivation dafür entstammt weder einer Selbstverliebtheit noch dem Wunsch andere zu übertrumpfen. Was uns stattdessen bestärkt, ist der Wunsch, aus dem Vollen schöpfen zu können, Stabilität und ein gesundes Maß an Selbstwert zu besitzen. Vergleiche dagegen führen dazu, dass wir uns beständig an anderen messen und in einem ständigen Kreislauf des Wertens gefangen sind. Fällt ein Vergleich zu unseren Gunsten aus, so fühlen wir uns vielleicht besser, sind aber auch von dem Wunsch getrieben, „besser zu bleiben“. Wir fühlen uns in Konkurrenz mit anderen, suchen deren Fehler und neigen dazu, sie herabzusetzen, um uns selbst besser zu fühlen. Fällt der Vergleich nicht zu unseren Gunsten aus, dann fühlen wir uns niedergeschlagen und weniger wert. Wir haben das Gefühl härter arbeiten zu müssen, um mithalten zu können und liebenswert zu sein.

Was die folgende Übung Ihnen und Ihrem Kind an die Hand gibt, ist ein achtsames Betrachten der eigenen Fähigkeiten, Qualitäten und liebenswerten Eigenschaften, aus denen heraus der Mut und die Zuversicht entsteht, Fehler zu akzeptieren und Schwachstellen zu erkennen, ohne uns selbst dafür mit Aggression zu begegnen, und aus dieser Ruhe heraus Verantwortung für unser Fehlverhalten zu übernehmen.

Übung – Stärken benennen

Kommen Sie zusammen, machen Sie es sich gemütlich und legen Sie Papier und Stifte bereit. Nehmen Sie sich ein paar Minuten Zeit, um darüber zu sprechen, was Ihrem Kind in letzter Zeit gut gelungen ist. In welchen Situationen war Ihr Kind in der Lage eine Lösung zu erarbeiten, oder konnte mit einem Konflikt oder einer Schwierigkeit einen guten Umgang finden? Was hat es in letzter Zeit gelernt? Was sind Ihnen sonst noch an Fähigkeiten und

Qualitäten an ihm oder ihr aufgefallen? Welche Eigenschaften an Ihrem Kind würden Sie als besonders liebenswert beschreiben?

Achten Sie darauf, in ihren Beispielen so konkret wie möglich zu sein. Nennen Sie Beispiele aus dem Alltag, an die Sie sich erinnern. Reduzieren Sie diese dann auf eine oder zwei Fähigkeiten oder Qualitäten, die sich in dieser Situation gezeigt haben. Überlegen Sie gemeinsam, ob es noch weitere Momente gab, in denen sich diese Eigenschaften positiv bemerkbar gemacht haben. Schreiben Sie eine Liste, auf der Sie alle Stärken Ihres Kindes notieren. Vielleicht möchte es diese Liste auch lieber in sein Tagebuch notieren oder ein Plakat damit gestalten.

Zur Unterstützung folgt eine Liste möglicher Stärken, die Sie beide um Ihre eigenen Ideen ergänzen können:

- Tapferkeit
- Kreativität
- Neugier
- Fairness
- Dankbarkeit
- Ehrlichkeit
- Zuversicht
- Bescheidenheit
- Humor
- Freundlichkeit
- Tatendrang
- Freundlichkeit
- Lernbereitschaft
- Hartnäckigkeit
- Liebe zum Detail
- Ausgeglichenheit

- Empathie
- Kooperation
- Fröhlichkeit

Sie können die Übung ausweiten, indem Sie Ihr Kind einladen, sich eine Stärke auszuwählen und zu beobachten. Wann und wo macht sich diese Eigenschaften über den Tag hinweg bemerkbar? Woran bemerkt Ihr Kind seine Anwesenheit? In welchen Situationen ist diese Eigenschaft besonders hilfreich? Auf welche Weisen kann sie Ihr Kind unterstützen?

Die meisten Qualitäten und Fähigkeiten, die wir uns wünschen, besitzen wir zu einem gewissen Maß bereits. Wenn wir achtsam genug hinsehen, werden wir Momente und Erlebnisse finden, in denen sich die Stärke, die wir uns wünschen, zeigt. Es kann ungemein ermutigend und bestärkend sein, diese Momente bewusst wahrzunehmen. In solchen Augenblicken fällt die Idee von uns ab, dass uns „etwas fehlt". Stattdessen werden wir mit der Einsicht beschenkt, dass jede Eigenschaft wie ein Samen ist, der bereits in uns angelegt ist und um den wir uns lediglich behutsam und mit Hingabe kümmern, damit er wachsen kann.

Die folgende Übung lädt Ihr Kind dazu ein mit Aufmerksamkeit sein eigenes Handeln zu beobachten, und die Fähigkeiten und Qualitäten, die es sich wünscht, weiter zu stärken.

Übung – Die Samen gießen

Erzählen Sie zu Beginn der Übung Ihrem Kind die folgende Geschichte: Ihr Kind darf sich vorstellen, dass es im Schaufenster eines Blumenladens eine wunderschöne Blume findet. Sie duftet und schillert in allen Farben. In ihrer Gegenwart fühlt sich Ihr Kind sicher und zufrieden. Es wünscht sich eine solche Blume für sein zu Hause, für den Garten oder das Fensterbrett. Allerdings erfahren Sie im Laden, dass man die Blume nicht kaufen kann. Das Einzige, was der Blumenhändler Ihnen verkaufen kann, sind die Samen der Blume. Diese nehmen Sie mit. Nun ist es die Aufgabe Ihres Kindes, mit viel Geduld und Fürsorge für die Samen zu sorgen, sodass aus diesen eines Tages eine dieser wunderschönen Blumen wird.

Überlegen Sie sich gemeinsam, welche Stärke, Qualität oder Fähigkeit diese Blume repräsentieren könnte. Bei welchen Gelegenheiten würde sich diese neue Eigenschaft bemerkbar machen? Wie würde sie Ihr Kind unterstützen?

Dann können Sie auf ein Papier eine Blume malen. Diese Blume besitzt zahlreiche Blütenblätter. Jedes dieser Blätter steht für einen Tag, an dem Ihr Kind die Qualität oder Fähigkeit zumindest einmal bewusst beobachtet oder zum Einsatz gebracht hat. Sie können fünfzehn oder zwanzig bzw. bis zu dreißig Blütenblätter malen, je nach dem über welchen Zeitraum Ihr Kind sich der neuen Eigenschaft widmen möchte.

In den kommenden Tagen kann Ihr Kind nun für jeden Tag, an dem es sich in der Qualität oder Fähigkeit geübt hat, ein Blütenblatt anmalen. Wenn die Blume angemalt ist, können Sie gemeinsam überlegen, was sich durch die Übung verändert hat.

Der innere Kritiker, jene Gedanken- und Aufmerksamkeitsmuster, die uns unablässig kritisch beobachten und unser Handeln und unsere Gefühle kommentieren, ist für viele ein regelmäßiger Besucher. Auch Kindern ist er bereits vertraut. Wir erkennen ihn an seiner harschen Kritik, mit der er jeder Art von Handeln, Fühlen und sogar Denken bewertet. Er misst Fehlern und Enttäuschungen oft übermäßig viel Bedeutung zu und entwertet kleine Erfolge oder Momente der Zufriedenheit. Eine solche Sicht auf uns selbst setzt den Selbstwert stark unter Druck, treibt uns immerfort an, und vermittelt uns das Gefühl, nicht „gut genug“ zu sein.

Wie begegnet man einer solchen harschen Selbstkritik? Unser erster Impuls mag sein, mit ihr zu verhandeln und dagegen zu argumentieren. Oder aber uns noch mehr anzustrengen, um die Stimme zu befrieden. In beiden Fällen werden unsere Versuche relativ fruchtlos bleiben. Der innere Kritiker ist kreativ und dominierend in seiner Argumentationsweise. Wir kommen gegen seine Vorwürfe, Behauptungen und Sichtweisen selten an und enden erschöpft und rastlos durch all das Denken, in das wir verwickelt waren. Doch auch sich der Stimme zu unterwerfen ist wenig erfolgversprechend. Denn der innere Kritiker findet immer noch etwas, was besser sein könnte, vergibt unsere Fehler selbst nach größter Anstrengung nicht und entwertet die kleinen Erfolge, die sich durchaus in unserem Leben zeigen. Er deutet Lob und die Wertschätzung anderer in Mitleid oder Heuchelei um, und malt uns Bilder davon, was diese Menschen „wirklich" von uns Denken. Wachsen und Lernen, Erkunden und sich ausprobieren ist schwierig, wenn eine solche Stimme jede unserer Handlungen begutachtet und bewertet.

Wollen wir unsere Kinder darin unterstützen einen gesunden Selbstwert zu entwickeln und ihre Selbstständigkeit fördern, so ist es wichtig, solche kritischen inneren Strukturen auszugleichen. Die folgenden Übungen bilden einen Ausgleich zu einer solchen aggressiven und kritischen Sicht auf sich selbst. Wählen Sie jene Übungen aus, die sich für Sie und Ihr Kind gerade relevant und besonders heilsam anfühlen.

Die erste Übung hilft uns, die Sicht auf die Dinge zu wechseln, wann immer wir uns einer negativen oder kritischen Sichtweise bewusst werden. Anstatt uns auf unsere eigenen Fehler und die Fehler anderer zu konzentrieren, schaffen wir Raum und einen umfassenderen Blick auf das Geschehen.

Übung – Die Vogelperspektive

Beginnen Sie die Übung damit, dass Sie sich gemeinsam ausgiebig strecken und recken. Ein kritischer Blick lässt uns oft unbewusst zusammensinken und führt zu Anspannungen in unseren Muskeln. Schütteln, hüpfen und dehnen Sie sich kräftig zu allen Seiten.

Dann stellen Sie sich vor, Sie könnten sich selbst durch die Augen eines Vogels wahrnehmen. Dieser sitzt weit oben in einem Baum oder auf einem Hausdach und beobachtet die Menschen um ihn herum. Was würde er sehen, wenn er Sie oder Ihr Kind gerade beobachten würde? Was würde ihm an ihnen auffallen? Was hätte dieser Vogel über den heutigen Tag hinweg alles sehen können? Würde der Vogel ebenso kritisch auf uns schauen, wie wir das tun würden? Was würde dem Vogel stattdessen vielleicht auch auffallen?

Spüren Sie für einen Moment nach, wie es ist, sich selbst durch die Augen eines neutralen Beobachters zu betrachten. Wie hat es sich angefühlt aus der eigenen Perspektive herauszutreten und sich stattdessen aus der Ferne zu beobachten? Konnten Sie oder Ihr Kind eine Veränderung im Körper und in Ihrem Denken spüren?

Im Anschluss an diese neutrale Perspektive können wir natürlich auch eine wohlwollende Blickweise auf uns selbst einladen. Beide Übungen zeigen uns, dass die Art und Weise, wie wir uns betrachten, nicht in Stein gemeißelt ist. Wir können den Blickwinkel wählen, der uns in der Situation am besten unterstützt.

Vielleicht werden Sie oder Ihr Kind feststellen, dass der wohlwollende Blick auf uns recht ungewohnt ist, und wir immer wieder in eine kritischere Haltung uns selbst gegenüber rutschen. Auch hier bedarf es einiger Geduld und Beharrlichkeit, um ein, vermutlich sehr altes, Muster zu ändern. Die folgende Übung hilft Ihnen dabei, eine freundschaftliche Haltung sich selbst gegenüber zu kultivieren.

Übung – Der freundliche Kommentator

Wie in der Übung zuvor, kann etwas Bewegung oder sogar ein flotter Spaziergang dabei helfen, die kritische Selbstbetrachtung zu unterbrechen. Laden Sie Ihr Kind ein, sich in seinen oder ihren Körper hineinzuspüren. Nehmen Sie Kontakt mit den unmittelbaren Empfindungen in Füßen, Händen und im Gesicht auf. Strecken und Dehnen Sie sich nach Herzenslust und spüren Sie, welche Bewegung dem Körper nun guttun würde.

Dann kommen Sie wieder zur Ruhe und nehmen eine bequeme Haltung ein. Laden Sie Ihr Kind ein den heutigen Tag noch einmal vor dem inneren Auge wie einen Film abzuspielen. Dieses Mal ist aber nicht die innere kritische Stimme der Kommentator. Stattdessen darf jemand ans Rednerpult, der Ihnen wohlgesonnen ist. Sie können sich vorstellen, dass ein Freund oder eine Freundin oder aber auch eine Figur Ihrer Vorstellung, ein Superheld, eine Person aus einem Buch, Film etc. das Geschehen kommentiert.

Was würde einem solchen Unterstützer auffallen? Welche Erlebnisse, Fähigkeiten und Qualitäten würde dieser herausstreichen? Wie würde ein solcher Freund / eine solche Freundin die schwierigen und herausfordernden Momente kommentieren?

Ein innerer Kritiker macht sich regelmäßig durch eine abweisende, beschämende und abwertende Sprache bemerkbar, mit der er unsere Handlungen und unsere Person kommentiert. Und doch fällt es nicht leicht, diese Struktur zu lösen und durch eine mit mehr Wohlwollen und Freundlichkeit zu ersetzen. Das mag daran liegen, dass der Kritiker mit seinen beständigen Kommentaren und harschen Anweisungen auch ein Gefühl von Orientierung und Struktur vermittelt. Ohne ihn, so denken wir, wüssten wir nicht was zu tun ist und würden uns auch nicht genug anstrengen.

Daher kann ein hilfreicher Schritt den inneren Kritiker zu entmachten sein, ihnen durch einen inneren Freund zu ersetzen, der unser Handeln ebenfalls begleitet, dies aber auf eine freundliche, ermutigende und geduldige Weise tut. Die folgende Übung zeigt, wie Sie dies zusammen mit Ihrem Kind ausprobieren können.

Übung – Eine liebevolle Sprache

Überlegen Sie zusammen mit Ihrem Kind, wie es wäre, wenn diese innere Stimme, die sie bewertet, ihre Handlungen kommentiert und unzufrieden ist, eine echte Person wäre. Wie würden Sie sich in der Gegenwart dieser Person fühlen? Haben Sie ein Bild, wie Sie aussehen würde? Ist es hilfreich, diese Stimme mit sich zu tragen? Wie fühlen Sie sich, wenn diese kritische Stimme zu Ihnen spricht?

Nun nehmen Sie sich vor, für einen bestimmten Zeitraum, einen Tag, mehrere Tage oder gar eine Woche statt diesem Kritiker einen inneren Freund einzuladen. Vielleicht möchte sich Ihr Kind auch diese Person vorstellen. Es kann sich dabei um eine echte Person handeln oder aber auch eine imaginäre Figur oder ein Tier. Nehmen Sie sich Zeit, sich diesen inneren Freund / diese innere Freundin im Detail vorzustellen. Wie würde er oder sie sprechen? Wie reagiert Sie oder er in Momenten, in denen Sie Angst haben, enttäuscht oder frustriert sind, sich Sorgen machen oder sich hilflos fühlen?

Überlegen Sie sich gemeinsam einige Sätze der Bestärkung, des Verständnisses, der Geduld und Freundschaft, die ein solcher Freund anbieten würde. Welche Sätze würde eine Freundin sagen, um Mut und Kraft zu spenden? Was sagt sie, wenn uns ein Fehler passiert oder wir uns in einer schwierigen Situation wiederfinden. Hier einige Vorschläge, die Sie gern um Ihre eigenen ergänzen können:

- „Das kann man bestimmt reparieren."
- „Du schaffst das schon. Ich glaub an dich."
- „Jetzt ist es passiert. Wie können wir das das nächste Mal anders machen?"
- „Jeder macht einmal Fehler."
- „Lass es uns einfach noch einmal versuchen."
- „Vielleicht muss ich jemanden um Hilfe bitten."
- „Das ist gut genug. Es muss nicht perfekt sein."
- „Das ist echt schwierig. Das wäre für jeden schwierig."

Nun sind Sie und Ihr Kind eingeladen, über die nächsten Tage hinweg immer wieder innezuhalten, und zu lauschen, mit welcher Stimme Sie gerade zu sich selbst sprechen. Wenn sie merken, dass der innere Kritiker spricht, ist es möglich, wie an einem Radio den Kanal zu wechseln und stattdessen den inneren Freund einzuladen?

Besprechen Sie miteinander, wann Ihnen das gelungen ist und wie es sich angefühlt hat. Wann war es eine Herausforderung, den inneren Freund einzuladen? Welche Veränderungen können Sie nach den Tagen feststellen?

Wachsen durch Handlungsspielraum

Kennen wir geeignete Strategien und Mittel, um zwischenmenschlichen Konflikten, Missgeschicken und Schwierigkeiten zu begegnen, so sinkt die Wahrscheinlichkeit, dass wir uns hilflos oder überfordert fühlen. Je mehr Vertrauen wir haben, dass wir in der Lage sein werden, Lösungen zu finden und Spannungen auszuhalten, umso ruhiger sind wir. Je eher wir Missgeschicke, Enttäuschungen und Veränderungen als Teil des Lebens annehmen, anstatt dafür die Schuld in uns und anderen zu suchen, umso eher erfahren wir Gelassenheit im Umgang mit ihnen.

Unser Leben ist durchzogen von Herausforderungen und Schwierigkeiten. Was die Zukunft bringt, ist nur schlecht planbar. Hoffnungen, Wünsche und Erwartungen gehören zu unserem Erleben, doch es gibt keine Garantie und kein Recht darauf, dass sie wahr werden. Das gilt auch im Rahmen unserer Beziehungen. Wo immer Menschen zusammenkommen, treffen früher oder später gegensätzliche Bedürfnisse aufeinander, die uns Verhandlungen, Kompromisse und Geduld abverlangen. Manchmal prägen auch Krankheit und Verlust unser Leben und führen uns die eigene Zerbrechlichkeit, ebenso wie die anderer Menschen, vor Augen.

Wir erleben es immer wieder, dass manche Menschen aus Rückschlägen, Enttäuschungen und sogar bedrohlichen Situationen, relativ unbeschadet hervorgehen, während für andere das Erlebnis noch lange Zeit nachhallt. Die Intensität der schwierigen oder auch traumatischen Erfahrung spielt eine wichtige Rolle, darin, wie gut es uns gelingt, eine Erfahrung zu verarbeiten. Ein weiterer Faktor ist, „wie" wir auf ein Erlebnisse reagieren. Welchen Umgang wir mit stressreichen Situationen finden, wird durch die Fähigkeit der Resilienz beschrieben.

Sie macht sich zum einen in unserer Einstellung der Herausforderung gegenüber und der Rolle bemerkbar, die wir uns selbst im Umgang mit ihr zuschreiben. Eine Haltung der Resilienz nimmt die Herausforderung durchaus als solche wahr, fragt sich aber auch, welche Anforderung eine Schwierigkeit an uns stellt, und welche Fähigkeiten und Qualitäten es nun gilt, weiterzuentwickeln. Sie holt uns aus einer erduldenden und ohnmächtigen Rolle zurück in eine gestaltende Rolle. Dadurch macht sie uns wieder handlungsfähig und erlaubt uns mit Mitgefühl, Ruhe und Klarheit auf die Situation zu reagieren.

Resilienz heißt dabei nicht, dass wir hinnehmen müssen, was mit uns geschieht und alles passiv erdulden. Resilienz bedeutet vielmehr, dass wir unseren Handlungsspielraum ausloten und aus Mitgefühl mit uns selbst fragen, welche Haltungen und Handlungen unter den gegebenen Umständen uns am ehesten Ruhe, Klarheit und Zufriedenheit schenken. Schrittweise sind wir in der Lage, uns selbst zu beruhigen und zu stärken, Mitgefühl für die erlebten Schwierigkeiten zu empfinden und uns auf unsere Ressourcen zu besinnen. Die folgende Übung zeigt, wie Sie Ihr Kind schrittweise durch diesen Prozess der Resilienz begleiten können.

Übung – Resilienz stärken

Mit dieser Übung unterstützen Sie Ihr Kind, wenn es dabei ist, sich in Angst, Wut oder Enttäuschung zu verlieren. Die Übung soll diese Emotionen nicht entwerten oder verdrängen, sondern stattdessen Raum um das Erlebnis schaffen, sodass Ihr Kind sich seinen Gefühlen zuwenden kann, ohne dass diese es überwältigen.

Sie sind eingeladen, die einzelnen Schritte dieser Übung erst einmal im Alltag zu üben, ohne dass dafür eine besondere Herausforderung vorliegen muss. So werden Ihnen und Ihrem Kind die Schritte vertraut, und Sie können sie gemeinsam anwenden, wenn Sie diese benötigen.

Der erste Schritt liegt im **Stabilisieren und Zur-Ruhe-Kommen**. Unter Druck neigt unser Geist dazu, viel und dicht zu denken. Doch gerade in Momenten anhaltenden Stresses und der Unruhe, kann es hilfreich sein, sich für eine Weile vom Denken zu lösen, bis Sie bzw. Ihr Kind wieder „klarsehen“ können. Nutzen Sie Ihre Körper, um Sie zurück in den gegenwärtigen Moment zu geleiten und eine relative Klarheit zu finden. Probieren Sie folgende Möglichkeiten aus und sehen Sie was sich für Sie und Ihr Kind am wirksamsten erweist:

- Stellen Sie sich aufrecht hin und spüren Sie den Kontakt Ihrer Füße zum Boden. Lenken Sie ganz bewusst Ihre Aufmerksamkeit immer wieder in die Fußsohlen und nehmen Sie Ihr eigenes Gewicht wahr. Sie können vor und zurück und von Seite zu Seite wippen, um den Eindruck zu intensivieren.
- Legen Sie eine Hand auf den Brust- und eine Hand auf den Bauchbereich und atmen Sie bewusst in diese Bereiche. Wenn möglich, so erlauben Sie dem Ausatem mit jedem Atemzug ein klein wenig länger zu werden.
- Bringen Sie die Aufmerksamkeit in Ihre Finger und Hände. Vielleicht möchten Sie diese langsam öffnen und schließen, um den Eindruck zu verstärken. Vielleicht möchten Sie auch die Hand, speziell den Bereich zwischen Daumen und Zeigefinger, sanft massieren.

Sobald Sie das Gefühl haben, nicht mehr von ihren Emotionen überwältigt zu sein, kommt der zweite Schritt: **Mitgefühl**. Hier sind Sie eingeladen, sich gegenseitig Trost zu spenden oder fürsorglich zu sich selbst sein. Welche Sätze fallen Ihnen ein, die Sie in diesem Moment beruhigen könnten? Hier einige Vorschläge, die Sie zueinander sagen können, oder aber auch im Stillen zu sich selbst:

- „Das ist nicht einfach. Ich sehe, dass dir das schwer fällt."
- „Ich bin für dich da und begleite dich durch diese Schwierigkeit hindurch."
- „Ich sehe, wie dich das schmerzt / wütend macht / Sorge bereitet. Du bist nicht allein damit."

Zusammen mit diesen Sätzen darf sich ein Gefühl der Wärme und Empathie für den Schmerz und die Enttäuschung einstellen. Wenden Sie sich einander mit der Fürsorge zu, die sie gern für sich selbst in Momenten der Sorge oder des Leids erfahren würden. Wiederholen Sie die oben genannten Sätze einige Male bewusst und sprechen Sie auf eine freundliche und fürsorgliche Weise zu sich selbst. Können Sie spüren, wie der Körper darauf reagiert? Welche Veränderung stellt sich in Atem und Fühlen ein, wenn Sie sich selbst mit Mitgefühl begegnen?

Anschließend können Sie den Prozess entweder ausklingen lassen oder einen dritten Schritt anschließen. Wenden Sie diesen nur an, wenn Sie das Gefühl haben, dass Ihr Kind und Sie selbst ruhig genug sind und Sie ausreichend Zeit hatten, sich mit Mitgefühl zu begegnen.

Der **Schritt des Wachsens** stellt die Frage, was wir aus einer Situation lernen können, bzw. was sie von uns fordert. Diese Frage lenkt unseren Blick fort von unserer Enttäuschung, unserem Schmerz und dem Empfinden der Ohnmacht und Hilflosigkeit und führt ihn zurück in eine Handlungsfähigkeit. Oft wird dieser Wechsel als eine Erleichterung wahrgenommen.

Stellen Sie die folgenden Fragen in den Raum, ohne sofort eine Antwort auf Sie wissen zu müssen. Lassen Sie sich Zeit zum Nachdenken und Reflektieren und kommen Sie zu einem späteren Zeitpunkt noch einmal zusammen, um mögliche Antworten zu besprechen:

- Gibt es etwas, was ich aus dieser Situation lernen kann?
- Welche Möglichkeiten habe ich, etwas zu ändern?
- Was braucht die Situation von mir?
- Woran kann ich in dieser Situation wachsen?
- Welche Fähigkeiten und Qualitäten können mir in diesem Moment helfen?

Wollen wir handlungsfähig bleiben, das heißt in der Lage sein, unser Leben und Erleben mitzugestalten, so ist es von großer Bedeutung, achtsam für die Qualität unseres Denkens zu sein. Übermäßiges Zweifeln, Grübeln und sich immer wiederholende Gedankenschleifen machen uns nicht nur handlungsunfähig – sie ermüden auch den Geist, machen uns emotional instabil und unruhig.

Es ist nicht einfach, sich aus diesen drängenden Gedanken und immer wiederkehrenden Fragen zu lösen. Die Angst, Sorge oder Unruhe, die als treibende Kräfte oftmals hinter solchen Gedanken stehen, suggerieren uns, dass wir denselben Gedankenprozess wieder und wieder durchlaufen müssen. Nicht nachzudenken fühlt sich regelrecht bedrohlich an.

Achtsamkeit kann hier eine sehr erholsame Erfahrung sein. Wir erleben, dass in der Zuwendung hin zu Körper und Atem nicht nur diese Gedanken zur Ruhe kommen, sondern wir auch an Klarheit und gesunder Distanz gewinnen. Zwei Faktoren, die oft hilfreicher sind als jede zusätzliche Minute des Grübelns. Es braucht allerdings einiges an Übung und Beharrlichkeit, um sich aus den drängenden und fordernden Gedanken herauszulösen und zu Ruhe zu finden. Daher kann nur immer wieder betont werden, wie wichtig eine freundliche Geduld für die Praxis der Achtsamkeit ist.

Die Art und Weise des Denkens hängt auch eng mit dem Selbstwert zusammen. Ein gesunder Selbstwert zeichnet sich dadurch ab, dass wir nicht fortwährend unsere eigenen Handlungen, Ideen und Initiativen infrage stellen, sondern uns ausprobieren und die Ergebnisse unserer Handlungen mit Neugier und Forschergeist beobachten. Ein gesunder Selbstwert nutzt weniger die einschränkenden und wertenden Kriterien von „richtig“ und „falsch“, sondern erkundet das Erleben und Handeln vielmehr anhand von Kategorien, die das Wohlbefinden aller Beteiligter beschreiben, wie „beruhigend“, „mitfühlend“, „Klarheit schaffend“, „zufrieden stellend“, „Harmonie schaffend“ etc.

Die folgende Übung unterstützt Sie und Ihr Kind darin, aus wiederkehrenden Gedankenschleifen des Zweifelns und Grübelns herauszutreten und neue Perspektive auf die Geschehnisse einnehmen zu können.

Übung – Die Anti-Grübel-Kiste

Der erste Schritt dieser Übung besteht darin, sich mit dem Grübeln und Zweifeln vertraut zu machen. Wir nutzen die Achtsamkeit, um festzustellen, wie es sich anfühlt fortwährend zu denken, abzuwägen und Alternativen durchzuspielen. Fragen Sie Ihr Kind, wie es sich anfühlt viel nachzudenken. Wann kann es unangenehm sein, viel zu denken, wann sogar Probleme größer machen? Erkunden Sie gemeinsam, welche körperlichen Empfindungen mit dem Grübeln und Zweifeln verbunden sind. Wo können Sie im Körper das Denken fühlen? Welche Bereiche werden vielleicht eng oder angespannt?

Wenn Ihr Kind erkennt, wie unangenehm, ermüdend und wie wenig zielführend das Denken in manchen Fällen ist, fällt es ihm leichter einen alternativen Weg zu wählen. Sie können es zusätzlich unterstützen, indem Sie Handlungsalternativen zum Nachdenken und Grübeln anbieten. Stellen Sie dafür gemeinsam eine Kiste mit Dingen zusammen, die Ihr Kind dazu einladen, sich abzulenken und das Denken für eine Weile ruhen zu lassen.

Überlegen Sie dafür gemeinsam, welche Aktivitäten Ihr Kind gern macht. Was geht ihm leicht von der Hand? Worin kann es sich über längere Zeit vertiefen? Was beruhigt und erdet es? Malt es gern? Hört es gern Musik? Tanzt es oder puzzelt es gern? Einige weitere Möglichkeiten finden sie in der folgenden Liste:

- alle Arten von Sport
- alle Arten von Balanceübungen (von Yogaübungen bis zum Einradfahren)
- ein Bad, eine kurze Dusche, oder kaltes Wasser für Gesicht oder Handgelenke
- lesen (eine spannende Geschichte, ein interessantes Sachbuch)
- ein Hörbuch anhören
- malen oder etwas abzeichnen

- ein Rätsel lösen (Rätselhefte, Rätselbücher, etc.)
- einen Anti-Stress-Ball mehrfach kräftig drücken
- die beliebtesten Achtsamkeitsübungen aus diesem Buch

Sammeln Sie drei oder vier mögliche Tätigkeiten und legen Sie in einer Kiste oder einer Box alle Utensilien bereit, die Ihr Kind benötigt, um sofort damit beginnen zu können.

Stellen Sie Ihrem Kind die Box zur Verfügung, wann immer es bemerkt, dass es in zu intensives Grübeln oder Nachdenken gerät. Wenn Angst, Sorge, Zweifel oder Unruhe aufkommen, so kann Ihr Kind diese Kiste hervorholen und sich mit den Dingen darin beschäftigen.

Es ist unter Umständen hilfreich, zusammen mit all den anderen Gegenständen einen Wecker in die Kiste zu legen. Dieser kann auf 10 Minuten gestellt werden und begrenzt die Zeit, in der Ihr Kind versucht sich selbst zu beruhigen. Sollte es nach dieser Zeit noch keine Entspannung spüren, so ist es eingeladen, sich an Sie oder eine andere Bezugsperson zu wenden, um mit Ihnen seine Sorgen zu besprechen.

Über unsere menschliche Fähigkeit nachzudenken ist Schatz und Falle zugleich. Dank unseres Denkvermögens können wir planen, reflektieren, träumen, konstruieren und vieles mehr. Gleichzeitig kann unser Denken auch schmerzhaft und ermüdend sein, wenn es sich als Zweifel, Grübeln oder innerer Kritiker zeigt. Es ist hilfreich zu erkennen, dass auch diese Denkmuster, so unangenehm sie sind, lediglich Versuche unseres Geistes sind, uns zu beschützen und uns Wege aufzuzeigen, glücklicher zu werden. Unser Geist denkt viel, weil er auf diese Weise versucht Lösungen zu finden, Probleme zu analysieren und Alternativen gegeneinander abzuwägen.

Beobachten wir unseren Geist beim Denken, so erkennen wir allerdings, wie unstrukturiert und konfus dieser Prozess mitunter ist. Unser Denken enthält viele Wiederholungen und lässt sich nur allzu gern von der eigentlichen Frage ablenken. Daher kann es sehr hilfreich sein, eine Reihe Fragen zur Hand zu haben, die eine Übersicht schaffen und dem Denken mehr Struktur geben. Die folgende Übung lädt ein, zu erkunden, was geschieht, wenn Sie und Ihr Kind gewohnte Denkmuster und Grübeleien durch hilfreiche und weiterführende Fragen ersetzen.

Übung – Fragen stellen

Wenden Sie diese Übung an, wenn Sie feststellen, dass Ihr Kind in Zweifeln, Grübeln oder Sorgen feststeckt und sich über immer die gleichen Dinge Gedanken macht. Bieten Sie ihm an, mit ihm eine Reihe Fragen auszuprobieren, die in den Überlegungen vielleicht weiterhelfen können.

Bevor Sie gemeinsam reflektieren, ist Ihr Kind eingeladen, zur Ruhe zu kommen. Mit einem ruhigen Herzen und einem klaren Kopf lässt sich viel besser nachdenken. Ziehen Sie eine der Übungen aus dem zweiten Kapitel zurate und kommen Sie für einige Minuten in Körper oder Atem zur Ruhe.

Dann können Sie sich eine der folgenden Fragen stellen und sehen, ob sie Ihrem Kind weiterhilft. Sie wissen, dass eine Frage weiterhilft, wenn sie in konkreten Überlegungen und vielleicht sogar Handlungsimpulsen mündet und das Gefühl gibt, nicht länger ohnmächtig oder hilflos zu sein. Natürlich sind Sie eingeladen, die Vorschläge um Ihre eigenen Ideen zu ergänzen.

- „Welche kleinen Schritte kann ich unternehmen, um das Problem zu lösen?"
- „Was wäre der erste Schritt, den ich tun könnte?"
- „Was ist das Schlimmste, was passieren könnte, wenn ich diesen ersten Schritt mache?"
- „Was würde mir dabei helfen, auch damit klarzukommen?"
- „Wie wahrscheinlich ist es, dass der schlimmste Fall eintritt?"
- „Welche anderen Entwicklungen sind auch möglich und wahrscheinlich?"

- „Welche Informationen brauche ich, damit ich das Problem angehen kann?“
- „Was muss ich wissen, damit ich diese Entscheidung treffen kann?“
- „Was kann ich versuchen das nächste Mal anders zu machen?“
- „Was kann ich tun, während ich warte wie sich die Dinge entwickeln?“
- „Wie kann ich das Warten so gestalten, dass ich die Zeit unabhängig vom Ausgang für mich gut nutzen kann?“
- „Was ist das Wichtigste, was ich aus dieser Situation lernen kann?“
- „Was kann ich aus dieser Situation für das nächste Mal mitnehmen?“

Ermuntern Sie ihr Kind, so präzise wie möglich zu antworten. Auf dem Weg zu Lösungen und Änderungen ist es von großem Wert kleinteilig und schrittweise vorzugehen, sodass die Handlungen machbar erscheinen. Je genauer wir die nächsten Schritte und die Einsichten, die uns ein Fehlschlag geschenkt hat, benennen können, desto wahrscheinlicher ist es, dass wir uns handlungsfähig fühlen und an der Situation wachsen können.

Fragen wie „Warum?“ und „Weshalb ich?“ sind dagegen selten weiterführend. Sie können in eine Spirale des Analysierens und Fehlersuchens führen, die wahrscheinlich kein Ende findet. Stattdessen münden sie oft in Vorwürfen oder Schuldgefühlen.

Mitunter betreffen die Fragestellungen und Sorgen, die uns beschäftigen, aber auch weit mehr als unser rein persönliches Erleben. In Zeiten von Klimakrise und sozialem Wandel wachsen viele unserer Kinder auf mit Sorge und sogar in Angst im Hinblick auf die Zukunft. Das natürliche Einfühlungsvermögen unserer Kinder für andere trifft auf Bilder und Berichte des Leids und der Ungerechtigkeit gegenüber Mensch, Tier und Natur. Unsere Kinder reagieren empört, schockiert, wütend oder zutiefst traurig über das, was sie sehen, hören und erleben.

Eine mögliche Reaktion auf das Erleben von Leid und die Ungerechtigkeit, ist der Wunsch, etwas daran zu ändern, unsere angeborene Fähigkeit zum Mitgefühl. Für das Wohlergehen unserer Kinder ist es wichtig, diesen Wunsch anzuerkennen und sie vielleicht sogar in ihrem Bestreben sich dem Leiden anderer anzunehmen zu unterstützen. Fühlen Sie sich ohnmächtig oder hilflos, wenn Sie mit dem Leid anderer konfrontiert werden, so kann das dazu beitragen, dass die Angst zur Verzweiflung oder Depression anwächst oder aber ein Prozess der Frustration oder des Abstumpfens stattfindet. Prozesse, die sich schließlich auch auf anderen Beziehungsebenen wiederfinden.

Wenn wir genau hinschauen, erkennen wir, dass Angst, Verzweiflung und Rückzug weder uns selbst noch anderen von Vorteil sind. Weder wird unser eigenes Erleben durch sie bereichert noch gelingt uns ein gemeinschaftliches Miteinander dadurch besser. Vielmehr schränken sie uns ein, halten uns gefangen in Angst und Stress und verhindern, dass wir uns durch unsere Handlungskraft bestärkende Erlebnisse schaffen.

Die folgende Übung zeigt einen möglichen Schritt zurück in die Handlungskraft auf, wann immer Ihr Kind sich überwältigt, hilflos oder zu schwach zum Handeln fühlt.

Übung – Bestärkende Erinnerungen

Kommen Sie für eine Reflexion zusammen. Halten Sie Stift und Papier bereit und nehmen Sie sich vor dem Beginn des Gesprächs einige Minuten Zeit, um zur Ruhe zu kommen.

Nun können Sie überlegen, an welche positiven Erlebnisse Sie sich erinnern, die Ihr Kind durch seine Handlung und Worte angestoßen hat. Welche Veränderungen hat Ihr Kind in der Familie, der Schule, im Freundeskreis oder anderen Umfeldern bereits bewirken können? Können Sie sich an die Vorgänge im Detail erinnern?

Was hat Ihr Kind damals motiviert? Was hat ihm die Stärke und Kraft gegeben zu handeln?

Sammeln Sie einige dieser Erlebnisse. Es darf sich dabei gern um kleine und alltägliche Geschehnisse handeln. Momente, in denen Ihr Kind gegen den Strom geschwommen ist, seine eigenen Impulse oder Gewohnheiten überwunden hat oder das Gefühl hatte, etwas zum Wohlergehen seiner Freunde oder Familie beitragen zu wollen. Wie fühlt es sich für Ihr Kind an, wenn es sich an diese Situationen zurückerinnert?

Sollten Ihrem Kind keine solche Erinnerung einfallen, so ist es Ihnen vielleicht möglich, sich an Gelegenheiten zu erinnern. Sie können sich bewusst auf dieses Gespräch vorbereiten, indem Sie zwei oder drei Beispiele finden, in denen Ihr Kind aktiv eine Veränderung oder Verbesserung für sich oder andere bewirkt hat.

Die Übung lässt sich auch ausbauen, indem sie mit Freunden und anderen Familienmitgliedern Interviews zu dieser Frage führen. Ihr Kind erhält so die Möglichkeit zu entdecken, dass jeder Mensch auf seine Weise mutig ist und eine Veränderung im Kleinen oftmals nicht in so weiter Ferne liegt, wie wir das gern annehmen.

Als Eltern und Bezieher möchten wir das Mitgefühl unserer Kinder stärken. Es ist Teil unserer Aufgabe, sie auf ihrem Weg aus der Ohnmacht und Frustration zurück in die Handlungsfähigkeit zu begleiten. Dies ist auch für uns als Eltern und Bezugspersonen ein anspruchsvoller Weg. So wie unsere Kinder, sind auch wir selbst im Angesicht von Krisen mitunter hilflos und überfordert. Oder wir haben uns abgewandt von den drängenden Themen dieser Zeit, um unseren Alltag zu meistern. Der Prozess unserer Kinder wird vielleicht auch für uns zur Chance, nachzufragen, wie wir tatsächlich leben möchten, was unsere Werte und Überzeugungen sind und auf welche Weise wir unsere Zeit, Kraft, Kreativität und unser Mitgefühl in diese Welt einbringen möchten.

Die folgende Übung lädt Sie und Ihr Kind dazu ein, sich Ihrer Talente und Stärken bewusst zu werden und diese mit Ihren Wünschen für Welt und Umwelt in Verbindung zu bringen.

Übung – Superkräfte finden

Setzen Sie sich für diese Übung zusammen und nutzen Sie die ersten Momente, um etwas zur Ruhe zu kommen. Halten Sie Stift und Papier bereit, um die gemeinsamen Reflexionen niederschreiben zu können, sodass Sie sie auch zu einem späteren Zeitpunkt parat haben.

Beginnen Sie Ihre Erkundungsreise mit dem Entdecken Ihrer Talente und Stärken. Erkunden Sie diese, indem Sie sich fragen, in welchen Tätigkeiten und Handlungen Sie Talent besitzen. Worin sind Sie besonders gut? Wofür schätzen andere Sie? Was würden Ihre Freunde als Ihre Stärken benennen?

Fragen Sie sich auch, welche Tätigkeiten Sie gern tun. Was bereitet Ihnen Freude und gibt Ihnen ein Gefühl von Erfüllung oder Zufriedenheit? Worin können Sie sich gut vertiefen? Das können ganz kleine alltägliche Dinge sein, Hobbys oder größere Projekte, die Sie mehr Zeit kosten.

In einem dritten Schritt können Sie erkunden, welche Fähigkeiten, Hobbys oder welches Wissen Sie sich gerade aneignen. In welchen Bereichen fühlt es sich für Sie oder Ihr Kind wichtig und bedeutend an zu wachsen und Ihr bestehendes Wissen und Können zu vertiefen?

Nun stellen Sie diesen Erkundungen die folgenden Fragen entgegen: Was braucht die Welt / die Natur / brauchen andere Menschen? Wovon würden Sie gern mehr in der Welt sehen? Was würde in Ihren Augen eine Veränderung bewirken?

Zuletzt sind Sie eingeladen zu überlegen, auf welche Weise sich Ihre Talente, Stärken und Ressourcen und Ihre Inspiration zu einer konkreten Handlung formen lassen. Wie passen diese beiden Seiten der Medaille zusammen? Was könnte ein erster möglicher Schritt sein, ihre Stärken einzusetzen? Wie könnten Sie im alltäglichen Leben mehr Gebrauch machen von Ihren Stärken, um Ihren Wunsch zu verfolgen?

Achtsamkeit für Eltern und Bezugspersonen

Schlüssel zur Praxis

Dieses Buch soll Ihnen Inspiration und Ideengeber sein. Die genannten Übungen skizzieren den „idealen" Ablauf einer Übung. Wie so oft im Leben ist die Realität mal näher und mal weiter entfernt von den Idealbildern, die wir uns ausmalen. Was während des Übens mit unseren Kindern passiert, auf welche Ideen sie kommen und wie sie sich verhalten, ist nicht planbar. Dies verlangt uns als Eltern und Bezugspersonen einiges an Kreativität, Gelassenheit und Flexibilität ab.

Tagesform, Laune, Energielevel und Präferenzen schwanken. Was heute Freude bereitet und zu mehr Ruhe beiträgt, muss nicht zwangsweise auch morgen „funktionieren". Eine geteilte Achtsamkeitspraxis fordert uns dazu auf, unser Gegenüber sowie uns selbst wahrzunehmen. So wie wir gerade sind. Nicht wie wir sein sollten. Sie schult uns darin, Bedürfnisse zu erkennen, Dynamiken zu verstehen und auf diese mit Mitgefühl und Klarheit zu reagieren.

Viele von uns haben die Gewohnheit, unsere Handlungen entweder als Erfolg oder Misserfolg zu beurteilen. Ob etwas als Erfolg gehandelt wird, hängt davon ab, ob es den gewünschten Effekt bringt. In unserer Achtsamkeit erfahren wir, dass diese Frage nicht immer einfach oder eindeutig zu beantworten und oft sogar hinderlich ist. Manchmal zeigt sich ein Effekt sofort, manchmal dauert es Wochen, bis sich etwas spürbar verändert. Manchmal nehmen wir keine unmittelbare Veränderung wahr, während unsere Kinder für sich im Stillen eine wichtige Stütze entwickelt haben. Welche Eindrücke und Hilfestellungen ein Kind aus einer Übung mitnimmt und wie es sie weiter nutzt, ist nicht immer offensichtlich. Und mitunter zeigen sich ganz andere, positive Auswirkungen als die, die wir ursprünglich angestrebt hatten.

Man kann das Üben der Achtsamkeit mit dem Aussäen von Samen auf einem fruchtbaren Boden vergleichen. Der Gärtner, in diesem Fall Sie, tut das seine dazu, dass später einmal Pflanzen wachsen, die Früchte tragen: Er gräbt den Boden um, jätet das Unkraut, sät aus und gießt. Dennoch werden nicht alle Samen zuverlässig und zeitgleich sprießen. Nach der Aussaat braucht es vor allem zwei Qualitäten: Geduld und Beobachtungsgabe.

Erlauben Sie sich, diese Qualitäten sowie eine Neugier zu den Ausgangspunkten Ihrer gemeinsamen Achtsamkeitsreise zu machen. Oftmals fällt uns eine Last von den Schultern, wenn wir uns auch als Eltern und Bezugspersonen erlauben, Mensch zu sein – ein Mensch, der bereit ist, etwas Neues auszuprobieren, aus den Fehlern zu lernen und sich Tag für Tag auf die Beziehungen und Herausforderungen erneut einzulassen. Mit dem Wissen, dass Perfektion nichts ist als eine Idee.

Achtsamkeit ist ein Geschenk an unsere Kinder. Wir üben und verbringen Zeit mit Ihnen aus dem Wunsch heraus, ihr Leben zu bereichern. Diese Perspektive des Schenkens und Anbietens nimmt Druck und Anstrengung aus unserer Achtsamkeitspraxis. Wir freuen uns an den gemeinsamen Momenten und wird unser Geschenk einmal nicht angenommen, so sind wir uns gewiss, dass unser Angebot von gutem Herzen kam.

Unterstützung finden

Ein afrikanisches Sprichwort besagt, dass es ein ganzes Dorf benötigt, um ein Kind großzuziehen. Es braucht hierfür eine Menge Kraft, Zeit, Geduld, Liebe, Mitgefühl und Ressourcen. Nicht immer haben wir die Unterstützung zur Hand, die wir in unseren anspruchsvollen Rollen eigentlich bedürften. Auf uns gestellt spüren wir mitunter das Gewicht der Verantwortung, die Belastung durch tägliche Herausforderungen und komplexe Fragestellungen deutlich.

Inmitten der vielen Aufgaben, der Momente des Konflikts, der Überforderung oder der Zweifel kann der Eindruck entstehen, dass das, was wir tun, nicht genug oder gut genug ist. Müdigkeit, Erschöpfung, Zweifel und Sorge machen uns anfällig für kraftraubende Grübeleien und bringen uns um die Gelassenheit, die wir so dringend benötigen.

In solchen Momenten bietet die Achtsamkeitspraxis uns eine Anzahl an Einstellungen und Übungen, die uns stärken und zu mehr Mitgefühl, Verständnis, Gelassenheit und Klarheit beitragen können – Qualitäten, die uns im täglichen Umgang mit anderen sehr dienlich sind.

Eine solche Haltung entsteht, wenn wir uns an die Momente erinnern, in denen wir Zufriedenheit, Gelassenheit und Harmonie empfunden haben. Allzu leicht überlagern Momente des Stresses und des Konflikts die Momente des einfachen Glücks. Und doch sind es gerade diese, die uns stärken, nähren und motivieren, an unseren Bemühungen festzuhalten. Fokussieren wir uns auf negative und herausfordernde Momente, so enden wir erschöpft und frustriert. Die folgende Übung dient dazu, sich diese Momente wieder vor das innere Auge zu führen und mit ihrer Hilfe neue Kraft und Motivation zu schöpfen.

Übung – Kraft schöpfen

Nehmen Sie sich für die folgende Reflexion etwa eine Viertelstunde Zeit. Suchen Sie sich einen Ort, an dem Sie zur Ruhe kommen können und schließen Sie für ein paar Atemzüge die Augen. Legen Sie alles, was zu tun ist, alle Aufgaben und Pläne für die kommenden Minuten bewusst zur Seite. Erlauben Sie Ihrem

Körper, sich nach und nach zu entspannen. Spüren Sie dabei, wie ihr Körper auf der Unterlage, dem Stuhl oder dem Sofa zur Ruhe kommt und schwerer wird. Laden sie alle Muskeln ein, etwas von der Anspannung, die sich angesammelt hat, abzugeben.

Erlauben Sie den Bereichen, die sich besonders angespannt fühlen, wie der Muskulatur rund um die Augen, der Stirn, den Schläfen, der Kiefermuskulatur, den Schultern, dem Bauchraum und dem Beckenboden, sich zu lösen. Nehmen Sie sich einige Minuten Zeit, bis sie das Gefühl haben, in Ihrem Körper angekommen zu sein.

Versuchen Sie nun sich an einen Moment der Freude, der Gelöstheit, oder der Zufriedenheit, zu erinnern, den Sie gemeinsam mit Ihrem Kind erlebt haben. Das kann am heutigen Tag gewesen sein, aber auch Tage oder Wochen zurückliegen. Vielleicht hilft es Ihnen, sich Erinnerungen an Ihr lachendes, spielendes oder zufriedenes Kind vor Augen zu führen. Erlauben Sie diesen Bildern, in sich zu wirken.

Wenn ein solcher Moment zur Hand ist, rufen Sie sich die Details dieses Erlebnisses ins Gedächtnis. Worte und Gesichtsausdrücke, die Wärme einer Berührung, ihre Freude. Fühlen Sie, welche Veränderungen dieses Erinnern in Ihrem Körper, Ihrem Atem und Ihrem Wohlbefinden bewirkt. Erlauben Sie sich in diese Erinnerung hineinzuentspannen und zur Ruhe zu kommen. Vielleicht tauchen mit der Zeit weitere Erinnerungen auf, Momente des gemeinsamen Glücks. Dies können ganz alltägliche Geschehnisse sein wie ein Lächeln, eine Umarmung, ein freundliches Wort etc.

Es ist möglich, die Übung so zu belassen oder weiter auszubauen und eine Reflexion anzuschließen. Entscheiden Sie, was Ihnen im Augenblick guttun würde.

Entspannen Sie sich weiter. Erlauben Sie dem Körper, satt und schwer auf dem Untergrund zu ruhen und widmen Sie sich für einige Momente dem Atmen und dem Fühlen. Führen Sie sich nun wieder Ihr Kind vor Augen und erlauben Sie folgenden Fragen, im Raum zu wirken:

- Was wünsche ich dir?
- Was würde ich dir gern mit auf den Weg geben?

Lassen Sie sich mit den Antworten Zeit. Stellen Sie sich die Frage einige Male, bis eine Antwort aus dem Inneren kommt, die sich authentisch anfühlt und Fühlen und Denken miteinander vereint. Wenn mehrere Antworten und Möglichkeiten zur Hand sind, spüren Sie nach, was sich für Sie am bedeutungsvollsten anfühlt und auch im Körper am meisten Resonanz zeigt. Machen Sie sich einige Notizen zu Ihren Überlegungen. Diese können im Alltag eine hilfreiche Stütze sein und helfen, Zweifel oder Unsicherheit in der Entscheidungsfindung zu begegnen.

Kinder großzuziehen ist nicht immer einfach. Wir alle erleben in unseren verschiedenen Rollen schwierige Momente und Herausforderungen. Oftmals begegnen wir uns mit Kritik und Zweifeln an unseren Fähigkeiten. Zu wenig Geduld, zu wenig Kraft, zu wenig Verständnis, zu wenig Zeit etc. Die äußeren Umstände tun das ihre dazu. Beruf, Beziehung, Freunde und Familie fordern Kraft, Zeit und Aufmerksamkeit und beeinflussen, wie viele Kapazitäten uns für unsere Kinder und die Erziehung zur Verfügung stehen.

Zweifelsfrei machen wir Fehler im gemeinsamen Miteinander. Wir sagen Dinge oder handeln auf eine Weise, die andere oder uns selbst verletzen. Wie wir mit diesen Fehlern umgehen ist von großer Bedeutung. Während uns Rechtfertigung, Verzweiflung, Schuldzuweisung und Grübeln lähmen und weitere wertvolle Kraft rauben, laden Achtsamkeit und Mitgefühl uns ein, diese Momente als wichtige Lernmöglichkeiten zu erkennen. Es sind diese Momente, die ein großes Wachstumspotenzial in sich tragen. Anstatt uns zu verurteilen für das, was uns noch nicht gelingen mag, geht es darum, zur Ruhe zu kommen, die Situation mit Klarheit zu betrachten und zu erkennen, wo wir in der Dynamik ansetzen können, um das nächste Mal einen neuen Handlungsspielraum zur Verfügung zu haben.

Das kann gelingen, wenn wir eine grundlegende Wertschätzung uns selbst gegenüber entwickeln. Wir dürfen uns die Tatsache hoch anrechnen, dass wir uns nach unseren Kräften bemühen, bereit sind, tagtäglich etwas dazu zu lernen und Kurskorrekturen vorzunehmen, wo es nötig ist. Die Tatsache, dass Sie gerade dieses Buch in der Hand halten, bestätigt diese Bereitschaft und ein ehrliches Interesse am Wachsen und Lernen.

Wenn wir uns mit Respekt anstatt mit Kritik und mit Mitgefühl anstatt mit Druck begegnen, bilden wir ein Fundament für einen liebevollen Umgang miteinander. Mit unseren Kindern sowie mit uns selbst. Die folgende Übung stärkt und nährt diese Haltung des Respekts und der Wertschätzung.

Übung – Wertschätzung stärken

Nehmen Sie sich fünf bis zehn Minuten Zeit und ziehen Sie sich an einen ruhigen Platz zurück. Kommen Sie dort zur Ruhe und erlauben Sie dem Körper, sich zu entspannen und zur Ruhe zu kommen. Lauschen Sie dem Atem für einige Momente und genießen Sie das Gefühl, für die kommenden Minuten nichts tun und niemand sein zu müssen.

Wenn sich ein wenig Entspannung und Ruhe eingestellt hat, dann lassen Sie den vergangenen Tag oder die vergangenen Tage an sich vorbeiziehen wie ein Fluss, der verschiedenes Treibgut mit sich bringt. Reflektieren Sie einige der folgenden Fragen:

- Was ist alles geschehen? Welche Momente waren wichtig oder bedeutend?
- Welche Gespräche sind Ihnen noch in Erinnerung?

Lassen Sie alle Momente vorüberziehen. Es ist nicht notwendig, nun Ihre Fehler zu analysieren oder herauszufinden, ob Sie etwas „gut" oder „richtig" gemacht haben. Lassen Sie lediglich all die verschiedenen Geschehnisse Ihres Alltags an Ihnen vorüberziehen. Sollte ein Erlebnis sich hartnäckig halten, so schaffen Sie gefühlt etwas Raum um dieses, entspannen den Körper weiter und geben es schließlich mit einem der nächsten Atemzüge getrost an den Fluss der Erinnerungen zurück.

Rufen Sie sich nun einige Momente in Erinnerung, in denen Sie für andere da waren. Welche kleinen und großen Aufgaben haben Sie übernommen? Wem Ihre Zeit, Aufmerksamkeit, Fürsorge oder Geduld geschenkt? Wo haben Sie Ihre Kraft für jemand anders eingesetzt?

Verweilen Sie in einem dieser Momente. Spüren Sie nach, ob Sie sich aus dieser Erinnerung heraus selbst mit einem Gefühl des Respekts oder der Wertschätzung begegnen können. Können Sie eine gewisse Zufriedenheit spüren über die Mühe und Geduld, die Fürsorge und Empathie, die Sie den Tag über anderen entgegengebracht haben?

Sie können sich in dieser Reflexion unterstützen, indem Sie sich vorstellen, wie ein wohlwollender Freund oder eine Freundin Sie betrachten würde. Welche kleinen oder großen Gesten oder Handlungen würde er oder sie hervorheben? Welche Worte der Wertschätzung oder Anerkennung würde er Ihnen gegenüber äußern?

Immer wieder kann bei dieser Übung auch die Stimme des inneren Kritikers zutage kommen, der Ihre Freundlichkeit und Großzügigkeit infrage stellt, kleinredet oder diese Übung als Eigenlob abtut. Nehmen Sie diese Stimme, der nichts gut genug ist und der Ihre schönen und wertvollen Seiten als nicht ausreichend abtut, wahr und wenden Sie sich dann wieder der Übung selbst zu. Schenken Sie der Stimme des inneren Kritikers keinen Glauben und lassen Sie sich von diesen Gedanken nicht in eine ermüdende Diskussion um Ihren Selbstwert verstricken. Vertrauen Sie darauf, dass die liebevolle Zuwendung sich selbst gegenüber Ihnen die Kraft und Ruhe schenkt, die Sie brauchen, um sich auch anderen liebevoll zuwenden zu können.

Kinder auf ihrem Weg zu begleiten ist ein Prozess mit Höhen und Tiefen. Traurigkeit, Verwirrung und Frustration gehören zu unserem Erleben ebenso dazu wie Freude und Zufriedenheit. Niemand ist durchweg glücklich und froh.

Erleben unsere Kinder eine schwierige Zeit, so hinterlässt das auch in uns seine Spuren. In unserer engen Verbundenheit fühlen wir mit Ihnen, wann immer wir sie leiden sehen. Zwar wissen wir, dass das Leben schwierig sein kann und so manche Herausforderung Teil des Aufwachsens ist, und dennoch ist es nicht einfach, unsere Liebsten traurig, hilflos oder wütend zu erleben.

Anstatt über diesen Schmerz hinwegzugehen, lädt uns die Achtsamkeit ein, innezuhalten und uns selbst und anderen Mitgefühl anzubieten. Dieses Mitgefühl weiß um die Tatsache, dass das Leben nicht immer einfach ist und wir nicht immer eine Lösung parat haben. Es schenkt der Trauer und dem Ärger den notwendigen Raum, und bietet einen geschützten Ort, um sich selbst mit Ehrlichkeit und Offenheit zu begegnen. Ein Schmerz, der sich zeigen darf, ist ein Schmerz, der heilen darf. Diesem Prinzip ist auch die folgende Übung gewidmet.

Übung – Mitgefühl zulassen

Gönnen Sie sich für fünfzehn Minuten eine Pause, in der Sie alle Aufgaben und Pläne, alles Problemlösen und alle Sorgen beiseitelassen dürfen. Schaffen Sie einen Platz, an dem Sie sich wohlfühlen und sorgen Sie gut für sich. Machen Sie es sich gemütlich. Achten Sie darauf, dass ihr Körper bequem und entspannt sitzen oder liegen kann.

Nehmen Sie nun einige bewusste Atemzüge, um zur Ruhe zu kommen. Entspannen Sie den Körper so gut es geht. Laden Sie Schultern und Kiefermuskulatur, Hände, Füße und Bauch ein, sich zu öffnen und weich zu werden. Verfolgen Sie für ein oder zwei Minuten den wiegenden Rhythmus Ihres Atems. Legen Sie eine Hand auf Ihren Brust- bzw. Herzraum. Spüren Sie die Wärme und die Bewegung des Atems unter Ihrer Handfläche. Genießen Sie, dass es im Moment nichts weiter zu tun gibt, als das Heben und Senken ihres Körpers zu beobachten.

Nach einiger Zeit wenden Sie Ihre Aufmerksamkeit Ihren Emotionen und Empfindungen zu. Erlauben Sie dem, was gerade besonders präsent ist, in den Vordergrund zu treten: Müdigkeit, Ratlosigkeit, Frustration, Sorge, Angst etc. Erlauben Sie Ihren Gefühlen, sich im Körper zu zeigen. Spüren Sie nach, wo in Brust und Bauchraum diese emotionale Energie spürbar wird. Die Achtsamkeit lädt uns ein, unsere Gefühle weder abzuwehren noch uns von ihnen völlig vereinnahmen zu lassen. Wir lauschen Ihnen mit Freundlichkeit und Geduld, bis sie sich schließlich zu verändern beginnen und in ihrer Intensität nachlassen. Im Hintergrund ist stets der Atem als Anker spürbar. Zu ihm können Sie zurückkehren, wann immer die Emotion zu stark oder das Denken zu intensiv zu werden droht.

Begegnen Sie den Emotionen, den körperlichen Empfindungen und Gedanken, die sich während der Übung zeigen mögen, mit Wohlwollen. Behandeln Sie, was immer sich zeigt, wie ein Gast, der durch Ihr Gewahrsein zieht – manche sind angenehmer Natur, andere sind unangenehme Zeitgenossen. Weder die Gefühle noch die Empfindungen sind gekommen, um zu bleiben. Wenn wir sie mit Wohlwollen und Geduld behandeln, lassen die Intensität und der Druck mit der Zeit nach.

Betten Sie Körper, Herz oder Geist Atemzug für Atemzug in Wärme und Fürsorge. Stellen Sie sich vor, Sie würden sich dabei mit derselben liebevollen Fürsorge begegnen, mit der ein guter Freund oder eine gute Freundin Ihnen begegnen würde. Kann die Achtsamkeit ein solcher Betrachter sein, der sich uns in Freundschaft zuwendet?

Im täglichen Erleben entsteht mitunter der Eindruck, dass die Lösung eines Problems zwei neue erschafft. Kaum ist eine Schwierigkeit überwunden, ist schon das nächste Hindernis in Sicht. Das Chaos wächst im besten Falle mit der gleichen Geschwindigkeit, mit der wir versuchen es in Schach zu halten. Und manchmal wächst es schneller. Unsere Kinder wachsen und entwickeln sich in einem derart rasanten Tempo, dass wir kaum mitkommen. Was heute im Umgang miteinander funktioniert, muss morgen schon überdacht werden.

„Entspann dich. Alles ist außer Kontrolle“, besagt ein wohlbekannter Postkartenspruch. Eine Haltung, die das Gegenteil dessen beschreibt, wie wir uns in der Regel verhalten. Je chaotischer und unübersichtlicher eine Situation ist, desto ferner ist uns eine Einstellung von Gelassenheit. Doch es ist genau diese Gelassenheit, die uns den Umgang mit Herausforderungen aller Art, auch im Umgang mit unseren Kindern unterstützen kann.

Es ist schlichtweg unmöglich alle Eventualitäten zu bedenken, alle Schwierigkeiten vorauszuahnen und für alles eine Lösung parat zu haben. Wir benötigen Spielraum und Nachsicht in einer Welt, die uns tagtäglich aufs Neue herausfordert. Gelassenheit ist eine Einstellung, die Fehler hinnimmt, Wachstum einlädt und Menschlichkeit als solche erkennt.

Eine gelassene Haltung lässt uns überlegen, was in diesem Augenblick gebraucht wird. Sie betrachtet die Umstände, wie sie „sind“, nicht wie sie sein „sollten“. Gelassenheit macht uns also weder passiv noch untätig. Aber sie durchschaut den Druck, den Ideale und Vorwürfe schaffen, und erkennt, dass es eine Alternative zu den tiefen emotionalen Verstrickungen gibt: die Wahrnehmung des gegenwärtigen Moments. Sie fragt: Wie ist es jetzt? Und wie kann ich mich mitfühlend, liebevoll und mit einem ruhigen Herzen dem zuwenden, was gerade ist? Die folgende Übung kann uns helfen, diese Haltung zu stärken.

Übung – Sich in Gelassenheit üben

> Nehmen Sie sich auch für diese Übung Zeit für sich und ziehen Sie sich an einen ruhigen Ort zurück. Finden Sie eine Haltung, die es Ihnen erlaubt, sich zu entspannen und zur Ruhe zu kommen. Laden Sie die Muskulatur rund um die Augen, in Stirn und Schlä-

fen, im Kiefer, den Händen, den Schultern, dem Bauch und der Hüfte ein, sich zu entspannen.

Fühlen sich einige Bereiche im Körper besonders unruhig, energiegeladen oder angespannt an, so atmen Sie behutsam dort hin. Diese Unruhe ist Produkt der vergangenen Stunden und Tage. Begegnen Sie ihr mit Geduld und Mitgefühl. Erlauben Sie ihrem Körper Stück für Stück zur Ruhe zu kommen.

Wenden Sie sich nun bewusst den Bereichen im Körper zu, die sich offen, weich oder warm anfühlen. Verweilen Sie dort mit der Aufmerksamkeit und erlauben Sie diesen Stellen, sich noch weiter zu entspannen.

Wann immer Gedanken aufkommen oder Erinnerungen, wann immer der Geist über etwas nachdenken oder planen will, nehmen Sie dies wahr. Dies ist Ihr Geist, der auf seine Weise versucht Sie zu schützen und zu unterstützen. Schaffen Sie etwas Raum um das Denken, in dem Sie es mit „Denken, Denken“ leise für sich benennen. Kehren Sie wenn möglich zu ihrem Körper zurück. Hält sich das Denken hartnäckig, so versucht der Geist Sie auf seine Weise zu schützen und zu unterstützen. Vielleicht erkennen Sie bestimmte Gedanken, die sich wiederholen. Was ist es, dass Sie unruhig macht oder auf Trab hält? Um welche Themen kreist der Geist immer wieder?

Erlauben Sie Gefühlen, die mit den Gedanken in Verbindung stehen, in den Vordergrund zu rücken. Erlauben Sie ihnen, Platz einzunehmen, ohne dass Sie sich von den Geschichten oder Bildern in weiteres Denken verwickeln lassen. Atmen Sie zu den Stellen im Körper, die mit der Emotion in Verbindung stehen und spüren Sie nach, ob es möglich ist, sich dort weiter zu entspannen. Mit der Zeit entsteht um die Emotion ein wenig mehr Raum.

Spüren Sie nach, was es bedürfte, damit diese Unruhe, diese Sorge, diese Frustration etc. weiter zur Ruhe kommen darf. Wäre es ein

Gefühl von Sicherheit? Das Wissen, genug getan oder gesagt zu haben? Wäre es die Akzeptanz gegenüber Ihren eigenen Fehlern und den Fehlern anderer? Spüren Sie, welches Bedürfnis den Gedanken zugrunde liegt. Vielleicht ist es ein Wunsch nach Sicherheit, Unversehrtheit, ein Schuldgefühl, ein Schmerz, der gehalten werden will oder eine Angst, die wir hegen.

Sie können diese Übung auch im Alltag anwenden. Halten Sie dazu kurz inne und atmen Sie bewusst dreimal ein und aus. Treten Sie dabei gefühlt einen Schritt zurück von den Geschichten und Gedanken, die Sie gerade beschäftigen. Lenken Sie stattdessen Ihre Aufmerksamkeit auf die Schwere Ihres Körpers und die Ihrer Füße zum Boden.

Beziehungen stärken

Die Rolle der Eltern bzw. Bezugspersonen sowie der Kinder basiert auf unserer Beziehung zueinander. Ohne den jeweils anderen wären wir weder Mutter noch Vater, weder Sohn noch Tochter. Beziehung webt sich als Band zwischen Menschen, die in ihrem Handeln und Tun miteinander verbunden sind. Wie wir uns zueinander verhalten, wie wir miteinander sprechen, sogar wie wir übereinander denken, beeinflusst diese Beziehung.

Achtsamkeit stärkt unsere Verbindungen auf vielerlei Weise. Sie unterstützt uns darin, Raum zwischen den Reizen zu schaffen, die auf uns eindringen und der Art und Weise, wie wir auf diese reagieren. Sie schafft Platz zwischen den Handlungen und Worten anderer und unserer Reaktion darauf. So entsteht Handlungsspielraum. Achtsamkeit befreit uns aus dem Kreis von Impuls und Reaktion, erlaubt uns, aus alten Mustern auszubrechen und neue Gewohnheiten zu erlernen.

Achtsamkeit unterstützt uns aber auch darin, die Beschaffenheit unserer Beziehungen genauer unter die Lupe zu nehmen. Unser Geist hat die Gewohnheit, sich feste Bilder davon zu formen, wer wir und andere sind. Aus diesen Vorstellungen prognostizieren wir, wie sich jemand verhalten wird, sprechen jemandem bestimmte Intentionen zu und be- und verurteilen uns selbst und andere. Mitunter verfestigen sich Vorstellungen derart, dass wir die Person selbst gar nicht mehr wahrnehmen. Stattdessen glauben wir zu wissen, wer unser Gegenüber ist, was er oder sie denkt, fühlt und was für Motivationen und Intentionen diese Person hat. Wir begegnen mehr dem Bild, das wir uns von dieser Person geschaffen haben, als präsent für das zu sein, was in unserer Beziehung tatsächlich gerade geschieht.

Wir alle tragen in uns Ideen, Vorstellungen und Glaubenssätze davon, was richtiges und falsches Verhalten, was gut und schlecht, was angemessen und unangemessen ist. Diese Werte prägen unsere Beziehungen. Manche dieser Vorstellungen und Grundsätze haben wir aus unserer eigenen Erziehung und dem sozialen Umfeld übernommen und nie hinterfragt. Mitunter wenden wir diese Maßstäbe an, ohne dass sie Deckung finden mit unseren innersten eigenen Überzeugungen.

Achtsamkeit lädt uns ein, hier genauer hinzuschauen. Sich die Menschen, mit denen wir uns umgeben mit Neugier anzuschauen und andere immer wieder frisch kennenzulernen. Sich überraschen und inspirieren zu lassen und weder uns noch andere in fixe Schubladen zu schieben, die uns in unserem Menschsein nicht gerecht werden können.

Achtsamkeit ist auch ein Angebot immer wieder in uns hineinzuhorchen und zu fragen, was uns wirklich wichtig ist. Sie lädt uns dazu ein, aktiv zu erkunden, nach welchen Vorstellungen und Werten wir unsere Beziehungen gestalten wollen. Die folgenden Übungen der Achtsamkeit stärken diese Haltungen der Neugier und Offenheit.

Übung – Ruhen und Beobachten

Diese Übung lädt uns ein, eine beobachtende Haltung unseren Mitmenschen gegenüber einzunehmen. Sie erlaubt es uns, Bilder davon, wie jemand „immer ist“, „sein sollte“ oder „nicht ist“ loszulassen und stattdessen zu beobachten, was tatsächlich vor sich geht. Oft genug liegt unser Fokus auf dem, was wir erwarten oder was uns stört. Wie mit Scheuklappen nehmen wir dann nur diesen Mangel oder diesen Störfaktor wahr. Achtsamkeit lädt uns ein, unseren Blick auf den oder die andere wieder zu weiten.

Diese Haltung lässt sich ganz wunderbar im Alltag kultivieren. Machen Sie dazu, wann immer es Ihnen möglich ist, eine kurze Pause. Legen Sie alle Aufgaben für einen Moment beiseite und kommen Sie zur Ruhe. Nehmen Sie das Gewicht Ihres Körpers wahr, wie es auf den Füßen oder dem Gesäß ruht. Erlauben Sie dem Körper sich in diese Festigkeit hinein zu lösen. Laden Sie den Atem ein, einige Male tiefer und bewusster in Bauch- und Brustraum zu fließen. Entspannen Sie sich, so gut dies in dieser kurzen Zeit möglich ist.

Wenn Sie nun zurück ins Handeln und Tun kommen, so betrachten Sie die Personen in Ihrem Umfeld, als würden Sie sie neu kennenlernen, als wären sie Ihnen fremd. Was fällt Ihnen auf? Beobachten Sie die Körperhaltung, Mimik und Gestik des anderen. In welcher Stimmung, in welcher Laune scheint das Gegenüber gerade zu sein? Wirkt er oder sie wach oder müde, ruhig oder aktiv, verstimmt oder fröhlich? Entdecken Sie den anderen mit der Neugier einer Forschenden wieder. Wenn Sie möchten, so notieren Sie sich einige Erkenntnisse über den anderen oder die andere, die Ihnen auf diese Weise bisher nicht bewusst waren.

Natürlich holen uns unsere Reaktionen und Gedanken immer wieder aus dieser beobachtenden Haltung heraus. Achtsamkeit schwindet in seiner Kraft und Impulse, etwas zu bewerten oder zu tun, treten in den Vordergrund. Gerade in Gesprächen ist es herausfordernd einen Raum der Achtsamkeit aufrechtzuerhalten. Pausieren Sie daher regelmäßig über den Tag und laden Sie bewusst immer wieder Entspannung und Offenheit in Ihre Wahrnehmung ein.

Was alle Menschen gemein haben, ist, dass sie sich angenommen, verstanden und wertgeschätzt fühlen wollen. Wir fühlen uns mit jenen Menschen sicher, von denen wir glauben, dass sie uns unsere Fehler verzeihen, uns Raum lassen in schwierigen Zeiten und in ihrer Zuneigung für uns beständig sind. Menschen, die sich nicht von uns abwenden, selbst wenn wir unsere Schwächen, Zweifel, Ängste und Sorgen zeigen.

Solche bedingungslose Zuneigung zu erfahren ist für Kinder wie Erwachsene heilsam und stärkend. Bedingungslos bedeutet nicht, dass wir alles gutheißen, was der andere sagt und tut. Ein solches blindes Einverständnis würde unseren Beziehungen eher schaden als guttun. Verhalten, das darauf ausgelegt ist, anderen Schmerzen zu bereiten, sei es durch Taten oder Worte, muss nicht gutgeheißen werden. Hier gilt es zu lernen, konstruktive Kritik zu üben und Grenzen zu setzen. Eine bedingungslose Zuneigung vermag zu unterscheiden zwischen den Gewohnheiten des anderen und der Person selbst, die wir trotz allem lieben und schätzen können.

Die folgende Übung lädt dazu ein, diese Haltung der bedingungslosen Zuneigung unseren Kindern gegenüber zu stärken.

Übung – Perspektivwechsel

Nutzen Sie diese Übung in Momenten, in denen Sie Herausforderungen und Schwierigkeiten mit Ihren Kindern erfahren. Die Reflexion eignet sich auch, um Ruhe und guten Willen zu stärken, bevor wir ein schwieriges Thema ansprechen. Sie festigt eine Motivation des guten Willens und schwächt Impulse der Angst oder Wut ab.

Nehmen Sie sich zuerst ein paar Minuten Zeit, um zur Ruhe zu kommen. Ziehen Sie sich, wenn möglich, ein wenig zurück und entspannen Sie sich, so gut es gerade möglich ist. Wenden Sie sich dem Atem zu und lassen Sie Ihre Konzentration auf dem Rhythmus des Atems zur Ruhe kommen.

Führen Sie sich dann die gegenwärtige Situation vor Augen. Welches Verhalten bereitet Ihnen Unruhe, Angst, Sorge oder Frustration? Benennen Sie dabei so konkret wie möglich, was Schwierigkeiten schafft. Welches Ihrer Bedürfnisse wird verletzt oder nicht wahrgenommen? Was wünschen Sie sich?

Notieren Sie sich die Antworten auf diese Fragen in kurzen Sätzen oder Stichworten. Sie können Ihnen später als Hinweise für erste Schritte in einen neuen Umgang miteinander dienen. Für den Moment schafft das Niederschreiben Raum in Ihrem Geist, damit Sie zur Ruhe kommen können.

Haben Sie alles, was Ihnen wichtig erscheint, aufgeschrieben, kommen Sie wieder zu Ruhe. Wenden Sie sich wieder dem Atem zu. Laden Sie den Bauch- und Brustbereich, Hände und Füße, Schultern und Gesicht ein, ein wenig leichter und gelöster zu werden. Vielleicht gelingt es Ihnen auch ein wenig von der Frustration oder Anspannung loszulassen, die Sie in diese Übung geführt hat.

Nun können Sie einen Perspektivwechsel vornehmen. Rufen Sie sich dafür wieder Ihr Kind ins Gedächtnis. Dieses Mal sind Erinnerungen an schöne gemeinsame Erlebnisse aller Art eingeladen: an Gesten der Freundlichkeit, frohe Momente, Augenblicke des friedlichen oder fröhlichen Zusammenseins. Es können kleine, alltägliche Ausschnitte aus den letzten Tagen, aber auch länger zurückliegende Ereignisse sein.

Erlauben Sie diesen Momenten, mehr und mehr an Detailkraft zu gewinnen. Welche Resonanz lösen diese Erinnerungen in Ihrem Körper und Ihrem Fühlen aus? Vielleicht wird es Ihnen wärmer, vielleicht löst sich auch die eine oder andere Anspannung. Manchmal zeigt sich auch ein wenig Traurigkeit, wenn die erste Anspannung abfällt. Machen Sie dieser Raum, während Sie behutsam in die entsprechenden Bereiche Ihres Körpers atmen.

Sie können einen oder mehrere dieser fröhlichen, positiven Erinnerungen einladen. Verweilen Sie damit so lange, wie es sich für Sie hilfreich anfühlt. Vielleicht entsteht aus diesen Bildern heraus ein Gefühl der Freundlichkeit oder des Wohlwollens Ihrem Kind gegenüber. Schaffen Sie Raum für diese Zuneigung. Spüren Sie die Wärme, die sie im Herzen oder im Körper zu schaffen vermag.

Diese Übung mag keine Lösung auf schwierige Fragen oder komplexe Situationen liefern, aber sie kann die Wärme und das Wohlwollen schenken, dass notwendig ist, um einen Weg zu finden, der miteinander gangbar ist.

Wir haben oft viel zu tun. Es gilt ganze Berge an Aufgaben abzuarbeiten, die nächsten Tage zu planen und dafür zu sorgen, dass nach Möglichkeit alle haben, was sie brauchen. In diesem geschäftigen Sein fehlt oftmals der Platz für Spiel und Freude miteinander. Dabei sind es gerade diese beiden Faktoren, die unsere Beziehungen besonders stärken. Ein unbeschwertes gemeinsames Erleben wirkt wie ein Jungbrunnen für jedwede Art von Beziehung und dient als Kraftquelle für Zeiten, in denen wir es nicht leicht miteinander haben.

Üblicherweise sind es die Erwachsenen, die ihren Kindern vorgeben, was wann wie getan wird. Wir planen den Tag, schreiben Listen, organisieren Ausflüge und Urlaube etc. Erst über die Jahre hinweg und mit wachsendem Verantwortungsbewusstsein, erobern sich die Kinder das Recht, Entscheidungen mitbestimmen zu dürfen. Umso reizvoller ist es für Kinder daher, dieses Rollenverständnis einmal umzukehren. Die folgende Übung lädt dazu ein, alles Wichtige für einen Moment beiseitezulassen und sich ganz auf das Spiel mit Ihrem Kind einzulassen.

Übung – Sich führen lassen

Für die nächsten zwanzig Minuten, und bei Wunsch auch länger, dürfen Sie sich in die Welt Ihrer Kinder entführen lassen. Solange das Spiel Ihrer Kinder nicht deren Sicherheit gefährdet oder droht, Sachen zu Bruch gehen zu lassen, sind Sie eingeladen, als Spielgefährte mitzuspielen. Erlauben Sie den Kindern, der Chef / die Chefin zu sein und die Entscheidung treffen zu dürfen, was mit der freien Zeit geschehen soll.

Nehmen Sie sich vor, für die nächsten zwanzig Minuten alle weiteren Aktivitäten, wie den Blick auf die Uhr oder das Handy beiseitezulassen. Wann immer Gedanken des Planens und Organisierens auftauchen, nehmen Sie diese wahr und legen Sie sie für den Moment bewusst beiseite. Hilfreich ist es oft für beide Seiten, einen Wecker zu stellen, der ganz klar signalisiert, wann die gemeinsame Zeit beginnt und wann sie vorüber ist.

Nutzen Sie Ihre Sinne, um die Momente mit Ihren Kindern lebendig zu machen. Was sehen und spüren, hören und riechen Sie? Was fällt Ihnen an Ihren Kindern auf, was Sie sonst nicht mit dieser Genauigkeit sehen? Ist es Ihnen möglich, sich in das gemeinsame Spiel hineinzuentspannen, wenn Sie sich bewusst machen, dass es nichts zu erreichen gibt? Dass das Zusammensein an sich für Sie alle bereits ein Gewinn ist?

Mitunter fühlen wir einen gewissen Widerstand gegen diese Art des planlosen Spiels. In unserem geschäftigen Alltag sind wir gewohnt effektiv und strukturiert zu arbeiten. Etwas „geschafft" zu bekommen. Wir Erwachsene haben das Spielen und bloße Sein oftmals verlernt. Lassen Sie in Ihre Kinder Ihre Lehrer sein und lernen Sie von Ihnen wieder etwas mehr Muse und freies Spiel in Ihr Leben zu lassen.

Worte sind ein mächtiges Werkzeug in unseren Beziehungen. Sie sind in der Lage Beziehung zu schaffen und stärken, können aber auch schmerzen und verletzen. Wie wir miteinander sprechen, hat einen großen Einfluss darauf, wie sich unsere Beziehung entwickeln.

Gerade in anstrengenden, hektischen Zeiten können Zeitdruck und Gereiztheit dazu führen, dass unsere Kommunikation zunehmend von Kritik, Maßregelungen und Schuldzuweisungen geprägt ist. In solchen Zeiten lädt uns unsere Achtsamkeitspraxis dazu ein, unsere Worte bewusster zu wählen. Es gelingt uns innezuhalten, bevor wir unsere Überforderung und unser Druckempfinden an die Kinder weitergeben. Die folgende Übung fordert uns dazu auf, Muster in unseren Unterhaltungen genauer zu betrachten und Möglichkeiten zu entdecken den Austausch miteinander wärmer, wohlwollender und schlussendlich auch kooperativer zu gestalten.

Übung – Wärmende Worte

Wärmende, freundliche Worte tragen nicht nur zu einem liebevolleren Zusammensein bei, sie erhöhen auch die Wahrscheinlichkeit, dass unsere Wünsche und Bitten von anderen gehört und angenommen werden können. Diese Übung lädt uns dazu ein, unsere Worte mit Bedacht zu wählen.

Bevor Sie das Gespräch suchen, nehmen Sie sich einige Minuten Zeit, zu reflektieren, was bereits gut läuft in Beziehung oder Familie. Welche Qualitäten, welche kleinen Handlungen und Eigenschaften schätzen Sie am andern? Welche Augenblicke der Wertschätzung und des gegenseitigen Verständnisses gibt es? Welche Hilfe und Unterstützung erhalten Sie bereits?

Erlauben Sie sich für einen Moment, mit den positiven Seiten Ihrer Beziehung zu verweilen. Spüren Sie, welche Wirkung diese Perspektive auf Geist, Herz und Körper hat.

Nun tragen Sie die Früchte dieser Reflexion in Ihre Beziehung hinein. Geben Sie Ihre Wertschätzung und Ihr Wohlwollen an Ihr Kind weiter. Da es für uns alle nährend und stärkend ist zu wissen, was andere an uns schätzen, können wir dies in kleinen anerkennenden Sätzen wie „Danke, dass du …“ oder „Du hast ja schon … Danke!“ oder „Es macht mich froh, dass du …“, zum Ausdruck bringen. Es ist dafür kein überschwängliches Lob nötig. Die kleine, aber ehrlich gemeinte Anerkennung wirkt authentischer und angemessener, verliert aber nichts an Wirkung.

Weben Sie solche Sätze der Wertschätzung immer wieder in ihren Alltag ein. Sollten Sie eine Tendenz haben, mit sich selbst kritisch umzugehen, kann es hilfreich sein, im Stillen auch sich selbst solch wertschätzende Anerkennung zukommen zu lassen. Beobachten Sie über einige Tage oder Wochen hinweg, was geschieht, wenn Sie sich bewusst dem Positiven in Ihrer Beziehung zuwenden, dieses bestärken und nähren.

Einen achtsamen Alltag gestalten

Struktur in Form von regelmäßigen Abläufen unterstützt uns darin den Alltag zu meistern. In der Wiederholung liegt ein Halt und eine Verlässlichkeit, die wir besonders dann brauchen, wenn es in anderen Bereichen unseres Lebens unruhig wird. Auf der anderen Seite wirkt ein zu viel an Struktur einengend und starr. Manche Abläufe sind nicht mehr zeitgemäß oder werden der Tatsache nicht gerecht, dass wir uns beständig weiterentwickeln. Routinen und Abläufe sind wirksame Hilfsmittel, aber in dieser Wirksamkeit immer zeitlich begrenzt. Immer wieder wollen sie neu überdacht und den Bedürfnissen aller Beteiligter angepasst werden.

Achtsame Rituale und Abläufe können sich positiv auf das Familiengeschehen auswirken, in dem sie Ihnen selbst und Ihren Kindern einen klaren Rahmen und gemeinsame Ankerpunkte schenken. Dieses Kapitel gibt Anregungen und Ideen, wie Sie solche Rituale für Ihren Alltag gestalten können. Natürlich ist jede Familie dazu eingeladen, diese Vorschläge an ihre ganz eigenen Bedürfnisse und Strukturen anzupassen.

Übung – Der achtsame Morgen

Gerade der frühe Morgen mit all seinen organisatorischen Aufgaben, der Müdigkeit, den unterschiedlichen Energien und Befindlichkeiten ist für viele Familien ein regelrechter Hürdenlauf. Daraus ergeben sich leicht Momente der Gereiztheit und Frustration, die sich mitunter auf den restlichen Tag auswirken.

Ein erster Schritt, den Morgen achtsamer zu gestalten, liegt darin, sich einen klaren Überblick über die Dinge zu verschaffen, die getan werden müssen. Was sind die Aufgaben, die jeder Einzelne übernehmen müsste, damit ein gewöhnlicher Morgen entspannter und gelassener ablaufen kann?

Laden Sie alle Familienmitglieder ein, diesen Ablauf miteinander zu besprechen. Schreiben Sie gemeinsam einen Plan. Ein solcher Plan sollte enthalten, wer welche Aufgaben am Morgen hat und in welcher Reihenfolge sie zu bewältigen sind. Verhandeln Sie die einzelnen Aufgaben und holen Sie Ihre älteren Kinder bei der Entscheidungsfindung mit ins Boot. Die klare Aufgabe ist: Wie gestalten wir unsere Morgen reibungsfreier?

Überlegen Sie, ob es möglich ist, einige Aufgaben auf den Abend zuvor zu verlegen, insbesondere dann, wenn ihr Zeitplan eng ist und sie viel Druck morgens erleben, alles getan zu bekommen. Unterscheiden Sie zwischen dem, was unbedingt getan werden muss, und dem, was schön wäre, aber nicht essenziell ist. Wenn sich eine gewisse Routine eingestellt hat, lassen sich nach und nach auch neue Aufgaben integrieren. Starten Sie zunächst einmal aber mit dem Minimum.

Für kleinere Kinder kann es hilfreich sein, sich in der Erstellung des Plans mit Symbolen zu behelfen.[1] Hängen Sie den fertigen Plan an einer Stelle auf, an der ihn alle sehen können. Laden Sie die anderen dazu ein, gemeinsam mit Ihnen diesen Plan umzusetzen und einen guten Morgen zur gemeinsamen Sache zu machen.

Seien Sie darauf gefasst, dass die Umsetzung nicht reibungsfrei verläuft. Beobachten Sie das Geschehen mit Achtsamkeit und Gelassenheit. Welche Engpässe bleiben? An welchen Stellen gibt es besonders viel Reibung? Wozu brauchen Sie mehr Zeit? Welche Konflikte wiederholen sich?

Ein weiterer wichtiger Baustein unseres Zusammenseins sind das Essen und Kochen. Es geht weit über die bloße Befriedigung eines Gefühls von Hunger oder Durst hinaus. Gemeinsame Mahlzeiten schaffen Inseln in der allgemeinen Geschäftigkeit und bieten Gelegenheit, zusammenzukommen, um das gemeinsam Gekochte miteinander zu teilen und sich Zeit und Aufmerksamkeit zu schenken.

1 Dazu eignen sich zum Beispiel die sogenannten Metacom-Symbole, die sie hier finden: https://www.metacom-symbole.de/downloads/download_materialien.html.

Auch Rituale rund um das Essen wollen den Bedürfnissen der eigenen Familie entsprechend gestaltet werden. Nicht für jede Mahlzeit haben wir ausgiebig Zeit und nicht alle Mahlzeiten müssen gleich ablaufen. Die folgende Übung bietet einiges an Ideen, wie Sie eigene Strukturen am Essenstisch schaffen können.

Übung – Gemeinsam Essen

Machen Sie eine Mahlzeit zu einem „Achtsamkeitsabenteuer". Gestalten Sie ein Essen, das die Sinne anspricht, die Gemeinschaft stärkt und Genuss und Freude bereitet.

Planen Sie das Essen gemeinsam. Überlegen Sie zusammen, welche Schritte notwendig sind, bis das Essen auf dem Tisch steht, vom Einkaufen bis zum Abwasch. Sich dies bewusst zu machen erhöht in uns das Bewusstsein dafür, wie viel Mühe und Kooperation etwas für uns so Selbstverständliches wie eine gemeinsame Mahlzeit braucht. Verteilen Sie dann die verschiedenen Aufgaben je nach Fähigkeiten.

Beschließen Sie zusammen, was es zum Essen geben soll. Kombinieren Sie ihre Wünsche miteinander, sodass für jeden etwas Schmackhaftes dabei ist. Nehmen Sie sich die Zeit, gemeinsam zu kochen, den Tisch zu decken und es sich schön zu machen. Vereinbaren Sie, dass während dieser gemeinsamen Zeit Handys und andere Unterhaltungsmedien keinen Zutritt haben (für die Erwachsenen ebenso wie für die Kinder).

Zum Schluss setzen Sie sich zur gemeinsamen Mahlzeit hin. Reflektieren Sie für einen Moment wo die verschiedenen Nahrungsmittel herkommen. Wer außer Ihnen hat dazu beigetragen? Welche Menschen, welche Tiere? Wo kommen die einzelnen Bestandteile her? Wie weit sind sie wohl gereist?

Laden sie alle fünf Sinne als Gäste zum Essen ein. Welche Farben können Sie entdecken? Welche Formen? Wie fühlt sich das Essen auf der Zunge an? Hart oder weich? Glatt oder kantig? Wie riecht das Essen?

Dann beginnen Sie mit Neugier zu essen. Genießen Sie gemeinsam den ersten Bissen. Wie schmeckt es? Welche Zutat kann man riechen, aber nicht schmecken? Welche schmeckt man, riecht man aber kaum? Welche Geräusche machen die unterschiedlichen Zutaten beim Kauen? Wie verändert sich der Geschmack beim Kauen? Wie unterscheidet sich der erste vom zweiten und der zweite vom dritten Bissen? Und was passiert, wenn wir dazwischen etwas trinken?

Sollte einmal für eine ausführliche Mahlzeit die Zeit oder die Muße fehlen, so lässt sich ein besinnlicher gemeinsamer Augenblick auch mit einem Becher Eis, einem Stück Schokolade oder einer Tasse Schokolade wunderbar durchführen. Auch diese können miteinander gekauft, vorbereitet und genossen werden.

Gemeinsame Erlebnisse haben große verbindende Kraft. Wenn wir zusammen ein Abenteuer erleben, eine Schwierigkeit meistern oder gemeinsam Lösungen finden, so verbleibt ein Gefühl der Zusammengehörigkeit. Wir müssen nicht darauf warten, dass sich ein Problem auftut, um dieses Gefühl der Verbundenheit zu stärken. Ein Ausflug gibt uns ebenfalls die Möglichkeit, gemeinsam etwas zu erleben, aus dem Alltagsgeschehen herauszutreten und gemeinsame Erinnerungen zu schaffen. Die folgende Übung bietet Ideen und Anreize, um eine solche Unternehmung auf flexible, ressourcen- und geldbeutelschonende Weise zu gestalten.

Übung – Ein gemeinsames Abenteuer

Kinder lieben Abenteuer und meisterbare Herausforderungen. Sie erlauben ihnen zu lernen und zu wachsen, beflügeln ihre Fantasie und schenken ihnen Selbstvertrauen. Wir Erwachsenen suchen eher nach Ruhe und Entspannung, was unserem Alltag geschuldet ist, der oft aufregend und aktiv genug ist. Gestalten wir gemeinsame Zeit, so wollen sowohl die Bedürfnisse nach Aktion als auch die nach Erholung berücksichtigt werden. Eine gute Vorbereitung in Hinblick auf Kleidung und Schuhwerk macht Bewegung an der frischen Luft bei nahezu jedem Wetter und in jeder Jahreszeit möglich.

Wenn Sie einen Ausflug planen, so überlegen Sie, welche Themen und Interessen für Ihre Kinder im Moment reizvoll sind. Jüngere lassen sich oft von einer Schatzsuche, einem sagenumwobenen Ausflugsziel oder einem Spiel, das sich in den Verlauf des Ausflugs einwebt, begeistern. Ältere Kinder haben Hobbys und Interessen, die in die Wahl des Ausflugsziels miteinbezogen werden können.

Ein solcher Ausflug muss weder kosten- noch zeitaufwendig sein. Geocaching, Schnitzeljagden oder ein Räuber-und-Gendarm-Spiel schonen den Geldbeutel und sind schnell geplant. Nutzen Sie die Ressourcen, die Sie in Ihrer näheren Umgebung finden. Was ist mit örtlichen Verkehrsmitteln zu erreichen? Welche Spielplätze, welche Grillstätten und Aussichtspunkte liegen auf Ihrem Weg? Verknüpfen Sie einzelne Punkte thematisch. Auf diese Weise lässt sich auch eine längere Wanderung gestalten, die Ihrem Bedürfnis nach Natur und Bewegung gerecht wird.

Befragen Sie andere Eltern, Erzieher und Lehrer nach lohnenswerten Orten und Sehenswürdigkeiten. Legen Sie sich eine Schatzkiste an Ausflugsideen an, auf die Sie und die Kinder gern zurückkommen würden.

Vielleicht möchten Sie den Ausflug mit dem Schaffen einer Fotocollage verbinden. Sammeln Sie mit einer Kamera verschiedene Aufnahmen und Schnappschüsse und stellen Sie diese im Anschluss gemeinsam zu einer Collage zusammen. Oder erstellen Sie gemeinsam ein Fotobuch Ihrer wertvollen gemeinsamen Momente. Andere verfassen ein Ausflugs- und Abenteuertagebuch, in der Sie als Familie Ihrer Unternehmungen notieren können. Tragen Sie zusammen, welches Ihre schönsten, lustigsten oder spannendsten Momente waren.

Sie können auf dem Ausflug selbst die Materialien der Natur nutzen, um ein Mandala zu legen. Verwenden Sie dazu die Dinge, die sie am Wegesrand auf Feld, Wiese und im Wald finden. Legen Sie verschiedene Muster aus Blumen, Früchten, Steinen und Blättern. Sie können diese Mandalas auch fotografieren und über die Jahreszeiten hinweg mit unterschiedlichen Materialien arbeiten.

Besorgen Sie sich ein Fernglas und einen Naturführer aus der Bücherei und erkunden Sie Bäume, Sträucher, Insekten und Pilze, die Ihnen bisher unbekannt waren. Legen Sie ein Naturtagebuch an und lernen Sie gemeinsam die Spuren von Tieren im Wald zu erkennen, Baumarten voneinander zu unterscheiden oder essbare Kräuter zu finden. Lernen und zeigen Sie Ihren Kindern wie Stille und Ruhe dazu beitragen, allerlei Leben im Wald und auf den Feldern zu entdecken.

Mit dem Wechsel der Jahreszeiten können Sie an einen Ort immer wieder zurückkommen und beobachten, was sich in den letzten Wochen wieder verändert und getan hat. Schießen Sie alle paar Wochen ein Foto vom selben Ort aus, der sich zum Beispiel auf Ihrer üblichen Spaziergehroute befindet. Laden Sie die Kinder ein, die Natur mit allen Sinnen zu erleben. Was gibt es zu hören, riechen, sehen, fühlen und zu schmecken? Zeigen Sie sich gegenseitig die Kleinigkeiten auf, die Ihnen ansonsten vielleicht entgehen würden.

Lesen Sie die Legenden und Erzählungen, die in Ihrer Umgebung spielen. Besuchen Sie historische Orte und beflügeln Sie die Fantasie Ihrer Kinder, indem Sie vor einem Ausflug ein Buch lesen oder einen Film anschauen, der mit dem Thema der Unternehmung in Verbindung steht.

Ähnlich wie der Morgen ist auch der Abend eine Zeit, in der Rituale und Routinen die notwendige Struktur und Klarheit bieten können. Während es am Morgen eher darauf ankommt „in die Gänge zu kommen“, geht es am Abend darum, Ruhe zu finden. Wiederholungen und klaren Abläufe bieten

Kindern ein Gefühl der Geborgenheit. Die vertrauten Abläufe helfen dabei, in den Schlaf zu finden.

Wie wir unsere Abende gestalten, kann sich positiv auf das Schlafverhalten der Kinder auswirken. Je ausgeschlafener wir alle sind, desto mehr Energie steht am Morgen zur Verfügung. Streit und emotionale Überforderung werden gemindert. Wichtig ist, dass die Vorbereitung auf den Schlaf mit ausreichender Bewegung über den Tag hinweg kombiniert wird. Aufregende Filme und längere Zeit vor Handy, Fernseher und anderen technischen Geräten stört gerade in den Abendstunden das zur Ruhe kommen.

Ein verlässliches Ritual entsteht, wenn wir Routinen ohne erhebliche Unterbrechungen wiederholen. Gestalten Sie die Abende daher so, dass die Abläufe auch an Tagen stattfinden können, an denen Sie wenig Energie haben oder Geduld haben. Überfordern Sie sich nicht und beginnen Sie mit einigen Schritten, die Sie bei Bedarf ausbauen können. Die folgende Übung bietet einige Anregungen, wie sich ein Abend achtsam miteinander gestalten lässt.

Übung – Schlaf gut

Nehmen Sie sich einige Tage Zeit, um achtsam zu beobachten wie Ihre Abende für gewöhnlich verlaufen, bevor Sie beginnen etwas zu verändern. Wann werden Ihre Kinder üblicherweise müde? Welche gut funktionierenden Abläufe und Routinen gibt es bereits? Was hilft Ihren Kindern, zur Ruhe zu kommen? An welchen Stellen kommt es immer wieder zu Konflikten, was möchten Sie ändern?

Beginnen Sie die Schlafroutine etwa eine Stunde bevor die Kinder im Bett sein sollten. Diese Stunde können Sie zur „gerätefreien" Zeit ernennen. In dieser Stunde werden alle elektronischen Geräte beiseitegelegt. Lassen Sie die Spiele und Aktivitäten ruhiger werden. Ein warmes Bad sowie lesen, schreiben oder malen sind wunderbare Möglichkeiten, zur Ruhe zu kommen und den Abend ausklingen zu lassen.

Im Anschluss an eine Dusche oder einem Bad kann eine kurze Massage der Füße oder Hände das Wohlbefinden zusätzlich steigern. Lassen Sie sich Zeit den einzelnen Fingern oder Zehen Fürsorge zukommen zu lassen, während es sich das Kind bereits im Bett bequem macht. Eine leise Musik im Hintergrund sowie ein gedimmtes Licht unterstützen das Zur-Ruhe-Kommen von Körper, Herz und Geist.

Viele Kinder genießen vor dem Zubettgehen eine gemeinsame Zeit auf dem Sofa oder im Bett. Dies gibt die Möglichkeit, miteinander über den vergangenen Tag zu sprechen. Gemeinsam können Sie eine Kerze anzünden und überlegen, wofür jeder von ihnen heute dankbar ist. Was hat Ihnen Freude bereitet? Finden Sie Zeit für Worte der Wertschätzung gegenüber allen Familienmitgliedern. Diese Portion Wärme sowie der gegenseitige Körperkontakt beruhigt und stärkt die Beziehung.

Sie können in dieser Stunde auch die eine oder andere Achtsamkeitsübung aus den anderen Kapiteln einbinden und gemeinsam praktizieren. Kinder genießen es, gemeinsam etwas mit ihren Eltern zu tun. Legen Sie sich zum Beispiel gemeinsam ins Bett und schaukeln Sie wie in der Übung in Kapitel 4 beschrieben zwei Kuscheltiere in den Schlaf. Oder setzen Sie sich Rücken an Rücken und spüren Sie nach, ob Sie die Bewegung des Atems im Körper des jeweils anderen spüren können.

Gute-Nacht-Geschichten oder ein Gute-Nacht-Lied sind ebenfalls kraftvolle abendliche Rituale. Nutzen Sie die Gelegenheit, gemeinsam eine Geschichte auszuwählen, die Ihnen allen gefällt. Die örtliche Bücherei bietet eine wunderbare Spielwiese, um gemeinsam neues Lesefutter zu entdecken. Ein Lied als letzter Baustein des Abends führt in Schweigen und Lauschen und ist besonders für kleinere Kinder bereits der Übertritt in den Schlaf.

Gruppen stärken

Achtsamkeit kann auch dazu verwendet werden den Zusammenhalt einer Gruppe zu stärken. Die Übungen, die wir den Kindern hierzu anbieten, tragen nicht nur zu mehr Ruhe und Entspannung bei, sie fördern auch die empathischen Fähigkeiten der Kinder füreinander. Über die Zeit hinweg kann eine solche Praxis dazu dienen die Scheu voreinander zu überwinden und zu lernen, das Wohlwollen, Interesse und die Freundlichkeit anderer wahrzunehmen.

Wählen Sie diejenigen Übungen für Ihre Gruppen aus, die Ihnen für die vorhandene Gruppendynamik angemessen erscheinen. Je mehr Empathie eine Übung fordert, umso eher ist sie für Gruppen geeignet, die sich bereits kennen und zu einem gewissen Maße vertrauen. Klare Regeln für den verbalen wie non-verbalen Umgang stellen sicher, dass ein friedliches und geschütztes Miteinander möglich wird.

Die folgenden Übungen können im Familienrahmen, in Sportgruppen, Schulen und vielen weiteren Gruppenaktivitäten angewandt werden.

Übung – Den Kreis schließen

Stellen Sie sich gemeinsam im Kreis auf. Fassen Sie sich an den Händen und gehen Sie rückwärts, bis ihre Arme sich sanft zu strecken beginnen. Nun haben Sie ausreichend Abstand zueinander. Dann drehen sich alle nach rechts, bis sie den Rücken von Vordermann oder Vorderfrau sehen.

Auf ein Zeichen, wie eine Glocke oder einen Gong hin, beginnen Sie im Kreis zu gehen. Alle versuchen dabei den Abstand zum Nächsten einzuhalten ohne dass der Kreis größer oder kleiner wird. Laden Sie die Kinder dazu ein, sich vorzustellen, dass der Kreis etwas ist, das wir mit unserem aufmerksamen Gehen bewahren. Sie können auch einen Gegenstand in die Mitte legen, der einen Schatz symbolisiert den es zu schützen gilt. Dieser ist sicher, so lange die Abstände zwischen uns nicht zu groß werden oder der Kreis auseinanderfällt.

Die Übung fordert die Achtsamkeit der Kinder, indem sie die Aufmerksamkeit auf die Geschwindigkeit desjenigen vor uns lenken. Können wir die Geschwindigkeit und Länge unserer Schritte entsprechend anpassen?

Sie können die Übung auch abwandeln, indem Sie den Kreis auflösen und als Schlange durch den Raum wandern. Der oder die erste hat die Aufgabe die Gruppe anzuführen und dabei ein Tempo zu wählen, das für alle angenehm ist. Weder zu schnell noch zu langsam. Auf ein Zeichen hin, etwa das Schlagen einer Trommel oder eines Gongs, wechselt die erste Person an das Ende der Schlange und der nächste führt die Schlange an. Sie können durchwechseln bis alle Kinder einmal in dieser Rolle gewesen sind.

Sollte Ihre Gruppe recht groß sein, können Sie auch zwei Schlangen oder zwei Kreise bilden. Zusätzlich zu den vorigen Aufgaben können die Kinder nun auch darauf achten, dass die beiden Kreise oder Schlangen sich beim Üben nicht berühren oder stören.

Übung – Die Eierschlange

Diese Übung trainiert die Geschicklichkeit und Konzentration der Kinder mit einem Spiel, das viele vielleicht noch von Kindergeburtstagen aus der Vergangenheit kennen: dem Eierlaufen. Mit einer leichten Abwandlung lässt sich mit dieser Übung auch die Zusammenarbeit und der Gemeinschaftssinn stärken.

Teilen Sie die Kinder dazu in zwei oder mehr gleich große Gruppen auf. Jede Gruppe erhält eine kleine Schüssel, einen Löffel sowie ein Ei oder einen weniger fragilen, aber dennoch runden Gegenstand, wie einen Tischtennisball. Je kleiner der Löffel und je größer der Gegenstand, desto schwieriger wird die Übung.

Bevor Sie beginnen, können Sie gemeinsam überlegen, wie man sich fühlt, wenn man ein Spiel spielt, bei dem es ums Gewinnen und Verlieren geht. Wie fühlt man sich als Gewinner und wie als Verlierer? Was macht das mit einer Gruppe? Wann macht ein solches Spiel Spaß und wann macht es traurig oder wütend?

Überlegen Sie, wie es sich anfühlt in einer Gruppe oder als ein Team zu spielen. Sammeln Sie ein paar Ideen, was die Zusammenarbeit in einer Gruppe leichter oder schwieriger macht. Wie gehen wir damit um, wenn jemand anders einen Fehler macht? Wie sprechen und motivieren wir uns gegenseitig?

Nun beginnt die Übung. Lassen Sie die Kinder eine Schlange bilden und sich in einer Reihe aufstellen. Das erste Kind bekommt den Gegenstand und den Löffel. Das letzte Kind erhält eine kleine Schüssel, in der der Gegenstand schließlich landen soll. Geben Sie das Startsignal. Das erste Kind reicht nun behutsam den Löffel an das zweite Kind weiter, das zweite an das dritte und so weiter. Schwieriger wird es, wenn die Kinder dabei mit beiden Füßen stehen bleiben müssen und nur den Oberkörper bzw. Arme und Hände bewegen dürfen.

Sollte das Ei herunterfallen, so beginnen die Kinder von vorn. Die Gruppe die als Erstes den Gegenstand unbeschadet in die Schüssel legt, hat gewonnen.

Besprechen Sie im Anschluss mit den Kindern, wie die Zusammenarbeit funktioniert hat. Hat es Spaß gemacht? War es aufregend? Hatten sie Angst einen Fehler zu machen? Wie haben sie miteinander gesprochen? Was war hilfreich? Was könnten sie beim nächsten Mal anders machen, um mehr Freude am Spiel zu haben?

Sie können die Übung auch in ein Spiel ganz ohne Gewinner und Verlierer verwandeln, indem Sie die Reihen zu einem Kreis schließen. Nun soll das Ei einmal den ganzen Kreis durchwandern, bis es beim letzten Kind in der Schüssel landet. Stoppen Sie die Zeit und versuchen Sie ihren eigenen Gruppenrekord zu unterbieten.

Reflektieren Sie anschließend, wie ein solches Spiel ganz ohne Gewinner und Verlierer die Wahrnehmung des Spiels verändert.

Übung – Das Steinspiel

Dieses Spiel hilft den Kindern, zur Ruhe zu kommen und zwischen ihren Aktivitäten eine Pause einzulegen. Sie benötigen so viel Platz, dass sich alle Kinder auf den Boden legen können ohne sich zu berühren. Ein oder zwei Kinder dürfen jede Runde als „Wächter" sitzen bleiben. Die anderen Kinder legen sich bequem auf den Boden.

Wenn Sie ein Zeichen geben, zum Beispiel eine Glocke oder einen Gong läuten, beginnt das Spiel. Alle Kinder versuchen so still wie möglich zu liegen. Die Augen dürfen sanft geschlossen werden. Laden Sie die Kinder dazu ein, sich vorzustellen, dass sie uralte Steine auf einer friedlichen Wiese oder Waldlichtung sind. Sie sind schwer, sinken in den Boden und das Licht der Sonne wärmt sie. Zwischen ihnen sitzen die Wächter und beobachten sie aufmerksam. Ihr Ziel ist es die kleinsten Bewegungen in den vermeintlichen Steinen zu finden. Bewegungen des Atmens sind natürlich ausgenommen.

Sehen die Wächter, dass sich ein Kind bewegt, dann sagen sie leise den Namen dieses Kindes sagen und welches Körperteil sich bewegt hat. Zum Beispiel „Lisas Hand" oder „Pauls Augen". Das angesprochene Kind setzt sich leise hin und wird nun auch zum Wächter.

Welche Kinder schaffen es, bis zum Ende der Runde ganz still liegen zu bleiben? Spielen Sie, bis nur noch ein Kind übrig ist oder aber eine gesetzte Zeit zu Ende geht. In dem Fall haben Sie gleich mehrere „Siegersteine".

Übung - Seifenblasen

Diese Übung hilft uns dabei, unseren „Wohlfühlraum" zu erspüren. Das ist der Raum, den wir uns im Umgang mit anderen bewahren wollen, um uns sicher und geborgen mit uns selbst fühlen zu können. Die Übung eignet sich zum gegenseitigen Kennenlernen, aber auch, um einen wohlwollenden Umgang mit dem eigenen Körper zu üben.

Zu Beginn stellen Sie sich im Raum verteilt auf. Jeder bekommt so viel Raum, dass er oder sie bequem die Arme ausstrecken kann, ohne jemanden zu berühren. Nun können Sie die Kinder einladen, sich vorzustellen, dass sie von einer unsichtbaren Seifenblase umgeben sind. Diese beschützt Sie und schenkt Ihnen einen geborgenen Ort. Die Kinder dürfen sich ihre ganz persönliche Seifenblase ausmalen. Welche Farbe und Form hätte sie? Wie groß wäre sie? Würde sie stillstehen oder sich bewegen? Vielleicht möchten die Kinder sie auch mit einer besonderen Stimmung oder Qualität wie Ruhe, Sicherheit, Freude, Mut etc. anfüllen.

Dann beginnen sich die Kinder behutsam im Raum zu bewegen. Dabei können sie herausfinden, wie nah ihre Seifenblase einem anderen Kind kommen möchte und wann sie mehr Abstand brauchen. Stellen sie sich vor, die Seifenblasen schweben durch den Raum und prallen an ihren Rändern voneinander ab und treiben dann in eine andere Richtung davon. Erinnern Sie die Kinder daran, langsam und sogfältig zu gehen. Kleine Schritte helfen dabei, in den Körper hineinlauschen zu können.

Nach einigen Minuten machen Sie eine Pause. Die Kinder bleiben an Ort und Stelle stehen und spüren nach. Wie groß ist ihre Seifenblase nun? Hat sich die Größe mit der Zeit verändert? Ist die Farbe anders geworden? Ermutigen Sie die Kinder noch einmal, die Augen zu schließen und die Seifenblase wieder groß und farbenfroh werden zu lassen.

Im Anschluss an die Übung können sie sich miteinander über ihre Erfahrung austauschen. Was haben sie erlebt? Welcher Abstand hat sich gut angefühlt? Was war schön? Was war schwierig?

Übung – Spieglein, Spieglein

Diese Bewegungsübung lädt die Kinder zur Beobachtung und zum Erfahren ihres eigenen Körpers ein. Das Vormachen und Nachahmen erfordern Konzentration und Einfühlungsvermögen zugleich.

Suchen Sie zusammen mit den Kindern eine einfache, alltägliche Bewegung aus. Das kann etwas so Simples sein, wie sich auf einen Stuhl zu setzen, sich im Kreis zu drehen oder einen Keks zu essen. Führen sie die Bewegung einige Male durch und erkunden Sie gemeinsam, welche Teilbewegungen Bestandteil dieser großen Bewegung sind.

Laden Sie nun die Kinder ein, zu Zweierpaaren zusammenzukommen. Einer darf dabei die Bewegung vormachen, der andere ahmt sie nach. Dabei sollen die Kinder mit Adleraugen die Bewegungen des anderen beobachten. Jeder macht die Bewegung ein kleines bisschen anders. Wir müssen also genau hinschauen, um die Unterschiede zu finden.

Nachdem sie den anderen in seiner Bewegung ausreichend beobachtet haben, beginnen sie damit, ihn nachzuahmen. Die Kinder stellen sich dazu gegenüber auf und versuchen das Spiegelbild des anderen zu werden, während dieses sich langsam bewegt. Nach einigen Durchgängen wechseln sie. Nun darf das andere Kind zuerst beobachten und dann nachahmen.

Die Übung kann ausgebaut werden. Dazu darf das Kind, das die Bewegung ausführt, nach einer Weile ganz bewusst etwas in seinem Bewegungsablauf verändern. Kann der oder die andere die Veränderung bemerken?

Übung – Wünsche verschenken

Diese Übung stärkt das Einfühlungsvermögen und Verbundenheitsgefühl innerhalb einer Gruppe. Von Vorteil ist dabei, wenn sich die Kinder bereits kennen und eine gewisse Vertrautheit miteinander entwickelt haben.

Die Kinder formen einen Kreis. Sie können die Übung im Sitzen, Stehen oder auch im Liegen ausführen. Zu Beginn der Übung führen Sie die Kinder durch eine Phase der bewussten Entspannung, bevor Sie mit dem Wünschen beginnen. Laden Sie dazu die Kinder ein, die Augen zu schließen und zur Ruhe zu kommen. Führen Sie die Aufmerksamkeit der Kinder zuerst auf ihre Füße und fordern Sie sie auf zu spüren, wie sich diese gerade anfühlen. Dann laden Sie sie ein, ihre Füße gedacht weicher, offener und schwerer werden zu lassen. Auf diese Weise können Sie mit den Kindern für einige Minuten durch den Körper wandern, um auch Beine, Bauch, Brustkorb, Arme und Gesicht zu erspüren und zu entspannen.

Wenn sich eine relative Ruhe und Entspanntheit eingestellt hat, laden Sie die Kinder ein, gute Wünsche zu versenden. Diese Worte der Freundlichkeit und Fürsorge werden in aller Stille und mit Wohlwollen ausgesprochen. Sie können einige Vorschläge vorlesen, sodass die Kinder einen Anhaltspunkt bekommen, was sie wünschen könnten. Hier einige Vorschläge:

- „Möge ich kraftvoll und glücklich sein."
- „Möge ich mich sicher und beschützt fühlen."
- „Möge ich leicht und unbeschwert sein."
- „Möge ich Freundschaft und Liebe erleben."
- „Möge ich Ruhe und Gelassenheit spüren."

In der darauffolgenden Stille sind die Kinder eingeladen, sich selbst diese Wünsche zu schicken. Sie dürfen dazu ihre Fantasie benutzen. Vielleicht hilft es, sich vorzustellen, dass die Wünsche wie Schmetterlinge oder Seifenblasen sind, die auf uns zukommen und uns in Wärme oder Licht hüllen. Es kann auch hilfreich sein, sich vorzustellen, dass ein Freund oder eine Freundin diese Wünsche uns gegenüber ausspricht.

Wenn die Kinder sich selbst diese Wünsche entgegengebracht haben, dann laden Sie sie dazu ein, mit geschlossenen Augen sich an ein Kind aus der Gruppe zu erinnern, dem sie diese Wünsche nun senden möchten. Ohne Namen zu nennen und mit geschlossenen Augen können die Kinder einen Wunsch in seine oder ihre Richtung schicken. Lesen Sie bei Bedarf die oben genannte Liste noch einmal vor.

Sie können nach Bedarf die Übung ausweiten und die Kinder einladen, zwei oder drei weiteren Kindern diese guten Wünsche zukommen zu lassen. Vielleicht gibt es auch jemanden aus der Familie oder dem Freundeskreis, dem diese Wünsche geschickt werden wollen.

Zum Schluss der Übung können Sie die Kinder einladen, die Wünsche an alle Kinder im Raum zu versenden. Wie fühlt es sich an, allen gute Wünsche zu senden und gleichzeitig zu wissen, dass wir auch von allen gute Wünsche gesendet bekommen?

Erinnern Sie die Kinder daran, dass wir nach außen hin ganz unterschiedlich wirken müssen, aber viel mehr gemeinsam haben, als das, was uns trennt. Wir alle wünschen uns ganz ähnliche Dinge. Wir wollen uns sicher fühlen, wünschen uns Freundschaft, ein Ende von Streit und Stress sowie Freude und Zufriedenheit.

Übung – Das Sonnenstrahlenbad

Diese Übung stärkt die Wertschätzung und Freundschaft füreinander in einer Gruppe. Lassen Sie dazu die Kinder einen Kreis formen. Ein Kind darf sich in die Mitte dieses Kreises stellen.

Sinnbildlich stellt dieses Kind eine Blume dar, die wachsen möchte. Die anderen Kinder sind die Sonnenstrahlen, die der Blume die Wärme und Kraft schenken, die sie zum Wachsen benötigt. Die Sonnenstrahlen und die Wärme drücken sich aus in Worten der Wertschätzung und Freundschaft.

Nach einigen einführenden Worten Ihrerseits darf jedes Kind der Reihe nach dem Kind in der Mitte etwas Freundliches sagen. Es kann ihm erzählen, was es an ihm mag, welche Eigenschaft es liebenswert findet oder an welches schöne gemeinsame Erlebnis es sich gern erinnert.

Helfen Sie den Kindern, in denen Sie einige Satzanfänge vorschlagen, wie zum Beispiel: „Ich mag an dir, dass du …", „Ich finde toll, dass du …", „Ich fühl mich wohl mit dir, weil …", „Was ich stark an dir finde ist, dass …". Kommt die Runde ins Stocken können Sie mit diesen Sätzen den Kindern auf die Sprünge helfen.

Ist die Runde zu ende, so bedankt sich das Kind in der Mitte und kommt zurück in den Kreis. Gönnen Sie sich einige Atemzüge Stille. Danach kann ein anderes Kind in die Mitte des Kreises treten.

Übung – Ich höre dich

Diese Übung fördert das Zuhören und die Empathie füreinander. Sprechen Sie mit den Kindern vor dem Beginn der Übung über die Bedeutung und Kraft des Zuhörens. Warum ist es so wichtig, dass wir uns zuhören?

Tatsächlich hat das Zuhören viele Vorteile. Wir erfahren etwas über den anderen oder die Welt, was uns zuvor noch nicht bekannt war oder wir vergessen hatten. Wenn uns jemand zuhört, stärkt das unsere Verbundenheit und ist ein Geschenk für den anderen. Dieses Geschenk können wir anderen machen oder aber auch von ihnen erhalten.

Laden Sie die Kinder ein, sich in den nächsten Minuten dieses Geschenk des Zuhörens zu machen. Die Kinder kommen dafür zu zweit zusammen und entscheiden selbst, wer zuerst die Rolle des Zuhörenden hat und welches Kind erzählen darf.

Was das Kind erzählt, bleibt ganz ihm überlassen. Es kann ein Erlebnis der letzten Tage sein oder eine besondere Erinnerung. Sie können auch ein Thema wählen, das zur Jahreszeit passt oder einen Bezug zu anderen Übungen hat, die Sie mit den Kindern machen.

Das erzählende Kind darf für drei Minuten ungestört berichten. Das andere Kind ist eingeladen, ganz aufmerksam zuzuhören, ohne den anderen zu unterbrechen oder zu kommentieren. Am Ende der drei Minuten schlagen Sie die Glocke oder den Gong und die Rollen werden getauscht.

Wir können auf unterschiedliche Weise zuhören. So können wir zum Beispiel besonders darauf achten, was der andere sagt, oder aber wir versuchen ein Gespür dafür zu entwickeln wie sich der andere fühlt. Oder wir spüren in unsere eigene Resonanz auf das Gehörte hinein. Alle diese Aspekte sind ein wichtiger Bestandteil des achtsamen Zuhörens. Um sie zu üben ist es hilfreich, jeweils einen zu wählen und sich für die Übung auf diesen zu konzentrieren.

- Erste Übungsmöglichkeit: Für ein paar Minuten bemühen wir uns mit Luchsohren dem zu lauschen, was der andere sagt. Wir unterbrechen nicht und wir versuchen über nichts anderes nachzudenken. Wir hören so zu, als wäre jedes Wort wertvoll.
- Zweite Übungsmöglichkeit: Wir hören genau zu und hören welche Gefühle und Empfindungen der andere zum Ausdruck bringt. Wie geht es ihm oder ihr wohl gerade? Wie hat er oder sie sich in der Situation gefühlt von der sie berichten? Können wir hören, was er oder sie in der Situation gebraucht oder sich gewünscht hätte?
- Dritte Übungsmöglichkeit: Können wir spüren, wie unser Körper auf das reagiert, was er hört? Wird es mir warm oder kalt, eng

oder weit ums Herz? Spann ich mich an, oder werde ich müde? Kann ich ein bisschen was von dem fühlen, was der andere in der Situation gespürt hat?

Sie können die Runde beschließen, in dem Sie nach der Übung noch einmal Zusammenkommen und gemeinsam ihre Erfahrungen austauschen. Wie war es, einfach nur zuzuhören? Was konnten die Kinder herausfinden? Was haben Sie an den Kindern beobachten können?